Philipp Raffl

Vollzugsprobleme in Zusammenhang mit dem illegalen Prostitutionswesen

Philipp Raffl

Vollzugsprobleme in Zusammenhang mit dem illegalen Prostitutionswesen

in der verwaltungspolizeilichen Praxis am Beispiel des Tiroler Landes-Polizeigesetzes

Lehrbuchverlag

Imprint

Cover image: www.ingimage.com

Publisher:
Der Lehrbuchverlag
is a trademark of
International Book Market Service Ltd., member of OmniScriptum Publishing Group
17 Meldrum Street, Beau Bassin 71504, Mauritius

Printed at: see last page
ISBN: 978-620-2-49020-7

Zugl. / Approved by: Innsbruck, Universität Innsbruck, Dissertation, 2019

Inhaltsverzeichnis

Abkürzungsverzeichnis

ABGB	Allgemeines Bürgerliches Gesetzbuch
AEUV	Vertrag über die Arbeitsweise der Europäischen Union
ArbIG	Arbeitsinspektionsgesetz 1993
Art	Artikel
ASchG	ArbeitnehmerInnenschutzgesetz
ASVG	Allgemeines Sozialversicherungsgesetz
AVG	Allgemeines Verwaltungsverfahrensgesetz
BFA	Bundesamt für Fremdenwesen und Asyl
BFA-VG	BFA-Verfahrensgesetz
BGBl	Bundesgesetzblatt
BGH	Bundesgerichtshof
Bgld. PolStG	Burgenländisches Landes-Polizeistrafgesetz
BM	Bundesminister/in
BörseG	Börsegesetz 1989
BPD	Bundespolizeidirektion
Bs	Rechtsmittel in Strafsachen (in OLG Judikat)
BT	Besonderer Teil (Strafrecht)
BVG	Bundesverfassungsgesetz
B-VG	Bundes-Verfassungsgesetz
bzw	beziehungsweise
DFB	Durchführungsbestimmungen
dt.	deutsch
EGMR	Europäischer Gerichtshof für Menschenrechte
EGVG	Einführungsgesetz zu den Verwaltungsverfahrensgesetzen

EMRK	Europäische Menschenrechtskonvention
EStG	Einkommensteuergesetz
EU	Europäische Union
EuGH	Europäischer Gerichtshof
EWR	Europäischer Wirtschaftsraum
ff	fortfolgende
FinStrG	Finanzstrafgesetz
FPG	Fremdenpolizeigesetz 2005
FPÖ	Freiheitliche Partei Österreich (politische Partei)
GewO	Gewerbeordnung 1994
GK	große Kammer (in EGMR Judikat)
GRC	Charta der Grundrechte der Europäischen Union
GSpG	Glücksspielgesetz
GSVG	Gewerbliches Sozialversicherungsgesetz
GZ	Geschäftszahl
hA	herrschende/r Ansicht
HausrechtsG	Gesetz vom 27. Oktober 1862 zum Schutze des Hausrechtes
hL	herrschende/r Lehre
Hrsg	Herausgeber
idF	in der Fassung
idgF	in der geltenden Fassung
idR	in der Regel
ieS	im engeren Sinn
iSd	im Sinne der/des
iVm	in Verbindung mit
JGS	Justizgesetzsammlung

JAP	Juristische Ausbildung und Praxisvorbereitung
JZ	Juristenzeitung
K-PG	Kärntner Prostitutionsgesetz
lat.	lateinisch
leg cit	legis citatae (lat.: des zitierten Gesetzes)
LGBl	Landesgesetzblatt
lit	littera (lat.: Buchstabe)
LPD	Landespolizeidirektion
LVwG	Landesverwaltungsgericht
m	Meter
MedienG	Mediengesetz
MeldeG	Meldegesetz 1991
NEOS	Das Neue Österreich und Liberales Forum (politische Partei)
NJW	Neue Juristische Wochenschrift
NÖ PG	Niederösterreichisches Prostitutionsgesetz
Nr.	Nummer
oÄ	oder Ähnliches
OGH	Oberster Gerichtshof
ÖJZ	Österreichische Juristen-Zeitung
OLG	Oberlandesgericht
Oö. SDLG	Oberösterreichisches Sexualdienstleistungsgesetz
Oö. PolStG	Oberösterreichisches Polizeistrafgesetz
PAD	Protokollieren/Anzeigen/Daten-Applikation (polizeiliche Applikation)
RGBl.	Reichsgesetzblatt

Rsp	Rechtsprechung
Rz	Randziffer
S	Seite
S LSG	Salzburger Landes-Sicherheitsgesetz
SDÜ	Schengener Durchführungsübereinkommen
Slg	Sammlung
sog	sogenannte/r/s
SPG	Sicherheitspolizeigesetz
StGB	Strafgesetzbuch
StGBL	Staatsgesetzblatt
StGG	Staatsgrundgesetz vom 21. December 1867
StPO	Strafprozessordnung
stRsp	ständige/r Rechtsprechung
TLPG	Tiroler Landes-Polizeigesetz
U	Urteil
uA	unter Anderem
udgl	und dergleichen
UVS	Unabhängiger Verwaltungssenat
v.	versus (lat.: gegen)
Vbg Sittenpolizeigesetz	Vorarlberger Sittenpolizeigesetz
VfSlg	Sammlung der Erkenntnisse und wichtigsten Beschlüsse des Verfassungsgerichtshofes
Vgl	vergleiche
VO	Verordnung
VStG	Verwaltungsstrafgesetz
VStV	Verwaltungsstrafverfahren-Applikation (polizeibehördliche Applikation)

VVG	Verwaltungsvollstreckungsgesetz
VwSlg	Sammlung der Erkenntnisse und wichtigsten Beschlüsse des Verwaltungsgerichtshofes
WPG 2011	Wiener Prostitutionsgesetz 2011
WV	Wiederverlautbarung
Z	Ziffer
ZfV	Zeitschrift für Verwaltung
ZP	Zusatzprotokoll
ZustG	Zustellgesetz

I. Einleitung

Die gegenständliche Arbeit beschäftigt sich zentral mit Vollzugsproblemen, welche sich in der verwaltungspolizeilichen Praxis in Zusammenhang mit dem illegalen Prostitutionswesen ergeben und mit welchen sich meine Kollegen und ich im Rahmen unserer beruflichen Tätigkeit in der „Sicherheits- und Verwaltungspolizeilichen Abteilung" der Landespolizeidirektion (fortan: LPD) Tirol von August 2017 bis zu meinem Ausscheiden aus der Abteilung mit Juni 2018 täglich konfrontiert sahen.

Die Divergenz zwischen gut gemeinten Gesetzesbestimmungen einerseits, sowie deren Praxistauglichkeit im Rahmen einer effizienten Vollziehung andererseits, wurde mir in dieser Zeit immer wieder eindrücklich vor Augen geführt, sodass ich mich entschieden habe, diese Thematik im Rahmen meiner Arbeit wissenschaftlich aufzuarbeiten.

Um die Arbeit ausgewogener zu gestalten und tiefergreifende, staatswissenschaftliche Aspekte in diese zu implementieren, habe ich mich darüber hinaus entschlossen, ein besonderes Augenmerk auf grundrechtliche Erwägungen zu legen und diese im Hinblick auf die verschiedenen, mit dem Prostitutionswesen in Zusammenhang stehenden Akteure sowie die der Behörde gesetzlich zur Verfügung stehenden Maßnahmen mit einfließen zu lassen.

Zunächst werden in Kapitel II. einige empirische Daten zu den von der LPD Tirol geführten Verwaltungsstrafverfahren im Zusammenhang mit dem illegalen Prostitutionswesen präsentiert, welche die Vollzugsprobleme sogleich anhand von Zahlen verdeutlichen sollen, ohne an dieser Stelle bereits fachlich oder rechtlich in die Tiefe zu gehen.

In weiterer Folge werden in Kapitel III. die rechtlichen Rahmenbedingungen hinsichtlich der Prostitution in Österreich skizziert. Hierbei sollen überblicksartig die weitreichenden Bundes- sowie Landeskompetenzen, welche mit dem

Themenkomplex der Prostitution in Zusammenhang stehen, veranschaulicht sowie voneinander abgegrenzt werden.

In Kapitel IV. widme ich mich schließlich gezielt den Prostitutionsbestimmungen im „Tiroler Landes-Polizeigesetz“[1] (fortan: TLPG) und werde diese anhand eines historischen Rechtsvergleiches, zurückreichend bis zur Urfassung des TLPG aus dem Jahr 1976, beleuchten. Dem Leser wird auffallen, dass Kapitel IV. ein ungewöhnlich hohes Maß an zitierten Gesetzestextstellen enthält. Dies ist im konkreten Fall jedoch beabsichtigt sowie unumgänglich, um die zahlreichen Novellierungen der Prostitutionsbestimmungen im TLPG sowie die diesbezüglichen Intentionen des Gesetzgebers verständlich darstellen zu können.

Im fünften Kapitel werden die einzelnen, an der Prostitution beteiligten Akteure sowie deren Strafbarkeit iSd TLPG veranschaulicht. Neben den unterschiedlichen Vollzugsproblemen, welche sich mit jedem der einzelnen Akteure in der Praxis ergeben, werden auch umfassende grundrechtliche Erwägungen im Angesicht der jeweils einschlägigen Strafnorm angestellt.

In Kapitel VI. werden die den Behörden gesetzlich zur Verfügung stehenden Maßnahmen zur Bekämpfung des illegalen Prostitutionswesens im VStG[2] sowie im TLPG dargestellt, sowie etwaige Spannungsverhältnisse im Hinblick auf mit den Maßnahmen verbundene Grundrechtseingriffe aufgezeigt, ehe im siebenten und letzten Kapitel noch ein Fazit gezogen wird.

---

[1] Gesetz vom 6. Juli 1976 zur Regelung bestimmter polizeilicher Angelegenheiten (Landes-Polizeigesetz), LGBl Nr. 60/1976 idF LGBl Nr. 56/2017.

[2] Verwaltungsstrafgesetz 1991 – VStG, BGBl Nr. 52/1991 (WV) idF BGBl I Nr. 58/2018.

II. Empirische Daten zu den seitens der LPD Tirol geführten Verwaltungsstrafverfahren in Zusammenhang mit dem illegalen Prostitutionswesen

Da sich das illegale Prostitutionswesen in Tirol, bis auf wenige Einzelfälle, nahezu ausschließlich auf die Landeshauptstadt Innsbruck konzentriert und die übrigen Bezirke in dieser Hinsicht statistisch gesehen nahezu unbeachtlich sind, beziehen sich auch die nachfolgend präsentierten Daten rein auf das Stadtgebiet von Innsbruck. Die Daten wurden allesamt aus der Applikation „Verwaltungsstrafverfahren (VStV) Behörde" entnommen, mit welcher das Strafamt der LPD Tirol als die in Innsbruck zur Ahndung von Übertretungen nach dem TLPG zuständige Behörde die Verwaltungsstrafverfahren bearbeitet. Die Anzeigenerstattung an die Behörde erfolgt hierbei in der Regel durch Exekutivdienstkräfte, welche im Zuge des Streifendienstes Verwaltungsübertretungen nach dem TLPG feststellen und diese der Behörde mittels dem EDV-Programm „PAD" (Protokollieren/Anzeigen/Daten) elektronisch zur Anzeige bringen. Zum Teil werden die Übertretungen auch von einem Behördenvertreter der LPD selbst unmittelbar im Zuge einer behördlichen Schwerpunktaktion festgestellt und von diesem der Strafakt im Anschluss originär kreiert.

Die Behördenzuständigkeit der LPD Tirol ergibt sich hierbei aus § 23 Abs 2 TLPG, wonach die Durchführung von Verwaltungsstrafverfahren nach dem TLPG grundsätzlich der örtlich zuständigen Bezirksverwaltungsbehörde obliegt, für das Gebiet der Stadt Innsbruck jedoch, mit gesetzlich normierten Ausnahmen, der LPD. Die Bestimmungen des fünften Abschnitts des TLPG, „Prostitution", fallen hierbei nicht unter die besagten Ausnahmetatbestände, womit die Durchführung der diesbezüglichen Verwaltungsstrafverfahren in den sachlichen Zuständigkeitsbereich der LPD Tirol fällt.

Die in diesem Kapitel getätigten Betrachtungen beschränken sich auf den Zeitraum vom 1. Juni 2017 bis zum 1. April 2018. Mit 1. August 2017 wurde ich dem zur Führung der Verwaltungsstrafverfahren zuständigen Strafamt der LPD Tirol dienstzugeteilt und sogleich mit der Durchführung aller Strafverfahren mit dem

Hintergrund des illegalen Prostitutionswesens betraut, wobei ich noch einen Altbestand von etwa zwei Monaten aufzuarbeiten hatte. Alle Strafverfahren zum Thema des illegalen Prostitutionswesens in Innsbruck wurden somit in diesem Zeitraum von mir als zuständigem Sachbearbeiter persönlich geführt. Die Daten verdeutlichen bereits eindrucksvoll die Probleme der Behörde im Hinblick auf eine effiziente Strafverfolgung, sowie die teils mangelhafte Praxistauglichkeit der den Behörden zur Verfügung stehenden Gesetzesbestimmungen, um dem Ziel einer effizienten Strafverfolgung gerecht zu werden. Die in diesem Kapitel nachfolgend genannten Zahlen und Daten sollen jedoch lediglich die grundsätzliche Existenz von Vollzugsproblemen in erheblichen Umfang veranschaulichen. Auf die Gründe sowie Ursachen besagter Vollzugsprobleme wird ausführlich in den Kapiteln **V.** und **VI.** dieser Arbeit eingegangen werden.

Zwischen dem 1. Juni 2017 und dem 1. April 2018 wurde neunzehnmal eine Prostituierte[3] wegen einer Übertretung nach § 14 lit a TLPG zur Anzeige gebracht. Hierbei handelt es sich um die gewerbsmäßige Duldung sexueller Handlungen am eigenen Körper oder die gewerbsmäßige Vornahme sexueller Handlungen (Prostitution) außerhalb von bewilligten Bordellen. Derartige Anzeigenerstattungen sind in der Regel selten, da die Prostituierte konkret bei der Ausübung sexueller Handlungen außerhalb von bewilligten Bordellen betreten werden muss, oder zumindest von einer anderen Person, etwa einem Freier, einer diesbezüglichen Übertretung beschuldigt werden muss. Üblicherweise erfolgen derartige Anzeigen, falls eine Prostituierte mit einem Freier in dessen PKW auf einem Parkplatz bei sexuellen Handlungen betreten wird, vereinzelt auch, wenn Kunden eines Massagestudios, welches keine Bordellbewilligung hat, als Zeugen einvernommen werden und hierbei angeben, in den Räumlichkeiten des Massagestudios Sexualdienstleistungen gegen Entgelt in Anspruch genommen zu haben. Ein Teil der Anzeigen fußt auch auf unmittelbaren Wahrnehmungen von Behördenvertretern im Rahmen verdeckter Ermittlungstätigkeiten, wo diesen persönlich Sexualdienstleistungen außerhalb bewilligter Bordelle gegen Entgelt offeriert wurden. In einem derartigen Fall wird der Versuch der § 14 lit a TLPG zur Anzeige gebracht.

---

[3] Aus Gründen der besseren Lesbarkeit sowie der ohnedies weit überwiegenden Mehrzahl an weiblichen Sexualdienstleisterinnen wird von einer geschlechtsneutralen Formulierung Abstand genommen. Naturgemäß sind von den Ausführungen im gesamten Verlauf dieser Arbeit beide Geschlechter umfasst.

Mit Abstand am häufigsten zur Anzeige gebracht wurden im selben Zeitraum Übertretungen nach § 14 lit b TLPG, welche die öffentliche Anbahnung von Beziehungen zur Ausübung der Prostitution außerhalb von bewilligten Bordellen und Erlaubniszonen unter Strafe stellt. Dies betrifft insbesondere den sog „Straßenstrich". Eine Erlaubniszone iSd § 18a TLPG existiert zum aktuellen Zeitpunkt in ganz Tirol nicht, sodass grundsätzlich jede Anbahnung der Prostitution auf offener Straße unter den Straftatbestand der § 14 lit b TLPG zu subsumieren ist. Insgesamt wurden der LPD Tirol im einschlägigen Zeitraum 331 Übertretungen nach dieser Bestimmung zur Anzeige gebracht, wobei zu erwähnen ist, dass einzelne Prostituierte hierbei bis zu neunzehn Mal angefallen sind. Konkret verteilen sich diese 331 Übertretungen somit auf lediglich 82 Beschuldigte. Hervorzuheben ist, dass kein einziges Mal eine in einer etwaig zugestellten Strafverfügung verhängte Geldstrafe auf regulärem Weg einbezahlt wurde. In sechzehn Fällen wurde eine Prostituierte im einschlägigen Zeitraum betreten, als bereits eine zuvor verhängte Verwaltungsstrafe gegen Sie in Rechtskraft erwachsen war. In weiterer Folge wurde die Person jeweils festgenommen und mangels Wohnsitzes im Bundesgebiet, welcher außer in Einzelfällen nicht besteht, gemäß § 53b Abs 2 VStG ohne vorangegangene Aufforderung zum Strafantritt der Strafbehörde vorgeführt und in weiterer Folge zur Verbüßung der Ersatzfreiheitsstrafe in das Polizeianhaltezentrum Innsbruck verbracht. In allen übrigen Fällen musste von der Fortführung des Strafverfahrens nach den Bestimmungen des § 34 VStG vorläufig abgesehen werden, da die Strafverfolgung gegen eine nicht greifbare Person voraussichtlich nicht möglich ist oder einen Aufwand verursachen würde, der gemessen an der Bedeutung des strafrechtlich geschützten Rechtsgutes und der Intensität seiner Beeinträchtigung durch die Tat unverhältnismäßig wäre. Jedoch kann das Strafverfahren nach § 31 VStG letzter Satz wieder fortgesetzt werden, sollte es zu einer wesentlichen Änderung der für diese Beurteilung maßgeblichen Umstände kommen. Dies wäre etwa dann der Fall, wenn eine beschuldigte Person polizeilich angetroffen wird und die Verfolgungs- oder Vollstreckungsverjährung eines vorläufig eingestellten Strafverfahrens nach den Bestimmungen des § 31 VStG noch nicht eingetreten ist.

Die Strafbarkeit der Kontaktaufnahme mit Personen, die die Prostitution anbahnen oder ausüben, zum Zweck der Inanspruchnahme sexueller Dienstleistungen, sowie die Inanspruchnahme sexueller Dienstleistungen außerhalb von behördlich bewilligten Bordellen („Freierbestrafung"), wurde mittels der jüngsten Novelle LGBl Nr. 56/2017 in die Bestimmungen des TLPG implementiert und trat mit 5. Juli 2017 in Kraft. Bis 1. April 2018 wurden mittlerweile siebzehn Freier aufgrund einer Übertretung iSd § 14 lit c TLPG zur Anzeige gebracht. Anders als bei den Prostituierten gestaltet sich der Strafvollzug bei den Freiern in der Regel wenig problematisch. Zehn der übermittelten Strafverfügungen wurden ohne Einspruch bezahlt. Sieben Strafverfügungen wurden beeinsprucht, wobei in weiterer Folge drei Ermahnungen iSd § 45 Abs 1 letzter Satz VStG erteilt und vier Straferkenntnisse erlassen wurden. Von keinem der Strafverfahren im relevanten Zeitraum musste aufgrund von Vollzugsproblemen vorläufig abgesehen werden. Die Praxisprobleme, auf welche in Kapitel **V.** im Detail eingegangen wird, liegen vielmehr im Beweisverfahren.

Nach § 14 lit d TLPG macht sich darüber hinaus strafbar, wer die Gelegenheit zur Ausübung der Prostitution außerhalb von bewilligten Bordellen gewährt oder beschafft, insbesondere durch die Überlassung von Räumen. Beschuldigter ist hierbei klassisch der Vermieter einer Wohnung, in deren Räumlichkeiten illegal der Prostitution nachgegangen wird, welcher in den „Betrieb" des illegalen Bordells an sich jedoch nicht involviert ist. Im relevanten Zeitraum wurden durch die LPD Tirol acht Privat-Wohnungen, in welchen illegal die Prostitution angebahnt sowie ausgeübt wurde, behördlich gemäß § 19a Abs 3 TLPG geschlossen und der jeweilige Vermieter gemäß § 14 lit d TLPG zur Anzeige gebracht. In drei Fällen wurde eine Ermahnung erteilt, in fünf Fällen ein Straferkenntnis erlassen. Ein Straferkenntnis wurde hierbei unangefochten bezahlt, die restlichen vier wurden mittels Beschwerde an das LVwG Tirol bekämpft. In weiterer Folge wurden drei der Strafverfahren eingestellt, während ein seitens der LPD Tirol erlassenes Straferkenntnis durch das LVwG Tirol vollinhaltlich bestätigt wurde.[4]

Der letzte Straftatbestand des § 14 TLPG (lit e) ist das Bewerben von Sexualdienstleistungen welche geeignet sind, sexuelle Krankheiten zu übertragen (sog „Unsafe-Sex Praktiken"). Dies ist in der Praxis ausschließlich dann der Fall, wenn

[4] Vgl LVwG Tirol 19.07.2018, LVwG-2018/45/0482-3.

eine Prostituierte auf einer einschlägigen Internet-Plattform inseriert, um Freier zu lukrieren und hierbei besagte Praktiken anbietet (szenetypisch unter dem Kürzel „AO" – alles ohne). Aufgrund der Schaltung derartiger Inserate wurden im relevanten Zeitraum zwölf Prostituierte, stets in Ergänzung zu anderen Übertretungen, zur Anzeige gebracht. Keine der in einer etwaig zugestellten Strafverfügung verhängte Geldstrafe wurde auf regulärem Weg einbezahlt. Zwei Prostituierte, welche aufgrund vollstreckbarer Verwaltungsstrafen sogleich festgenommen wurden, verbüßten uA den Ersatzarrest für Ihre Übertretung nach § 14 lit e TLPG sogleich im Rahmen eines Anschlussvollzuges. In den übrigen Fällen wurde von der Fortführung des Verwaltungsstrafverfahrens vorläufig abgesehen.

Zuletzt begeht eine Verwaltungsübertretung gemäß § 15 Abs 1 TLPG, wer ein Bordell ohne Bordellbewilligung betreibt. Nach diesem Straftatbestand wurden im relevanten Zeitraum ausschließlich Betreiber von Massagestudios zur Anzeige gebracht, in welchen neben der an sich in einem Massagebetrieb zulässigen Praktiken auch Sexualdienstleistungen angeboten wurden („Happy End", „Body-2-Body"-Massage...), wobei die Betriebe über keine Bordellbewilligung verfügten. Insgesamt kam es zu vier Anzeigen gemäß § 15 Abs 1 TLPG, wobei zwei Straferkenntnisse nach Führung eines ordentlichen Verwaltungsstrafverfahrens bezahlt und zwei weitere Straferkenntnisse mittels Beschwerde zum LVwG Tirol bekämpft wurden. Im Gegensatz zum Straßenstrich oder der illegalen Wohnungsprostitution handelt es sich bei den Massagestudiobetreibern sowie den in den Studios tätigen Masseurinnen jedoch in der Regel um fest in der Region verwurzelte, gemeldete und greifbare Personen, sodass die Führung der Verwaltungsstrafverfahren in dieser Hinsicht auch nicht mit der gänzlich illegalen Straßen- oder Wohnungsprostitution vergleichbar ist, der Vollständigkeit halber allerdings ebenfalls erwähnt wird.

Auf Übertretungen im Rahmen eines bewilligten Bordellbetriebes gemäß § 17 TLPG wird im Rahmen dieser Arbeit nicht im Detail eingegangen, der Fokus liegt ausschließlich auf dem illegalen Prostitutionswesen.

Übertretungen nach anderen Gesetzen, welche regelmäßig von Prostituierten verwirklicht werden und für welche sich vergleichbare Probleme im Strafvollzug ergeben, etwa Übertretungen nach dem Geschlechtskrankheitengesetz[5], dem AIDS-Gesetz[6] oder dem MeldeG[7] (die Durchführung von Verwaltungsstrafverfahren nach den letzten beiden genannten Gesetzen obliegt jedoch der jeweiligen Bezirksverwaltungsbehörde und nicht der LPD), werden an dieser Stelle ebenfalls nicht statistisch beleuchtet, jedoch erwähnt um zu verdeutlichen, dass sich die Vollzugsprobleme naturgemäß nicht ausschließlich auf die Bestimmungen des TLPG beschränken.

[5] Gesetz vom 22. August 1945 über die Verhütung und Bekämpfung übertragbarer Geschlechtskrankheiten (Geschlechtskrankheitengesetz), StGBl. Nr. 152/1945 idF BGBl I Nr. 98/2001.
[6] AIDS-Gesetz 1993, BGBl Nr. 728/1993 (WV) idF BGBl I Nr. 98/2001.
[7] Bundesgesetz über das polizeiliche Meldewesen (Meldegesetz 1991 – MeldeG), BGBl Nr. 9/1992 idF BGBl I Nr. 56/2018.

III. Die rechtlichen Rahmenbedingungen hinsichtlich der Prostitution in Österreich

III.1. Die Abgrenzung zwischen Bundes- und Landeskompetenzen

Was den rechtlichen Rahmen hinsichtlich des Prostitutionswesens in Österreich betrifft, so sind sowohl Bundes- als auch Landeskompetenzen in mehrfacher Weise berührt.[8] Die einschlägig relevanten Bestimmungen sind auf zahlreiche Kodifikationen unterschiedlichster Rechtsbereiche zersplittert, wobei in einigen Materien prostitutionsspezifische Sonderbestimmungen enthalten sind (etwa im Bereich des Gesundheits- oder des Strafrechts), während ansonsten, was beispielsweise die Gültigkeit von Verträgen über die Erbringung von Sexualdienstleistungen anbelangt, die allgemeinen zivilrechtlichen Bestimmungen zur Anwendung gelangen.

Einschlägig relevante Bundeskompetenzen in Gesetzgebung und Vollziehung, welche das Prostitutionswesen klassischerweise betreffen, können in den Art 10 B-VG[9] Materien etwa im Bereich des Fremdenrechts (Z 3), des Steuerrechts (Z 4), des Zivilrechts (Z 6), des Strafrechts (Z 6), des Arbeitsrechts (Z 11) oder des Gesundheitsrechts (Z 12) vorgefunden werden.

Was den Kompetenzbereich der Länder betrifft, ist insbesondere an die Sittlichkeitspolizei zu denken, welche unter die Generalklausel des Art 15 B-VG fällt,[10] gemäß Art 118 Abs 3 Z 8 B-VG jedoch im eigenen Wirkungsbereich der Gemeinde zu besorgen ist.[11] Unter Sittlichkeitspolizei ist nach der Judikatur des VfGH die Abwehr

---

[8] Zu den „Charakteristika der bundesstaatlichen Kompetenzverteilung" vgl *Schroeder/Weber*, Kompetenzrechtsreform aus österreichischer und europäischer Perspektive (2006) S 8ff sowie S 13ff; *Janko*, Staats- und Verwaltungsorganisation[2] (2014) S 6ff.

[9] Bundes-Verfassungsgesetz (B-VG), BGBl Nr. 1/1930 (WV) idF BGBl I Nr. 22/2018.

[10] Zur kompetenzrechtlichen Einordnung der Sittlichkeitspolizei sowie zum Teil divergierenden Lehrmeinungen vgl auch *Murer*, Prostitution und Verfassung (2016) S 67ff;

[11] Vgl dazu *Pernthaler*, Die Zuständigkeit zur Regelung der Angelegenheiten der Prostitution, ÖJZ 1975, S 290; *Weber*, Art 118 Abs 1-7 B-VG, in: *Korinek/Holoubek/Bezemek/Fuchs/Martin/Zellenberg* (Hrsg), Österreichisches Bundesverfassungsrecht (2017) Rz 21; VfSlg 7960/1976; 8445/1978; 8734/1980; 10274/1984; 11926/1988; zum eigenen Wirkungsbereich der Gemeinde generell vgl *Janko*, Staats- und Verwaltungsorganisation[2] S 38ff.

von Gefahren zu verstehen, die der Sittlichkeit zuwider laufen.[12] Auf Grundlage des Art 15 B-VG haben somit die neun österreichischen Landesgesetzgeber auf landesrechtlicher Ebene zu regeln, von wem, an welchem Ort und unter welchen Rahmenbedingungen sexuelle Dienstleistungen offeriert werden dürfen, etwa nur in einem behördlich genehmigten Bordellbetrieb oder gegebenenfalls auch innerhalb einer festgelegten Erlaubniszone auf offener Straße, sowie darüber hinaus, unter welchen Voraussetzungen ein Bordell betrieben werden darf.[13]

Die Mehrheit der Landesgesetzgeber hat gesonderte Prostitutionsgesetze erlassen, in welchen sich die einschlägigen Regelungen finden, während in Salzburg, Tirol sowie dem Burgenland die landesgesetzlichen Bestimmungen hinsichtlich des Prostitutionswesens in die entsprechenden Polizei- bzw Sicherheitsgesetze implementiert wurden. Die einschlägigen Bestimmungen finden sich in den folgenden neun Landesgesetzen der jeweiligen Bundesländer:

Bundesland:	**Einschlägiges Landesgesetz:**
Burgenland	Bgld. Landes-Polizeistrafgesetz (Bgld. PolStG)
Kärnten	Kärntner Prostitutionsgesetz (K-PRG)
Niederösterreich	NÖ Prostitutionsgesetz
Oberösterreich	Oö. Sexualdienstleistungsgesetz (Oö. SDLG)
Salzburg	Salzburger Landessicherheitsgesetz (S.LSG)
Steiermark	Steiermärkisches Prostitutionsgesetz
Tirol	Landes-Polizeigesetz (hier: TLPG; keine offizielle Kurzform)
Vorarlberg	Gesetz über Angelegenheiten der Sittenpolizei (hier: Vbg Sittenpolizeigesetz; keine offizielle Kurzform)
Wien	Wiener Prostitutionsgesetz 2011 (WPG 2011)

[12] Vgl VfSlg 7960/1976.
[13] Vgl *Murer*, Prostitution und Verfassung S 67ff.

Die Besorgung der sich aus den gegenständlichen Landesgesetzen sowie der auf deren Grundlage ergangenen Verordnungen ergebenden behördlichen Aufgaben obliegt, wie bereits erwähnt, gemäß Art 118 Abs 3 Z 8 B-VG der Gemeinde im eigenen Wirkungsbereich, welche naturgemäß durch ortspolizeiliche Verordnungen iSd Art 118 Abs 6 B-VG weitere, gesetzesergänzende Regelungen zur Abwehr unmittelbar zu erwartender oder zur Beseitigung bestehender, das örtliche Gemeinschaftsleben störender Missstände vornehmen kann, welche mit dem Prostitutionswesen in Zusammenhang stehen.[14] Die Durchführung der sich auf Grundlage der einzelnen Landesmaterien ergebenden Verwaltungsstrafverfahren eignet sich jedoch, wie die Durchführung von Verwaltungsstrafverfahren an sich, nach ständiger Rechtsprechung der Gerichtshöfe des öffentlichen Rechts aufgrund des überörtlichen Interesses am Verwaltungsstrafrecht nicht zur Besorgung im eigenen Wirkungsbereiches der Gemeinde.[15] Die jeweilige Behördenzuständigkeit ergibt sich aus den einzelnen Materiengesetzen.

III.2. Der Kompetenzbereich des Bundes

Diese Arbeit legt ihren Fokus auf die landesrechtlichen Bestimmungen in Zusammenhang mit dem illegalen Prostitutionswesen, insbesondere auf jene des TLPG. Um einen umfassenden Überblick über den rechtlichen Rahmen der Prostitution in Österreich geben zu können, werden dennoch die für das Prostitutionswesen relevantesten Rechtsgebiete, welche in den Kompetenzbereich des Bundes fallen, an folgender Stelle kurz skizziert.

---

[14] Zum Wesen der ortspolizeilichen Verordnung nach Art 118 Abs 6 B-VG vgl *Kahl/Weber*, Allgemeines Verwaltungsrecht[6] (2017) Rz 312, 321, 327 sowie 404; *Weber*, Art 118 Abs 1-7 B-VG Rz 35ff.
[15] Vgl VfSlg 5579/1967; VwSlg 7227 A/1967 und *Kahl/Weber*, Allgemeines Verwaltungsrecht[6] Rz 330.

III.2.a. Der Rechtsbereich des Fremdenrechts

Da der illegalen Prostitution in Österreich, abgesehen von wenigen, statistisch nahezu vernachlässigbaren Einzelfällen, kaum noch Personen mit österreichischer Staatsbürgerschaft nachgehen,[16] kommt bei den meisten polizeilichen Amtshandlung mit illegalen Prostituierten auch fremdenrechtlichen Bestimmungen eine bedeutsame Rolle zu.

Die überwiegende Mehrheit der illegalen Prostituierten in Österreich stammt mittlerweile aus Osteuropa, insbesondere aus Rumänien, Bulgarien sowie Ungarn.[17] Als EWR-Bürgerinnen genießen diese Visumsfreiheit und haben auf Grundlage des Art 20 Abs 1 SDÜ[18] grundsätzlich das Recht, sich innerhalb eines Zeitraumes von sechs Monaten für drei Monate in Österreich aufzuhalten.[19] Als fremdenpolizeiliche Repressionsmaßnahme kommt gegen unionsrechtlich aufenthaltsberechtigte EWR-Bürger allenfalls die Erlassung eines Aufenthaltsverbotes nach § 67 FPG[20] seitens des Bundesamtes für Fremdenwesen und Asyl (fortan: BFA) in Betracht. Ein solches ist dann indiziert, wenn auf Grund des persönlichen Verhaltens einer Person die öffentliche Ordnung oder Sicherheit gefährdet ist. Das persönliche Verhalten muss hierbei eine *„tatsächliche, gegenwärtige und erhebliche Gefahr darstellen, die ein Grundinteresse der Gesellschaft berührt"*.[21] Eine solche Gefahr kann aufgrund der Judikatur des VfGH auch aus einem Verstoß gegen landespolizeiliche Prostitutionsvorschriften abgeleitet werden.[22]

---

[16] Vgl dazu *Wagenaar/Altink/Amesberger*, Final Report of the International Comparative Study of Prostitution Policy: Austria and the Netherlands (2013) S 88: http://www.ikf.ac.at/pdf/prostitution_policy_report.pdf; abgerufen am 05.01.2019. Hier wird von einem Ausländeranteil von 90 % der Prostituierten in Österreich ausgegangen, wobei mir selbst diese Einschätzung angesichts der praktischen Erfahrungen noch zu niedrig angesetzt erscheint.

[17] Vgl *Wagenaar/Altink/Amesberger*, Prostitution Policy Report S 88ff.

[18] Schengener Übereinkommen – Durchführung; in Österreich ratifiziert durch BGBl III Nr. 90/1997 idF BGBl I Nr. 36/2004.

[19] Vgl *Taschner*, Schengen (1997) S 37f.

[20] Bundesgesetz über die Ausübung der Fremdenpolizei, die Ausstellung von Dokumenten für Fremde und die Erteilung von Einreisetitel (Fremdenpolizeigesetz 2005 – FPG), BGBl I Nr. 100/2005 idF BGBl I Nr. 56/2018.

[21] Zum Wesen und zu den Voraussetzungen zur Erlassung eines unionsrechtlichen Aufenthaltsverbotes vgl *Filzwieser/Frank/Kloibmüller/Raschhofer*, Asyl- und Fremdenrecht (2016) S 1203ff.

[22] Vgl VwSlg 18845 A/2014.

Ein verhängtes Aufenthaltsverbot iSd § 67 FPG erstreckt sich auf das gesamte Bundesgebiet. Besteht gegen einen EWR-Bürger ein aufrechtes Aufenthaltsverbot, so ist dieser, sofern er neuerlich im Bundesgebiet aufgegriffen wird, illegal in Österreich aufhältig und verwirklicht den Verwaltungsstraftatbestand des § 120 Abs 1a FPG.[23] Somit ist er der örtlich zuständigen LPD zur Anzeige zu bringen, welche gemäß § 5 Abs 1 Z 3 FPG das betreffende Verwaltungsstrafverfahren zu führen hat. Das BFA wiederum hat einen Festnahmeauftrag gemäß § 34 BFA-VG[24] zu erlassen und in weiterer Folge die Außerlandesbringung des Betretenen zu sicherzustellen.[25]

Weniger häufig werden auch Drittstaatsangehörige bei der illegalen Prostitutionsausübung betreten (vorwiegend Staatsbürgerinnen der Russischen Föderation, aus Süd- und Mittelamerika oder dem afrikanischen Raum).[26] Hierbei ist zunächst zu überprüfen, ob die Person rechtmäßig in das Bundesgebiet eingereist ist. Drittstaatsangehörige unterliegen bei der Einreise in den Schengenraum, abgesehen von einigen Ausnahmen aufgrund bi- oder multilateraler Abkommen, grundsätzlich der Visumspflicht. Für Besuchsaufenthalte ohne Erwerbstätigkeit bis zu 90 Tage in einem Zeitraum von 180 Tagen benötigen diese Personen daher ein Schengen-Visum.[27] Seit 2010 bildet die „Verordnung (EG) Nr. 810/2009 des Europäischen Parlaments und des Rates vom 13. Juli 2009 über einen Visakodex der Gemeinschaft" (Visakodex) die in sämtlichen Schengen-Staaten unmittelbar geltende europarechtliche Grundlage für die Erteilung von Visa für die Durchreise durch das Schengen-Gebiet, oder für kurzfristige Aufenthalte im Schengen-Gebiet von höchstens 90 Tagen in einem Zeitraum von 180 Tagen.[28]

Gemäß § 24 FPG ist die Aufnahme einer bloß vorübergehenden unselbstständigen oder selbstständigen Tätigkeit im Bundesgebiet nur nach Erteilung eines Visums

---

[23] Vgl *Schmalzl*, § 120 FPG, in: *Schrefler-König/Szymanski* (Hrsg), Fremdenpolizei- und Asylrecht[2] (2014) III A1.

[24] Bundesgesetz, mit dem die allgemeinen Bestimmungen über das Verfahren vor dem Bundesamt für Fremdenwesen und Asyl zur Gewährung von internationalem Schutz, Erteilung von Aufenthaltstiteln aus berücksichtigungswürdigen Gründen, Abschiebung, Duldung und zur Erlassung von aufenthaltsbeendenden Maßnahmen sowie zur Ausstellung von österreichischen Dokumenten für Fremde geregelt werden (BFA-Verfahrensgesetz – BFA-VG), BGBl I Nr. 87/2012 idF BGBl I Nr. 56/2018.

[25] Zum Festnahmeauftrag nach § 34 BFA-VG vgl *Filzwieser/Frank/Kloibmüller/Raschhofer*, Asyl- und Fremdenrecht S 361ff.

[26] Vgl *Wagenaar/Altink/Amesberger*, Prostitution Policy Report S 88.

[27] Zum Visaverfahren vgl *Filzwieser/Frank/Kloibmüller/Raschhofer*, Asyl- und Fremdenrecht S 314ff.

[28] Vgl Art 1 Abs 1 Verordnung (EG) Nr. 810/2009 (Visakodex) idF Nr. 610/2013.

möglich. In diesem Fall ist dem Fremden, abhängig von der beabsichtigten Tätigkeitsdauer, ein Visum der Kategorie C (Reisevisum) oder ein Visum der Kategorie D (Aufenthaltsvisum) zu erteilen,[29] sofern im Fall der Anwendbarkeit des Ausländerbeschäftigungsgesetzes eine arbeitsmarktbehördliche Bewilligung oder Bescheinigung vorliegt.[30] Eine solche ist naturgemäß bei der Ausübung der illegalen Prostitution außerhalb eines behördlich bewilligten Bordells nicht vorhanden.

In der Praxis können Drittstaatsagehörige, welche in Österreich der illegalen Prostitution nachgehen, allenfalls ein Visum der Kategorie C vorweisen. Hierbei handelt es sich um das klassische „Touristenvisum", welches bis zu einer Gesamtaufenthaltsdauer von 90 Tagen innerhalb eines Zeitraums von 180 Tagen erteilt werden kann und den Inhaber zur Einreise und zum Aufenthalt im gesamten Schengen-Gebiet berechtigt, jedoch nicht zur Ausübung einer Erwerbstätigkeit ohne gleichzeitige Erteilung einer Beschäftigungsbewilligung nach § 5 AuslBG.[31] Geht die Inhaberin eines Kategorie C Visums der illegalen Prostitution und damit einer Erwerbstätigkeit in Österreich nach, so stellt dies wiederum, parallel zu den verwirklichten Verwaltungsübertretungen aufgrund der Prostitutionsausübung an sich, einen illegalen Aufenthalt im Bundesgebiet gemäß § 120 FPG dar.[32] Das Visum der betretenen Person wird nach Art 34 Abs 1 Visakodex annulliert, *„wenn sich herausstellt, dass die Voraussetzungen für seine Erteilung zum Ausstellungszeitpunkt nicht erfüllt waren, insbesondere wenn es ernsthafte Gründe zu der Annahme gibt, dass das Visum durch arglistige Täuschung erlangt wurde. Das Visum wird grundsätzlich von den zuständigen Behörden des Mitgliedstaats, der es erteilt hat, annulliert. Das Visum kann von den zuständigen Behörden eines anderen Mitgliedstaats annulliert werden; in diesem Fall sind die zuständigen Behörden des Mitgliedstaats, der das Visum erteilt hat, zu unterrichten."*[33]

Nachdem ein ausgestelltes Kategorie C Visum im gesamten Schengen-Raum gilt, kommt es regelmäßig vor, dass illegale Prostituierte aus Drittstaaten mit einem

---

[29] Zu den Visumkategorien vgl *Filzwieser/Frank/Kloibmüller/Raschhofer*, Asyl- und Fremdenrecht S 314ff.
[30] Vgl § 24 Abs 1 letzter Satz FPG idF BGBl I Nr. 56/2018; *Ornezder*, § 24 FPG, in: *Schrefler-König/Szymanski* (Hrsg), Fremdenpolizei- und Asylrecht[4] (2017) III A1.
[31] Vgl *Ornezder*, § 24 FPG, in: Fremdenpolizei- und Asylrecht[4] III A1.
[32] Vgl *Schmalzl*, § 120 FPG III A1.
[33] Art 34 Abs 1 Verordnung (EG) Nr. 810/2009 (Visakodex) idF Nr. 610/2013; vgl *Ornezder*, Art 34 Visakodex in *Schrefler-König/Szymanski* (Hrsg), Fremdenpolizei- und Asylrecht[4] (2017) III C.

derartigen Touristen-Visum aus einem anderen Schengen-Staat im Bundesgebiet von Österreich betreten werden. Das Visum wird in weiterer Folge in der Regel im Zuge einer fremdenpolizeilichen Beamtshandlung der Person nach den Bestimmungen des Art 34 Abs 5 Visakodex annulliert, *„indem ein Stempel mit den Worten "ANNULLIERT" aufgebracht und das optisch variable Merkmal der Visummarke, das Sicherheitsmerkmal "Kippeffekt" sowie der Begriff "Visum" durch Durchstreichen ungültig gemacht werden*".[34] Nachdem sich eine Drittstaatsangehörige aufgrund der Erwerbsausübung mit einem Visum der Kategorie C unrechtmäßig im Bundesgebiet aufhält, hat das BFA in weiterer Folge gegen die Person eine „Rückkehrentscheidung" zu erlassen und nach den Bestimmungen des § 52ff FPG vorzugehen.[35]

III.2.b. Der Rechtsbereich des Steuerrechts

Was steuerrechtliche Erwägungen anbelangt, so hat die Judikatur anhand der in einem Bordellbetrieb vorherrschenden Arbeitsbedingungen diverse Kriterien entwickelt um zu beurteilen, ob die Arbeitstätigkeit einer Prostituierten als eine selbstständige oder eine unselbstständige wirtschaftliche Tätigkeit zu klassifizieren ist.[36] An dieser Stelle ist explizit darauf hinzuweisen, dass der Dienstnehmerbegriff aus steuerrechtlicher Sicht von jenem aus arbeitsrechtlicher Sicht abzugrenzen ist.[37]

Nach der Rsp des EuGH ist Prostitution aus steuerrechtlicher Sicht dann als eine selbstständig ausgeübte Erwerbstätigkeit anzusehen, sofern die Dienstleistung in eigener Verantwortung, gegen vollständige und unmittelbare Bezahlung des Entgelts und nicht im Rahmen eines Unterordnungsverhältnisses in Bezug auf die Wahl dieser

---

[34] Art 34 Abs 5 Verordnung (EG) Nr. 810/2009 (Visakodex) idF Nr. 610/2013; vgl *Ornezder*, Art 34 Visakodex, in: Fremdenpolizei- und Asylrecht[4] III C.

[35] Zu den Modalitäten der Rückkehrentscheidung nach § 52 FPG vgl *Filzwieser/Frank/Kloibmüller/Raschhofer*, Asyl- und Fremdenrecht S 1110ff; *Szymanski*, § 52 FPG, in: *Schrefler-König/Szymanski* (Hrsg), Fremdenpolizei- und Asylrecht[4] (2017) III A1.

[36] Vgl EuGH 20.11.2001, RsC-268/1999; VwGH 18.05.2010, 2009/09/0242; 08.08.2008, 2008/09/0002; 20.11.2008, 2008/09/0281.

[37] Vgl *Murer*, Prostitution und Verfassung S 64f; Empfehlungen der Arbeitsgruppe „Prostitution" im Rahmen der Task Force Menschenhandel, Regelungen der Prostitution in Österreich (2015) S 28ff: http://www.bmeia.gv.at/fileadmin/user_upload/Zentrale/Aussenpolitik/Menschenrechte/Bericht_AG_Prostitution.pdf; abgerufen am 05.01.2019; siehe auch die Ausführungen in Kapitel **III.2.e.**

Tätigkeit, die Arbeitsbedingungen und das Entgelt ausgeübt wird.[38] Diese vom EuGH vertretene Rechtsauffassung deckt sich auch mit der Rsp des VwGH.[39]

Die Einkommensteuerpflicht ergibt sich aus dem Regelungsregime des EStG.[40] Unbeschränkt einkommensteuerpflichtig sind in Österreich demnach gemäß § 1 Abs 2 EStG alle natürlichen Personen, die in Österreich einen Wohnsitz oder ihren gewöhnlichen Aufenthalt haben. Grundsätzlich unterliegen somit alle in- und ausländischen Einkünfte aus den in § 2 Abs 3 EStG taxativ angeführten Einkunftsarten der Einkommensteuer, zu welchen sowohl Einkünfte aus selbstständiger (Z 2) wie auch aus nichtselbstständiger Arbeit (Z 4) zählen.[41] Einkünfte natürlicher Personen, die in Österreich weder einen Wohnsitz noch ihren gewöhnlichen Aufenthalt haben, sind dennoch beschränkt steuerpflichtig gemäß § 1 Abs 3 iVm § 98 EStG. Es ist für die Begründung einer generellen Einkommensteuerpflicht somit irrelevant, ob eine Prostituierte als Unselbständige oder „Neue Selbstständige" anzusehen ist. Der Einkommensteuerpflicht unterliegen in Österreich gemäß § 1 Abs 4 EStG jedoch nur jene Einkünfte, welche eine Freibetragsgrenze von 11.000 Euro pro Kalenderjahr übersteigen.[42]

Die Ausführungen zur Einkommensteuerpflicht sind in der Praxis augenscheinlich nur für legal in behördlich bewilligten Bordellen beschäftigte Prostituierte von Relevanz, auf welchen jedoch nicht das Hauptaugenmerk der gegenständlichen Arbeit liegt. Eine illegale Straßen- oder Wohnungsprostituierte agiert „schwarz", außerhalb des staatlichen Gefüges und wird naturgemäß keine Einkommensteuer für die aus ihrer Prostitutionstätigkeit erzielten Einkünfte an den Fiskus abführen. Damit wird, sofern die Einnahmen den Steuerfreibetrag von 11.000 Euro pro Kalenderjahr überschreiten, auch der Tatbestand der Abgabenhinterziehung gemäß § 33 FinStrG[43] verwirklicht.[44]

---

[38] Vgl EuGH 20.11.2001, RsC-268/1999.
[39] Vgl VwGH 18.05.2010, 2009/09/0242; 08.08.2008, 2008/09/0002; 20.11.2008, 2008/09/0281.
[40] Bundesgesetz vom 7. Juli 1988 über die Besteuerung des Einkommens natürlicher Personen (Einkommensteuergesetz 1988 – EStG 1988), BGBl Nr. 400/1988 idF BGBl I Nr. 16/2018.
[41] Zu den Einkunftsarten nach § 2 Abs 3 EStG vgl *Laudacher*, § 2 EStG, in: *Jakom* (Hrsg), Einkommensteuergesetz[11] (2018) Rz 114f.
[42] Vgl *Marschner*, § 1 EStG, in: *Jakom* (Hrsg), Einkommensteuergesetz[11] (2018) Rz 10ff sowie 58ff; zur Besteuerung von Einkünften bei beschränkter Steuerpflicht überdies *Marschner*, § 98 EStG, in: *Jakom* (Hrsg), Einkommensteuergesetz[11] (2018) Rz 1ff.
[43] Bundesgesetz vom 26. Juni 1958, betreffend das Finanzstrafrecht und das Finanzstrafverfahrensrecht (Finanzstrafgesetz - FinStrG.), BGBl Nr. 129/1958 idF BGBl I Nr. 62/2018.
[44] Zum Tatbestand der Abgabenhinterziehung nach § 33 FinStrG vgl *Köck*, § 33 FinStrG, in: *Reger* (Hrsg), Finanzstrafgesetz Band 1[2] (2018) Rz 1ff.

III.2.c. Der Rechtsbereich des Zivilrechts

Im Rahmen des Zivilrechts ist insbesondere die Frage der Gültigkeit eines Vertrages über die Erbringung von Sexualdienstleistungen zwischen einer Prostituierten und ihrem Freier von Interesse. Hierbei ist festzuhalten, dass Verträge über sexuelle Dienstleistungen über Jahrzehnte in der Rsp des OGH generell als sittenwidrig angesehen wurden,[45] was gemäß § 879 Abs 1 ABGB[46] deren Nichtigkeit zur Folge hatte.[47] Die Judikaturlinie des OGH stieß in der Lehre insofern auf Kritik, als dieser selbst in seiner früheren Rsp[48] sowie ein Teil der Lehre davon ausgingen, dass der Begriff der guten Sitten auf die Wertentscheidungen und Grundprinzipien der Rechtsordnung abzustellen hat, während allgemein anerkannte Moralvorstellungen bei der Beurteilung eines Verstoßes gegen die guten Sitten lediglich dann zu berücksichtigen sind, wenn diese auch in der Rechtsordnung zum Ausdruck kommen.[49] Da die Prostitution in der österreichischen Rechtsordnung immerhin eine durch landesgesetzliche Vorgaben reglementierte Erwerbstätigkeit darstellt, war für Kritiker nicht ersichtlich, aus welchen grundlegenden Wertentscheidungen der Rechtsordnung der OGH die generelle Sittenwidrigkeit von Prostitutionsverträgen ableitete.[50] Vielmehr widersprach der OGH seiner eigenen Judikaturlinie in einer Entscheidung aus dem Jahr 1981, in welcher er einer Prostituierten, welche bei einem Verkehrsunfall verletzt worden war, einen Schadenersatzanspruch wegen Verdienstentgangs zusprach und dies ausdrücklich damit begründete, dass Gründe der geschlechtlichen Moral nicht ausreichend seien, um den Anspruch der Klägerin zu verneinen, zumal der vom Gesetz verwendete Begriff der „guten Sitten" nach der herrschenden Lehre nicht mit Moral gleichzusetzen sei.[51]

---

[45] Vgl etwa OGH 28.06.1989, 3 Ob 516/89; 10.12.2008, 7 Ob 228/08t.

[46] Allgemeines bürgerliches Gesetzbuch für die gesammten deutschen Erbländer der Oesterreichischen Monarchie, JGS Nr. 946/1811 idF BGBl I Nr. 58/2018.

[47] Vgl *Murer*, Prostitution und Verfassung S 58ff.

[48] Vgl OGH 07.02.1993, 1 Ob 100/33.

[49] Vgl *Graf*, § 879 ABGB, in: *Kletecka/Schauer*, ABGB-ON$^{1.04}$ (2017) Rz 51; eine andere Ansicht vertritt *Riedler*, § 879 ABGB, in: *Schwimann/Kodek*, ABGB Praxiskommentar^{4} (2014) Rz 8; zu diesem Meinungsstreit vgl *Spitzer*, Der Prostitutionsvertrag nach 3 Ob 45/12g, ÖJZ 2012, S 784.

[50] Vgl *Murer*, Prostitution und Verfassung S 59; *Weitzenböck*, Die geschlechtliche Hingabe gegen Entgelt, JAP 1990, S 14; *Kovacic/Sporrer*, OGH-Entscheidung: „Von der Triebhaftigkeit des Mannes", Juridikum 1990/4, S 24.

[51] Vgl OGH 12.05.1981, 2 Ob 62/81; *Murer*, Prostitution und Verfassung S 59f.

Die alte Judikaturlinie des OGH schwächte die Position einer Sexualdienstleisterin zusätzlich, als dieser nach erbrachter Sexualdienstleistung somit, vergleichbar mit der früheren Judikaturlinie des deutschen BGH,[52] nicht einmal ein klagbarer Anspruch auf Entgeltleistung gegen den Freier zukam, nachdem der zwischen Freier und Prostituierter geschlossene Vertrag als absolut nichtig anzusehen war.[53]

In einer Leitentscheidung vom 18. April 2012[54] ging der OGH schließlich von seiner bisherigen Rechtsprechung ab und sprach aus, dass einer Prostituierten nach erbrachter Sexualdienstleistung sehr wohl ein klagbarer Entgeltanspruch zusteht, ein zwischen einer Prostituierten und einem Freier geschlossener Vertrag demnach nicht mehr generell sittenwidrig und somit nichtig iSd § 879 Abs 1 ABGB ist. Dennoch stellte der OGH in seiner Entscheidung explizit klar, dass eine klagbare, schuldrechtliche Verpflichtung auf Vornahme einer sexuellen Handlung dem durch Art 8 EMRK[55] gewährleisteten Recht auf Achtung der sexuellen Selbstbestimmung zuwider läuft, da dieses kein disponibles Persönlichkeitsrecht darstellt.[56] Der OGH klassifiziert den Vertrag zwischen einer Prostituierten und ihrem Freier in seiner Entscheidung 3 Ob 45/12g somit als einseitig verpflichtendes Rechtsgeschäft, was objektiv betrachtet eine nicht unwesentliche Verbesserung der Rechtsstellung von Prostituierten mit sich bringt.[57] Es sind gewisse Parallelen zu einem Maklervertrag festzustellen, wobei einen Makler zunächst auch keine Verpflichtung trifft, tätig zu werden, ihm jedoch ein schuldrechtlicher Entgeltanspruch zukommt, sofern er es tut.[58]

Der OGH nähert sich mit seinem Judikat somit der aktuellen, deutschen Rechtslage an, in welcher eine rechtswirksame Forderung einer Prostituierten für erbrachte

[52] Vgl BGH 06.07.1976, JZ 1977, S 173; zur Entwicklung der Judikaturlinie in Deutschland vgl *Schatzschneider*, Rechtsordnung und Prostitution – Einige Anmerkungen zur staatlichen Reglementierung des ältesten Gewerbes, NJW 1985, S 2793ff.
[53] Vgl *Murer*, Prostitution und Verfassung S 58f.
[54] OGH 18.04.2012, 3 Ob 45/12g.
[55] Konvention zum Schutze der Menschen und Grundfreiheiten; Die Europäische Menschenrechtskonvention und das 1. Zusatzprotokoll sind gemäß BVG BGBl Nr. 59/1964 in Österreich mit Verfassungsrang ausgestattet, BGBl Nr. 210/1958 idF BGBl III Nr. 139/2018.
[56] Vgl dazu *Weitzenböck*, JAP 1990, S 18.
[57] Dazu kritisch *Spitzer*, ÖJZ 2012, S 784.
[58] Vgl dazu *Fischinger*, § 1 ProstG, in: *Staudinger*, Kommentar zum BGB[16] (2017) Rz 25.

Sexualdienstleistungen sogar explizit in § 1 ProstG[59] kodifiziert ist und in der Lehre bereits ausführlicher beleuchtet wurde als im österreichischen Rechtsraum.[60]

Der Umstand, dass nach der jüngsten Entscheidung des OGH die Kommerzialisierung von Sexualhandlungen nunmehr nicht generell in der Sittenwidrigkeit eines Vertrages resultiert, bedeutet jedoch nicht, dass eine etwaige Sittenwidrigkeit bei Vorliegen von offenkundig abzulehnenden Leistungsinhalten nicht dennoch im Einzelfall zu bejahen sein kann, was wiederum die absolute Nichtigkeit des Vertrages nach sich zieht.[61]

III.2.d. Der Rechtsbereich des Strafrechts

Das StGB hält in § 74 Abs 1 Z 9 lit a und b zwei unterschiedliche Legaldefinitionen für den Begriff der Prostitution bereit,[62] abhängig davon, ob die Prostitution durch eine minderjährige oder eine volljährige Person ausgeübt wird. Gemäß § 74 Abs 1 Z 9 lit a StGB liegt Prostitution durch eine minderjährige Person dann vor, wenn diese geschlechtliche Handlungen oder die Duldung geschlechtlicher Handlungen am eigenen Körper gegen Entgelt vornimmt. Die Definition für Prostitution durch eine volljährige Person ist gemäß § 74 Abs 1 Z 9 lit b StGB ident, mit dem Unterschied, dass diese in der Absicht erfolgt, sich oder einen Dritten durch die wiederkehrende Vornahme oder Duldung eine fortlaufende Einnahme zu verschaffen.[63] Da in allen einschlägigen, landesgesetzlichen Regelungen Österreichs die Gewerbsmäßigkeit ein konstitutives Tatbestandselement der Prostitution darstellt,[64] unabhängig vom Alter einer Prostituierten, kann es zu Fallkonstellationen kommen, in welchen ein Lebenssachverhalt zwar unter den Prostitutionsbegriff des § 74 Abs 1 Z 9 lit a StGB

[59] Gesetz zur Regelung der Rechtsverhältnisse der Prostituierten (Prostitutionsgesetz – ProstG) (D), vom 20. Dezember 2001 (BGBl I S 3983) idF vom 21. Oktober 2016 (BGBl I S 2372).

[60] Vgl etwa *Armbrüster*, § 1 ProstG, in: *Säcker/Rixecker*, Münchner Kommentar zum BGB[8] (2018); *Fischinger*, § 1 ProstG.

[61] Vgl *Armbrüster*, § 1 ProstG Rz 20; *Spitzer*, ÖJZ 2012, S 784.

[62] Zur Begriffsentwicklung vgl *Jerabek/Reindl-Krauskopf/Schroll*, § 74 StGB, in: *Höpfel/Ratz* (Hrsg), Wiener Kommentar zum Strafgesetzbuch[2] (2013) Rz 60a ff.

[63] Vgl dazu *Philipp*, § 215 StGB, in: *Höpfel/Ratz* (Hrsg), Wiener Kommentar zum Strafgesetzbuch[2] (2014) Rz 4.

[64] Vgl § 4 Abs 2 Bgld. PolStg, § 2 Abs 1 K-PRG, § 2 NÖ Prostitutionsgesetz, § 2 Z 1 Oö. SDLG, § 1 Z 1 S.LSG, § 2 Abs 1 Steiermärkisches Prostitutionsgesetz, § 14 lit a TLPG, § 2 Abs 1 WPG 2011.

fällt, nicht jedoch unter die Legaldefinition der Prostitution des jeweiligen Landesgesetzes zu subsumieren ist.[65]

Neben allgemeinen Delikten des ersten sowie dritten Abschnittes des StGB[66] („Strafbare Handlungen gegen Leib und Leben" / „Strafbare Handlungen gegen die Freiheit"), welche in Zusammenhang mit dem Prostitutionswesen durchaus eine Rolle spielen können, man denke etwa an die Körperverletzung gemäß § 83 StGB, an den Menschenhandel gemäß § 104a StGB oder an die Nötigung gemäß § 105 StGB, beinhaltet der zehnte Abschnitt des StGB – „Strafbare Handlungen gegen die sexuelle Integrität und Selbstbestimmung" – einige Strafnormen, welche unmittelbar mit dem Prostitutionswesen an sich verknüpft sind.

So stellt § 215 StGB explizit das Zuführen einer Person zur Prostitution im Sinne einer maßgeblichen Beeinflussung derselben, in der Prostitution tätig zu werden, unter Strafe. Zur Erfüllung des Tatbestandes muss hierbei die Beeinflussung der Person kausal für deren Aufnahme der Prostitution sein,[67] vollendet ist die Tat dann, wenn die betreffende Person tatsächlich die Prostitution iSd § 74 Abs 1 Z 9 StGB aufnimmt.[68]

§ 215a StGB verbietet die Förderung der Prostitution Minderjähriger. Selbst wenn eine minderjährige Person bereits autonom der Prostitution nachgeht, macht sich jemand iSd § 215a StGB strafbar, sofern er besagte Person zur Ausübung der Prostitution anwirbt, indem er Sexualdienstleistungen gegen Entgelt in Anspruch nimmt, oder diese einem anderen zu einem solchen Zweck anbietet oder vermittelt.[69]

Der Tatbestand der „Zuhälterei" wird in § 216 StGB unter Strafe gestellt und legaldefiniert. „Zuhälterei" bedeutet im strafrechtlichen Sinne, dass Jemand eine Person ausnützt, um sich vorsätzlich aus der Prostitution dieser eine fortlaufende

---

[65] Vgl *Murer*, Prostitution und Verfassung S 52.
[66] Bundesgesetz vom 23. Jänner 1974 über die mit gerichtlicher Strafe bedrohten Handlungen (Strafgesetzbuch – StGB), BGBl Nr. 60/1974 idF BGBl I Nr. 117/2017.
[67] Vgl *Philipp*, § 215 StGB Rz 1; *Wegscheider*, Strafrecht Besonderer Teil[4] (2012) S 351f.
[68] Vgl *Philipp*, § 215 StGB Rz 7.
[69] Vgl *Murer*, Prostitution und Verfassung S 55.

Einnahme zu verschaffen.[70] Abs 2 leg cit enthält zudem die Sonderformen der ausbeuterischen, einschüchternden und dirigierenden Zuhälterei sowie die Mehrfachzuhälterei, für welche ein höherer Strafrahmen angedroht ist.[71]

§ 217 StGB verbietet darüber hinaus noch den „grenzüberschreitenden Prostitutionshandel", indem sich strafbar macht, wer eine Person, selbst wenn diese bereits in ihrem Heimatstaat aktiv der Prostitution nachgeht,[72] der Prostitution in einem anderen Staat als in dem, dessen Staatsangehörigkeit sie besitzt oder in dem sie ihren gewöhnlichen Aufenthalt hat, zuführt oder sie hierfür anwirbt.[73] Nach einem Teil der Lehre stellt der grenzüberschreitende Prostitutionshandel eine besonders schwere Form des Zuführens zur Prostitution dar, da die Gefahr für das Tatopfer, in ein dauerhaftes Abhängigkeitsverhältnis zu geraten, angesichts des Zuführens in einem fremden Land besonders groß ist.[74]

Selbstverständlich können noch weitere Tatbestände des zehnten Abschnittes des StGB mit Prostitution in Zusammenhang stehen, etwa die „Vergewaltigung" nach § 201 StGB oder der „Sexuelle Missbrauch von Jugendlichen" nach § 207b StGB. Auf diese Delikte wird an dieser Stelle jedoch mangels spezifischer Relevanz für das Prostitutionswesen nicht näher eingegangen.

III.2.e. Der Rechtsbereich des Arbeits- und Sozialversicherungsrechts

Arbeits- und sozialversicherungsrechtliche Erwägungen sind ebenfalls lediglich für die offiziell in behördlich genehmigten Bordellbetrieben beschäftigte Prostituierte von

---

[70] Zu den Tatbestandselementen im Detail vgl *Philipp*, § 216 StGB, in: *Höpfel/Ratz* (Hrsg), Wiener Kommentar zum Strafgesetzbuch^2 (2018) Rz 1ff.

[71] Hinsichtlich der unterschiedlichen Formen der Zuhälterei vgl *Kienapfel/Schmoller*, Studienbuch Strafrecht BT III 2 (2009) S 189.

[72] In Abgrenzung zu § 215 StGB macht es für die Erfüllung des Tatbestands des § 217 StGB keinen Unterschied, ob das Opfer bereits zuvor der Prostitution nachgegangen ist oder nicht., vgl dazu *Philipp*, § 215 StGB Rz 10.

[73] Zum Begriff des Anwerbens vgl *Hinterhofer/Rosbaud*, Strafrecht Besonderer Teil II^6 (2016) § 217 Rz 6; *Philipp*, § 215 StGB Rz 17.

[74] Vgl Murer, Prostitution und Verfassung S 57; *Hinterhofer/Rosbaud*, BT II^6 § 217 Rz 1.

Relevanz und nicht für den gänzlich illegalen Bereich der Straßen- oder Wohnungsprostitution. Ob freie Dienstverhältnisse zwischen Prostituierten und Bordellbetreibern rechtlich grundsätzlich zulässig wären, hat die Judikatur stets offengelassen.[75] Die Arbeitsbedingungen in einem Bordellbetrieb wurden vom VwGH jedoch wiederholt als „dienstnehmerähnlich“ eingestuft.[76]

Im Jahr 1989 sprach der OGH zwar aus, dass eine Prostituierte ihr Honorar von einem Bordellbetreiber einklagen kann,[77] dieser Umstand ändert jedoch nichts daran, dass arbeitsrechtliche Bestimmungen nur bei tatsächlichem Vorliegen eines Dienstvertrages zur Anwendung gelangen und nicht bei „dienstnehmerähnlichen“ Konstellationen. Dasselbe gilt für Arbeitnehmerschutzbestimmungen,[78] welche zwar nicht an das tatsächliche Vorliegen eines Dienstvertrages gebunden sind, jedoch dennoch voraussetzen, dass ein solcher zumindest rechtlich im Bereich des Möglichen wäre.[79] Auch die Arbeitsinspektorate, die zur Wahrnehmung des Arbeitnehmerschutzes berufenen Behörden, sind bei Vorliegen von freien Dienstverhältnissen in ihren Kontrollbefugnissen beschränkt auf die Vorschriften des technischen und hygienischen Arbeitnehmerschutzes, jene des Verwendungsschutzes sind jedoch wiederum an das tatsächliche Vorliegen eines Dienstvertrages gebunden.[80]

Da Sexualdienstleistungen nach hA sowie Judikatur des VwGH nicht den Bestimmungen der „Gewerbeordnung 1994“[81] unterliegen,[82] sind Prostituierte bislang rechtlich als „Neue Selbstständige“ zu klassifizieren,[83] sodass ihnen der Zugang zu zahlreichen arbeitsrechtlichen Begünstigungen eines Dienstverhältnisses, etwa zur

---

[75] Vgl *Murer*, Prostitution und Verfassung S 64.
[76] Vgl VwGH 20.06.2011, 2009/09/0056; 31.07.2009, 2008/09/0086.
[77] Vgl OGH 28.06.1989; 3 Ob 516/89.
[78] Bundesgesetz über Sicherheit und Gesundheitsschutz bei der Arbeit (ArbeitnehmerInnenschutzgesetz – ASchG), BGBl Nr. 450/1994 idF BGBl I Nr. 126/2017.
[79] Vgl § 1 Abs 1 iVm § 2 Abs 1 ASchG.
[80] Vgl § 2 Abs 1 iVm § 3 Abs 1 ArbIG (Bundesgesetz über die Arbeitsinspektion - Arbeitsinspektionsgesetz 1993, BGBl. Nr. 27/1993 idF BGBl. I Nr. 100/2018); Empfehlungen der Arbeitsgruppe „Prostitution“ S 29.
[81] Gewerbeordnung 1994 – GewO 1994, BGBl Nr. 194/1994 (WV) idF BGBl I Nr. 45/2018.
[82] Vgl VwGH 27.05.1983, 82/04/0274, VwSlg 11.074; VwGH 02.10.1989, 88/04/0045.
[83] Vgl *Murer*, Prostitution und Verfassung S 65; Empfehlungen der Arbeitsgruppe „Prostitution“ S 29f.

Pensions-, Kranken-, Arbeitslosen- oder Unfallversicherungen verwehrt bleibt,[84] ebenso wie Ansprüche auf Wochengeld und Krankengeld, deren Anspruchsgrundlagen sich allesamt im ASVG finden.[85]

Ein rechtsvergleichender Blick nach Deutschland zeigt, dass der Gesetzgeber im ProstG explizit die rechtliche Möglichkeit einseitig verpflichtender Arbeitsverträge geschaffen hat, in welchen dem Arbeitgeber zwar eine Weisungsbefugnis hinsichtlich Arbeitsort sowie -zeiten zukommt, nicht jedoch betreffend etwaigen, von den Prostituierten an Kunden vorzunehmenden Praktiken.[86] Weisungen, die *„das Ob, die Art oder das Ausmaß der Erbringung sexueller Dienstleistungen vorschreiben, sind unzulässig"*.[87] Ein uneingeschränktes Weisungsrecht im Rahmen eines Dienstverhältnisses zwischen Bordellbetreiber und einer Prostituierten wäre in einem derart sensiblen Lebensbereich aus augenscheinlichen Gründen sowohl rechtlich als auch moralisch nicht vertretbar.[88]

Für in einem behördlich genehmigten Bordellbetrieb als unselbstständig beschäftigte Prostituierte gilt in Österreich überdies die reguläre Sozialversicherungspflicht, sofern deren Entgelt die Geringfügigkeitsgrenze des § 5 Abs 2 ASVG[89] (438,05 Euro monatlich) übersteigt.[90] Ist eine Prostituierte aufgrund der Arbeitsbedingungen hingegen als „Neue Selbstständige" zu klassifizieren, so hat sie ihre Tätigkeit selbst innerhalb eines Monats nach Aufnahme gemäß § 18 Abs 1 GSVG[91] bei der Sozialversicherungsanstalt der gewerblichen Wirtschaft (SVA) zu melden, sofern ihr Jahresbruttoeinkommen den Betrag von 5.256,60 Euro (das 12-Fache der monatlichen ASVG-Geringfügigkeitsgrenze iSd § 5 Abs 2 ASVG) übersteigt[92].

---

84 Vgl *Mosler*, § 4 ASVG, in: *Mosler/Müller/Pfeil* (Hrsg), Der SV-Komm (2018) Rz 1ff; *Felten*, § 14 ASVG, in: *Mosler/Müller/Pfeil* (Hrsg), Der SV-Komm (2018) Rz 1ff.

85 Vgl *Drs*, §§ 138 und 162 ASVG, in: *Mosler/Müller/Pfeil* (Hrsg), Der SV-Komm (2017) Rz 1ff.

86 Für detailliertere Ausführungen zum deutschen Modell vgl *Murer*, Prostitution und Verfassung S 11f.

87 § 3 Abs 1 ProstG (D).

88 Vgl dazu *Murer*, Prostitution und Verfassung S 159ff; *Weitzenböck*, JAP 1990, S 17f; aber auch OGH 18.04.2012, 3 Ob 45/12g.

89 Bundesgesetz vom 9. September 1955 über die Allgemeine Sozialversicherung (Allgemeines Sozialversicherungsgesetz – ASVG.), BGBl Nr. 189/1955 idF BGBl I Nr. 59/2018.

90 § 5 Abs 1 Z 2 ASVG.

91 Bundesgesetz vom 11. Oktober 1978 über die Sozialversicherung der in der gewerblichen Wirtschaft selbständig Erwerbstätigen (Gewerbliches Sozialversicherungsgesetz – GSVG), BGBl Nr. 560/1978 idF BGBl I Nr. 59/2018.

92 § 4 Abs 1 Z 5 GSVG; vgl dazu *Murer*, Prostitution und Verfassung S 65.

Da die sozialversicherungsrechtliche sowie arbeitsrechtliche Stellung von in Bordellbetrieben tätigen Prostituierten immer wieder kontrovers diskutiert wurde, war es erklärtes Ziel des österreichischen „Sozialrechts-Änderungsgesetzes 2015“,[93] diesbezüglich klare Regelungen für den Bereich der Sexualdienstleisterinnen zu schaffen. In den Erläuterungen zum Gesetzesentwurf wurde ausgeführt, dass die Arbeitstätigkeit Prostituierter in einem Bordellbetrieb auf Grundlage eines Arbeitsvertrages nicht möglich sei, *„da dieser seinem Wesen nach auf die Verpflichtung zur Erbringung von Dienstleistungen hinausläuft“*.[94] Eine klagbare schuldrechtliche Verpflichtung zu sexuellen Handlungen würde jedoch dem durch Art 8 EMRK garantierten Recht auf Achtung der sexuellen Selbstbestimmung zuwiderlaufen, was auch bereits der OGH ausgesprochen hat.[95] In den Erläuterungen wurde zunächst vorgeschlagen, den Personenkreis der Sexualdienstleisterinnen explizit aus der Vollversicherungspflicht des § 4 Abs 1 Z 1 in Verbindung mit Abs 2 ASVG auszunehmen. Die einschlägige Personengruppe solle daher im Sinne der obigen Ausführungen in Hinkunft wie selbständig Erwerbstätige der Pflichtversicherung in der Kranken- und Pensionsversicherung nach dem GSVG sowie der Teilpflichtversicherung in der Unfallversicherung nach dem ASVG unterliegen.[96]

Die den Erläuterungen zum Gesetzesentwurf noch zu entnehmenden, geplanten Regelungen hinsichtlich der arbeitsrechtlichen Stellung von Prostituierten wurden jedoch wieder verworfen und traten schlussendlich nicht mit dem „Sozialrechtsänderung-Gesetz 2015“ in Kraft, sodass die sozialversicherungs- sowie arbeitsrechtliche Stellung Prostituierter nach wie vor nicht einheitlich gesetzlich geregelt und mit Unsicherheiten belastet ist.[97]

---

[93] Bundesgesetz, mit dem das Allgemeine Sozialversicherungsgesetz, das Gewerbliche Sozialversicherungsgesetz, das Bauern-Sozialversicherungsgesetz, das Beamten-Kranken- und Unfallversicherungsgesetz, das Freiberuflichen-Sozialversicherungsgesetz, das Notarversicherungsgesetz 1972, das Sozialversicherungs-Ergänzungsgesetz, das Arbeitslosenversicherungsgesetz 1977, das Mutterschutzgesetz 1979 und das Väter-Karenzgesetz geändert werden sowie ein Bundesgesetz über die Entschädigung für Heeresschädigungen erlassen wird (Sozialrechts-Änderungsgesetz 2015 – SRÄG 2015), BGBl I Nr. 162/2015.

[94] Vgl http://www.parlament.gv.at/PAKT/VHG/XXV/ME/ME_00169/fname_480262.pdf, S 7; abgerufen am 05.01.2019.

[95] Vgl OGH 18.04.2012, 3 Ob 45/12g.

[96] Vgl http://www.parlament.gv.at/PAKT/VHG/XXV/ME/ME_00169/fname_480262.pdf, S 7; abgerufen am 05.01.2019.

[97] Stand Dezember 2018.

III.2.f. Der Rechtsbereich des Gesundheitsrechts

Was gesundheitsrechtliche Aspekte in spezifischem Zusammenhang mit der Prostitutionsausübung anbelangt, so sind primär die bereits in Kapitel **II.** erwähnten Materiengesetze Geschlechtskrankheitengesetz sowie AIDS-Gesetz von einschlägiger Bedeutung.

Das Geschlechtskrankheitengesetz enthält in § 11 Abs 2 eine Verordnungsermächtigung zugunsten des „Bundesministers für Gesundheit, Sport und Konsumentenschutz" (dies entspricht nicht der aktuellen Ressortverteilung der Bundesregierung, wurde jedoch im Gesetzestext bislang nicht bereinigt),[98] welcher *„im Einvernehmen mit dem Bundesminister für Inneres Vorschriften über gesundheitliche Vorkehrungen und zur Überwachung jener Personen erlassen kann, die gewerbsmäßig sexuelle Handlungen am eigenen Körper dulden oder solche Handlungen an anderen vornehmen*". Auf dieser gesetzlichen Grundlage ist mit 1. Jänner 2016 die „Verordnung der Bundesministerin für Gesundheit über gesundheitliche Vorkehrungen für Personen, die sexuelle Dienstleistungen erbringen"[99] in Kraft getreten, welche in § 1 Abs 1 Personen, die gewerbsmäßig sexuelle Handlungen am eigenen Körper dulden oder solche Handlungen an anderen vornehmen, anordnet, sich *„vor Beginn dieser Tätigkeit (Eingangsuntersuchung) sowie in regelmäßigen Abständen von sechs Wochen einer amtsärztlichen Untersuchung (Kontrolluntersuchung) auf das Freisein von Geschlechtskrankheiten zu unterziehen.*" Sofern die betreffende Person im Rahmen der Eingangsuntersuchung als frei von Geschlechtskrankheiten befunden worden ist, hat die Bezirksverwaltungsbehörde dieser gemäß § 2 der VO einen zur Identitätsfeststellung geeigneten Lichtbildausweis auszustellen, welcher ihr das Freisein von Geschlechtskrankheiten bescheinigt. Besagten Ausweis hat eine Prostituierte gemäß § 5 der VO bei der Ausübung ihrer Tätigkeit auch *„bei sich zu führen*" und den Organen der Bezirksverwaltungsbehörde und des öffentlichen Sicherheitsdienstes auf Verlangen zur Überprüfung auszuhändigen. Ein Verstoß gegen die Bestimmungen der gegenständlichen

---

[98] Stand Dezember 2018.

[99] Verordnung der Bundesministerin für Gesundheit über gesundheitliche Vorkehrungen für Personen, die sexuelle Dienstleistungen erbringen, idgF BGBl II Nr. 198/2015.

Verordnung stellt eine Verwaltungsübertretung dar und ist aufgrund der Strafbestimmungen des § 12 Abs 2 Geschlechtskrankheitengesetz von der Bezirksverwaltungsbehörde bzw in Städten, in welchen die LPD gemäß § 8 SPG als Sicherheitsbehörde erster Instanz fungiert,[100] von dieser zu ahnden.[101]

Strukturell ähnlich aufgebaut wie das Geschlechtskrankheitengesetz ist das AIDS-Gesetz, welches gemäß § 4 Abs 2 Prostituierte dazu verpflichtet, *„sich vor der Aufnahme ihrer Tätigkeit, sowie periodisch wiederkehrend, mindestens jedoch in Abständen von drei Monaten, einer amtsärztlichen Untersuchung auf das Vorliegen einer HIV-Infektion zu unterziehen.*" Wurde bei einer Person eine Infektion mit einem HIV-Virus nachgewiesen, oder ist das amtsärztliche Untersuchungs-Ergebnis nicht eindeutig negativ, ist es gemäß § 4 Abs 1 AIDS-Gesetz verboten, gewerbsmäßig sexuelle Handlungen am eigenen Körper zu dulden oder solche Handlungen an anderen vorzunehmen. Auch das negative Untersuchungs-Ergebnis auf das Vorliegen einer HIV-Infektion hat die Bezirksverwaltungsbehörde einer Prostituierten mittels Ausstellung eines Ausweises zu bescheinigen. Die Strafbestimmungen hinsichtlich verwirklichter Verwaltungsübertretungen nach dem AIDS-Gesetz sind in dessen § 9 verankert, wobei dieser auch eine Subsidiaritätsklausel zugunsten einer etwaigen Gerichtszuständigkeit hinsichtlich einer begangenen Straftat enthält.[102]

III.3. Der Kompetenzbereich der Länder im österreichischen Rechtsvergleich

Die einschlägigen landesgesetzlichen Bestimmungen der einzelnen Bundesländer hinsichtlich des Prostitutionswesens in Österreich wurden bereits in Kapitel **III.1.** veranschaulicht. In diesem Kapitel werden nunmehr die zentralen Regelungskompetenzen, welche in den Zuständigkeitsbereich der Länder fallen, skizziert, sowie wesentliche Unterschiede innerhalb der einzelnen Landesgesetze

---

[100] Vgl dazu *Vogl*, § 8 SPG, in: *Thanner/Vogl* (Hrsg), Sicherheitspolizeigesetz[2] (2013) S 93ff.
[101] Zur näheren Ausgestaltung der VO vgl *Murer*, Prostitution und Verfassung S 47ff.
[102] Zur näheren Ausgestaltung des AIDS-Gesetz 1993 vgl *Murer*, Prostitution und Verfassung S 49ff.

überblicksartig herausgearbeitet. Zum besseren Verständnis für den Leser werden die Namen der einzelnen Landesgesetze, abgesehen vom TLPG, vollständig ausgeschrieben.

III.3.a. Persönliche Beschränkungen hinsichtlich der Ausübung der Prostitution

Die meisten Landesgesetzgeber haben im Sinne des Jugendschutzes als Art 15 B-VG-Materie[103] Altersgrenzen normiert, ab welchen die Prostitution legal ausgeübt werden darf. Besagte landesgesetzliche Regelungen richten sich einerseits an die Prostituierten selbst, andererseits auch an die Bordellbetreiber. Zu beachten ist, dass die Landesgesetzgeber oft auf den Begriff der „Minderjährigkeit" verweisen, sodass sich bis zum Jahr 2001 die in den Landesgesetzen verankerten Altersgrenzen an der bis zu diesem Zeitpunkt in § 21 Abs 1 ABGB normierten Volljährigkeitsgrenze von 19 Jahren orientierten, ehe diese mittels dem „Kindschaftsrechts-Änderungsgesetz 2001"[104] per 1. Juli 2001 auf 18 Jahre gesenkt wurde.[105]

So untersagt das „Burgenländische Landes-Polizeistrafgesetz"[106] in § 4 Abs 1 Personen, die minderjährig sind, die Anbahnung und Ausübung der Prostitution, ebenso wie das „Wiener Prostitutionsgesetz"[107] in § 4 lit a, während das „Kärntner Prostitutionsgesetz"[108] in § 3 Abs 1 lit a auf den Begriff der „Eigenberechtigung" abstellt. Unter Eigenberechtigung versteht man nach hL[109] sowie Judikatur[110] die volle Geschäftsfähigkeit, welche abgesehen von Fällen geistiger Einschränkungen,[111] ebenfalls mit dem vollendeten 18. Lebensjahr erreicht wird. Auch das TLPG normiert

---

[103] Vgl *Janko*, Staats- und Verwaltungsorganisation^2 S 11.
[104] BGBl I Nr. 135/2000.
[105] Vgl dazu *Murer*, Prostitution und Verfassung S 29.
[106] Gesetz vom 12. März 1986, mit dem verwaltungsstrafrechtliche Bestimmungen erlassen werden (Bgld. Landes-Polizeistrafgesetz -Bgld. PolStG), LGBl Nr. 35/1986 idF LGBl Nr. 58/2014.
[107] Gesetz, mit dem die Prostitution in Wien geregelt wird (Wiener Prostitutionsgesetz 2011 – WPG 2011), LGBl Nr. 24/2011 idF LGBl Nr. 59/2016.
[108] Gesetz vom 17. Mai 1990 zur Abwehr von Mißständen bei der Anbahnung und Ausübung der Prostitution (Kärntner Prostitutionsgesetz - K-PRG), LGBl 58/1990 idF LGBl Nr. 85/2013.
[109] Vgl *Stabentheiner*, § 179 ABGB, in: *Rummel* (Hrsg), Kommentar zum ABGB^4 (2015) Rz 1.
[110] Vgl OGH 23.05.1990, 2 Ob 560/90.
[111] Vgl § 21 Abs 1 ABGB.

in § 17 Abs 1, dass Räume eines Bordells zur Ausübung der Prostitution *„nur mietweise sowie an eigenberechtigte Personen"* überlassen werden dürfen.[112]

Das „Oberösterreichische Sexualdienstleistungsgesetz"[113] formuliert die entsprechende Altersgrenze wiederum explizit mit dem vollendeten 18. Lebensjahr aus (vgl § 3 Abs 1 Z 11 leg cit). Im „Niederösterreichischen Prostitutionsgesetz"[114] wird die Altersgrenze zur legalen Prostitutionsausübung in § 3 Abs 1 hingegen explizit mit dem vollendeten 19. Lebensjahr gezogen, ebenso wie im „Steiermärkischen Prostitutionsgesetz"[115] (vgl § 3 Abs 1 leg cit) sowie im „Vorarlberger Sittenpolizeigesetz"[116] (vgl § 11 Abs 2 leg cit).

Im „Salzburger Landessicherheitsgesetz"[117] sind keinerlei Altersgrenzen hinsichtlich des erforderlichen Alters einer Prostituierten normiert, § 4 Abs 2 Z 2 leg cit erlegt lediglich dem Bordellbetreiber die Verpflichtung auf, „Minderjähren" den Zutritt zum Bordellbetrieb zu verbieten. Mangels landesgesetzlicher Regelung gilt hier ebenfalls die generelle Altersgrenze von 18 Jahren, entsprechend dem strafrechtlichen Verbot von entgeltlichem Sex mit Minderjährigen gemäß § 207b Abs 3 StGB.[118]

Zusammenfassend kann also festgehalten werden, dass in sechs österreichischen Bundesländern die Altersgrenze zur legalen Prostitutionsausübung mit dem vollendeten 18. Lebensjahr sowie in drei Bundesländern mit dem vollendeten 19. Lebensjahr gezogen wird.[119]

Die Eigenberechtigung ist darüber hinaus, mit Ausnahme von Salzburg und Vorarlberg, ungeachtet des Alters einer Prostituierten als zusätzliche Voraussetzung

---

[112] Vgl dazu die Ausführungen in Kapitel **IV.4.**

[113] Landesgesetz, mit dem die Anbahnung und Ausübung von Sexualdienstleistungen geregelt wird (Oö. Sexualdienstleistungsgesetz - Oö. SDLG), LGBl Nr. 80/2012 idF LGBl Nr. 27/2018.

[114] NÖ Prostitutionsgesetz, LGBl 4005-0 idF LGBl Nr. 4005-3.

[115] Gesetz vom 25. November 1997 betreffend die Prostitution im Bundesland Steiermark (Steiermärkisches Prostitutionsgesetz), LGBl Nr. 16/1998 idF LGBl Nr. 79/2017.

[116] Gesetz über Angelegenheiten der Sittenpolizei, LGBl Nr. 6/1976 idF LGBl Nr. 44/2013.

[117] Salzburger Landessicherheitsgesetz - S.LSG, LGBl Nr. 57/2009 (WV) idF LGBl Nr. 107/2013.

[118] Vgl die Ausführungen in Kapitel **III.2.d.**

[119] Vgl auch *Murer*, Prostitution und Verfassung S 29.

zur legalen Prostitutionsausübung in allen Landesgesetzen normiert.[120] Das „Salzburger Landessicherheitsgesetz" enthält überdies in § 2 Abs 1 Z 5 als einziges, einschlägiges Landesgesetz ein Prostitutionsausübungsverbot für *„offenkundig schwangere Personen"*.[121]

Kommt es zur Prostitutionsanbahnung oder -ausübung durch eine Person, welche die in den Landesgesetzen normierten persönlichen Voraussetzungen, sei es aufgrund ihres Alters oder im Falle einer geforderten Eigenberechtigung auch aufgrund ihrer geistigen Fähigkeiten, nicht erfüllt, so verwirklicht grundsätzlich diese selbst eine Verwaltungsübertretung, nicht jedoch der die Sexualdienstleistung in Anspruch nehmende Freier. Eine Ausnahme bildet hierbei einzig das „Oberösterreichische Sexualdienstleistungsgesetz",[122] welches die Anbahnung sowie Ausübung von Sexualdienstleistungen von Personen, die das 18. Lebensjahr noch nicht vollendet haben oder bei denen pflegschaftsbehördliche Bedenken bestehen zwar verbietet,[123] für diese Übertretungen jedoch in den Strafbestimmungen keine Verwaltungsstrafe vorsieht, womit diese sanktionslos bleiben.[124] Der oberösterreichische Landesgesetzgeber argumentiert diesbezüglich in den Erläuterungen zum Gesetzesentwurf dezidiert, dass die Verbotsbestimmungen in § 3 Abs. 1 Z 1 und 2 „Oberösterreichisches Sexualdienstleistungsgesetz" Schutzvorschriften für minderjährige und besachwaltete Personen darstellen, weswegen ein Verstoß gegen diese Verbote durch minderjährige und besachwaltete Personen nicht als Verwaltungsübertretung qualifiziert werde.[125] Eine Strafbarkeit von Minderjährigen oder anderweitig schutzbedürftigen Personen im Falle einer Übertretung von Normen, die augenscheinlich zu deren eigenem Schutz geschaffen wurden, erscheint unüblich. Insbesondere in jenen Bundesländern, in denen die relevante Altersgrenze zur legalen Prostitutionsausübung beim vollendeten 19. Lebensjahr gezogen wurde, wird durch

---

[120] Vgl § 4 Abs 1 Bgld. PolStg, § 3 Abs 1 lit a K-PRG, § 3 Abs 1 NÖ Prostitutionsgesetz, § 5 Abs 1 Z 1 Oö. SDLG, § 3 Abs 1 Steiermärkisches Prostitutionsgesetz, § 17 Abs 1 TLPG, § 4 lit b WPG 2011.

[121] Kritisch zur kompetenzrechtlichen Zulässigkeit dieser Norm: *Murer*, Prostitution und Verfassung S 107f.

[122] Vgl § 3 Abs 1 Oö. SDLG iVm § 17 Oö. SDLG.

[123] Vgl § 3 Abs 1 Z 1 und 2 Oö. SDLG.

[124] Vgl § 17 Oö. SDLG; da in den Strafbestimmungen auch keine unbestimmte Strafe angedroht wird, gelangt auch nicht die subsidiäre Strafdrohung des § 10 Abs 2 VStG zur Anwendung - vgl dazu *Weilguni* in *Lewisch/Fischer/Weilguni* (Hrsg), Verwaltungsstrafgesetz[2] (2017) § 10 Rz 9.

[125] Vgl dazu die Beilage 618/2012 zu den Wortprotokollen des Oberösterreichischen Landtages; XXVII. Gesetzgebungsperiode S 18; abrufbar unter: http://www2.land-oberoesterreich.gv.at/internetltgbeilagen/Beilage%20618/2012%20-%20Ausschussbericht.pdf?id=1162&n=618&j=2012; abgerufen am 05.01.2019.

die Strafbestimmungen in den einschlägigen Landesgesetzen einzig eine (Verwaltungs-)Strafbarkeit einer bereits volljährigen Sexualdienstleisterin selbst begründet, welche das 19. Lebensjahr noch nicht vollendet hat, ohne dass dieser zumindest eine Strafbarkeit des Freiers nach dem Strafgesetzbuch gegenübersteht, wie dies vor Vollendung des 18. Lebensjahres der Prostituierten der Fall ist, wo sich dieser gerichtlich nach § 207b Abs 3 StGB zu verantworten hat.[126] Eine zusätzliche, in den Landesgesetzen normierte Verwaltungsstrafbarkeit des Freiers für entgeltlichen Sex mit Minderjährigen würde jedoch dem Verbot der Doppelbestrafung nach Art 4 des 7. ZP zur EMRK zuwiderlaufen.[127]

Auch Bordellbetreiber, welche in ihrem Betrieb Personen unterhalb der landesgesetzlich normierten Altersgrenze beschäftigen, begehen ungeachtet etwaiger strafrechtlicher Konsequenzen[128] nach den einschlägigen Landesgesetzen von Kärnten, Oberösterreich, Steiermark, Tirol sowie Vorarlberg eine Verwaltungsübertretung und setzen sich der Gefahr einer behördlichen Betriebsschließung aus.[129]

Mit Ausnahme von Niederösterreich besteht mittlerweile in jedem Bundesland eine landesgesetzliche Registrierungspflicht für Prostituierte.[130] In Kärnten, Oberösterreich, Salzburg, der Steiermark, Tirol und Vorarlberg[131] hat die Meldung hierbei jeweils durch den Bordellbesitzer zu erfolgen und zwar sowohl bei der Gemeinde als auch zusätzlich bei der örtlich zuständigen LPD. In Wien müssen Personen persönlich ihre Absicht, die Prostitution auszuüben, nur der LPD melden,[132] im Burgenland hingegen lediglich der Gemeinde.[133]

---

[126] Vgl *Murer*, Prostitution und Verfassung S 138; Ausführungen in Kapitel **III.2.d.**

[127] Vgl *Hengstschläger/Leeb*, Grundrechte[2] (2013) Rz 26/1ff.

[128] Vgl etwa §§ 207b, 214 oder 215a StGB – siehe Kapitel **III.2.d.**

[129] Vgl § 8 Abs 1 lit a iVm § 10 Abs 1 lit c K-PRG, § 5 Abs 1 Z 1 iVm § 11 Abs 2 Z 4 Oö. SDLG, § 10 Abs 1 iVm § 11 Abs 1 Steiermärkisches Prostitutionsgesetz, § 17 Abs 1 TLPG, § 11 Abs 2 Vbg Sittenpolizeigesetz; *Murer*, Prostitution und Verfassung S 43.

[130] Vgl *Murer*, Prostitution und Verfassung S 42f.

[131] Vgl § 8 Abs 2 lit d K-PRG, § 8 Abs 2 Z 5 lit a Oö. SDLG, § 4 Abs 2 Z 3 S.LSG, § 10 Abs 2 Z 3 Steiermärkisches Prostitutionsgesetz, § 17 Abs 2 TLPG, § 11 Abs 3 Vbg Sittenpolizeigesetz.

[132] Vgl § 5 Abs 1 iVm § 3 Abs 3 WPG 2011.

[133] Vgl § 5 Abs 1 Bgld. PolStg.

III.3.b. Örtliche Beschränkungen hinsichtlich der Ausübung der Prostitution

Was die gesetzliche Normierung von Örtlichkeiten anbelangt, an welchen die Anbahnung sowie die Ausübung der Prostitution gestattet wird, kann grundsätzlich in zwei verschiedene Systeme kategorisiert werden. Einerseits das sog Bordellsystem, welches die Erbringung von Sexualdienstleistungen örtlich ausschließlich in behördlich genehmigten Bordellbetrieben gestattet und andererseits das sog Schutzzonensystem, welches negativ jene Örtlichkeiten normiert, an welchen die Erbringung von Sexualdienstleistungen verboten ist.[134]

Mit Ausnahme des „Burgenländischen Landes-Polizeistrafgesetzes“ sowie des „Niederösterreichischen Prostitutionsgesetzes“ enthalten alle einschlägigen Landesgesetze eine Legaldefinition für den Begriff des Bordells.[135] Nach dem „Steiermärkischen Prostitutionsgesetz“ ist unter Bordell *„ein Betrieb zu verstehen, in dem die Prostitution ausgeübt werden soll“*,[136] während das „Kärntner Prostitutionsgesetz“ ein Bordell als Betrieb, *„in dem die Prostitution durch mehr als eine Person ausgeübt werden soll“*[137] legaldefiniert und darüber hinaus noch eine weitere Definition für „bordellähnliche Einrichtungen“[138] bereithält. Das TLPG definiert ein Bordell schlicht als *„Betrieb, in dem die Prostitution ausgeübt wird.“*[139] Etwas komplexer gestaltet sich die Legaldefinition wiederum im „Salzburger Landessicherheitsgesetz“, nach welchem ein Bordell ein Betrieb ist, in welchem sich eine oder mehrere Personen aufhalten, *„auf Grund deren äußeren Erscheinungsbild (Bekleidung, Auftreten, Gesten udgl) angenommen werden kann, dass sie in den Räumlichkeiten des Betriebes Prostitution anbahnen oder ausüben“*,[140] oder wenn von dem Betrieb auf Grund sonstiger Umstände, *„wie etwa der Ausstattung mit separierten Räumlichkeiten, der Vorführung von Sexfilmen in solchen, angenommen werden [kann], dass er auch der Anbahnung oder Ausübung der Prostitution dienen soll.“*[141]

---

[134] Vgl *Murer,* Prostitution und Verfassung S 27f.

[135] Zu den unterschiedlichen Bordellbegriffen in den österreichischen Landesgesetzen vgl auch *Murer,* Prostitution und Verfassung S 25f.

[136] Vgl § 2 Abs 4 Steiermärkisches Prostitutionsgesetz.

[137] Vgl § 2 Abs 3 K-PRG.

[138] Vgl § 2 Abs 4 K-PRG.

[139] Vgl § 15 Abs 1 TLPG.

[140] Vgl § 1 Z 3 lit a S.LSG.

[141] Vgl § 1 Z 3 lit b S.LSG.

Das „Oberösterreichische Sexualdienstleistungsgesetz" definiert ein Bordell wiederum als *„Betrieb, in dem die Sexualdienstleistung durch eine oder mehrere Personen angebahnt oder ausgeübt wird"*[142], während das „Vorarlberger Sittenpolizeigesetz" keine exakte Definition enthält, jedoch unter dem mit „Bordellbewilligung" betitelten § 5 von einem bestimmten Gebäude spricht, *„dessen Räume durch Bescheid der Behörde zum Anbieten sowie zur Ausübung gewerbsmäßiger Unzucht bewilligt werden können"*, sodass sich auch daraus indirekt eine Legaldefinition ableiten lässt. Einzig das „Wiener Prostitutionsgesetz" verwendet den abweichenden Begriff des „Prostitutionslokals" und definiert dieses als *„zur Anbahnung oder Ausübung der Prostitution bestimmtes oder verwendetes Gebäude, Gebäudeteile oder andere geschlossene Räume."*[143]

Das Bordellsystem ist aktuell strikt in Kärnten, Salzburg und Vorarlberg verwirklicht. In diesen drei Bundesländern ist jede Form der Prostitutionsanbahnung oder -ausübung außerhalb eines behördlich bewilligten Bordells, etwa die Straßenprostitution oder Prostitution in Privatwohnungen, verboten.[144]

Ein klassisches Schutzzonensystem, welches auch die Erbringung von sexuellen Dienstleistungen auf der Straße grundsätzlich erlaubt, ist aktuell lediglich in Burgenland, Niederösterreich sowie Wien etabliert.[145] Das „Steiermärkische Prostitutionsgesetz" enthält darüber hinaus in § 13 Abs 2 eine Verordnungsermächtigung für den Gemeinderat, welcher die Anbahnung der Prostitution an bestimmten Örtlichkeiten im Freien für einen Zeitraum von jeweils drei Jahren für zulässig erklären kann. Auch in Tirol wurde in der jüngsten Novelle des TLPG eine Verordnungsermächtigung zugunsten der Gemeinde geschaffen,[146] um sog „Erlaubniszonen" festzulegen, innerhalb derer die Anbahnung von Beziehungen zur Ausübung der Prostitution auch außerhalb bewilligter Bordelle zulässig ist.[147] Jedoch hat bis dato noch keine Gemeinde davon Gebrauch gemacht.[148]

---

142 Vgl § 2 Z 4 Oö. SDLG.
143 Vgl § 2 Abs 5 WPG 2011.
144 Vgl § 3 Abs 2 K-PRG, § 2 Abs 1 S.LSG, § 4 Abs 1 u 2 Vbg Sittenpolizeigesetz; *Murer*, Prostitution und Verfassung S 27.
145 Vgl § 4 Abs 3 Bgld. PolStG, § 3 Abs 2 NÖ Prostitutionsgesetz, §§ 9, 10 WPG 2011; *Murer*, Prostitution und Verfassung S 27f.
146 Vgl § 18a TLPG, eingefügt durch LGBl Nr. 56/2017.
147 Vgl dazu die Ausführungen in Kapitel **IV.6.**
148 Stand Dezember 2018.

Außer in Tirol sowie in Wien haben alle Landesgesetzgeber in ihren Bestimmungen bestimmte Schutzobjekte ausformuliert, in deren ebenfalls gesetzlich definierten Umkreis kein Bordell etabliert werden darf.[149] Als Schutzobjekte wurden hierbei in den landesgesetzlichen Regularien regelmäßig Einrichtungen wie Schulen, Kindergärten, Jugendzentren oder Gebäude, welche religiösen Zwecken gewidmet sind verankert.[150] Der gesetzlich normierte Umkreis variiert hierbei zwischen den Landesgesetzen stark. Während einige Landesgesetzgeber die erforderliche Distanz zu etwaigen Schutzobjekten explizit und nachvollziehbar ausformulieren (Salzburg: 300 m, Oberösterreich: 150 m, Burgenland: 200 m, Kärnten: 300 m), halten andere die Anforderungen an einen ausreichenden Umkreis abstrakt (Steiermark: „*direkter Blickkontakt*", NÖ: „*in unmittelbarer Nähe*", Vorarlberg: „*in der Nähe von*").

Neben den bereits gesetzlich normierten, örtlichen Einschränkungen enthalten die Landesgesetze von Niederösterreich, Wien, dem Burgenland, Salzburg, Kärnten sowie Tirol noch Verordnungsermächtigungen, welche es den Gemeinden erlauben, im Bedarfsfall zusätzliche örtliche Beschränkungen zu verfügen.[151]

Die Prostitution in Privatwohnungen ist im Burgenland, in Niederösterreich sowie in Wien erlaubt, sofern in einem Gebäudeteil alle Wohnungen zur Ausübung der Prostitution genützt werden, oder der der Prostitution dienliche Gebäudeteil einen separaten Eingang hat.[152]

Im Burgenland, in Niederösterreich, Oberösterreich, der Steiermark sowie in Wien ist stets auch die Prostitution in Wohnungen jener Personen erlaubt, die die Dienste von Prostituierten ausschließlich für sich in Anspruch nehmen (sog „Hausbesuche").[153]

---

[149] Vgl § 4 Abs 3 Z 2 Bgld. PolStG, § 7 lit b K-PRG, § 3 Abs 2 Z 2 NÖ Prostitutionsgesetz, § 6 Abs 1 Z 1 Oö. SDLG, § 6 Z 3 S.LSG, § 7 Z 1 Steiermärkisches Prostitutionsgesetz, § 6 Abs 4 Vbg Sittenpolizeigesetz.

[150] Vgl dazu auch *Murer*, Prostitution und Verfassung S 33ff.

[151] Vgl § 5 Abs 1 NÖ Prostitutionsgesetz, § 10 WPG 2011, § 6 Abs 1 Bgld. PolStG, § 10 Abs 1 S.LSG, § 12 K-PRG, § 15 Abs 4 TLPG.

[152] Vgl § 4 Abs 3 Z 3 Bgld. PolStG, § 3 Abs 2 Z 3 NÖ Prostitutionsgesetz, § 6 Abs 1 WPG 2011; *Murer*, Prostitution und Verfassung S 36.

[153] Vgl § 4 Abs 3 Z 3 Bgld. PolStG, § 13 Oö. SDLG, § 3 Abs 2 Z 3 NÖ Prostitutionsgesetz, § 3 Abs 2 Z 2 Steiermärkisches Prostitutionsgesetz, § 6 Abs 2 WPG 2011; zur Thematik der Hausbesuche durch Begleitagenturen siehe auch die Empfehlungen der Arbeitsgruppe „Prostitution" S 13 und S 57; weiters *Murer*, Prostitution und Verfassung S 36.

III.3.c. Bewilligungsverfahren für Bordellbetriebe

Mit Ausnahme von Wien, Niederösterreich sowie dem Burgenland sehen alle einschlägigen Landesgesetze nunmehr ein verpflichtendes, behördliches Bewilligungsverfahren vor, welches der Eröffnung eines Bordellbetriebes voranzugehen hat.[154] Die drei als Ausnahmen genannten Bundesländer haben hingegen landesgesetzlich lediglich eine Anzeigenpflicht seitens des Bordellbetreibers an die Gemeinde normiert.[155]

Die Bewilligung eines Bordellbetriebes ist in der Regel durch den Bürgermeister im eigenen Wirkungsbereich der Gemeinde zu erteilen. Eine Ausnahme hiervon stellt Vorarlberg dar, welches gesetzlich den Gemeindevorstand zur zuständigen Behörde erklärt.[156]

Neben den in Kapitel **III.3.b.** bereits skizzierten, landesgesetzlich normierten örtlichen Beschränkungen für die Einrichtung eines Bordellbetriebes, sehen jene Landesgesetze, in welchen ein behördliches Bordellbewilligungsverfahren verankert ist, stets noch weitere, in der Regel in der Person des Antragstellers oder in der Ausgestaltung des Betriebes gelegene Genehmigungsvoraussetzungen vor, welche zu erfüllen sind.[157] Bei den personsbezogenen Voraussetzungen hinsichtlich des Bordellbetreibers handelt es sich hierbei regelmäßig um Staatsbürgerschafts- oder bestimmte Verlässlichkeitserfordernisse.[158]

Je nach Ausgestaltung des im Verfahren zu bewilligenden bzw anzuzeigenden Bordellbetriebes können auch unterschiedliche Behörden in das Verfahren involviert

---

[154] Vgl § 5 K-PRG, § 4 Oö SDLG, § 4 S.LSG, § 4 Steiermärkisches Prostitutionsgesetz, § 15 Abs 1 TLPG, § 5 Vbg Sittenpolizeigesetz; *Murer*, Prostitution und Verfassung S 39ff.

[155] Vgl § 7 WPG 2011, § 4 NÖ Prostitutionsgesetz, § 5 Bgld. PolStG.

[156] Vgl § 15 Abs 1 Vbg Sittenpolizeigesetz.

[157] Vgl § 6 K-PRG, § 5 Oö. SDLG, § 5 S.LSG, § 6 Steiermärkisches Prostitutionsgesetz, § 15 Abs 2 TLPG, § 6 Abs 1 Vbg Sittenpolizeigesetz.

[158] Zu den personenbezogenen Voraussetzungen hinsichtlich des Bordellbetreibers vgl *Murer*, Prostitution und Verfassung S 30ff; zu den diesbezüglichen Voraussetzungen im TLPG siehe die Ausführungen in Kapitel **IV.2.**

sein, wie etwa die zuständige Baubehörde[159], oder im Falle der Ausgestaltung des Betriebes als Gastronomiebetrieb mit Verpflegung und Ausschank auch die Gewerbehörde[160] sowie das Arbeitsinspektorat.[161] Die Sicherheitsbehörden in Form der Bezirksverwaltungsbehörden bzw in den Gemeinden gemäß § 8 SPG der LPD sind ebenfalls in die Verfahren involviert und zwar im Hinblick auf eine sicherheitspolizeiliche Überprüfung des Bordellbetreibers gemäß der §§ 55ff SPG hinsichtlich des Vorliegens seiner persönlichen Voraussetzungen zum Betrieb eines Bordells.[162]

Eine Sonderstellung nimmt Wien ein. Mittels Übertragungsverordnung der Wiener Landesregierung vom 16. April 1968[163] wurde die Besorgung der Angelegenheiten der örtlichen Sicherheitspolizei sowie der Sittlichkeitspolizei zur Gänze auf die LPD Wien (damals: BPD Wien)[164] übertragen.[165] Somit ist auch das gesamte Anzeigenverfahren für die Eröffnung eines Prostitutionslokals durch die LPD Wien abzuwickeln, welche jedoch wiederum dem Stadtmagistrat entgegengenommene Meldungen und Anzeigen bekanntzugeben hat.[166]

Auch die Tiroler Landesregierung hat auf Grundlage des § 7 Abs 4 des „Innsbrucker Stadtrechts 1975"[167] die Besorgung der Sittlichkeitspolizei mittels Verordnung vom 17. April 1990[168] vom eigenen Wirkungsbereich der Stadtgemeinde Innsbruck auf die LPD Tirol (damals: BPD Innsbruck) übertragen. Die Durchführung von Bordellbewilligungsverfahren nach den §§ 15 und 16 TLPG sind jedoch gemäß

---

[159] Welche in der Regel der Bürgermeister im eigenen Wirkungsbereich der Gemeinde ist - vgl Art 118 Abs 3 Z 9 B-VG.

[160] Nach § 333 Abs 1 GewO die zuständige Bezirksverwaltungsbehörde.

[161] Vgl dazu auch die Empfehlungen der Arbeitsgruppe „Prostitution" S 51ff.

[162] Vgl dazu *Mißbichler*, §§ 55, 55a und 55b SPG, in: *Thanner/Vogl* (Hrsg), Sicherheitspolizeigesetz² (2013) S 567ff.

[163] LGBl für Wien Nr. 27.

[164] Zur Neustrukturierung der Sicherheitsbehörden vgl *Lachmayer*, Die Neustrukturierung der Sicherheitsbehörden. Zwischen Effizienz und Rechtsstaatlichkeit, in: *Baumgartner* (Hrsg), Jahrbuch Öffentliches Recht (2013) S 181ff.

[165] Vgl § 3 Abs 3 WPG 2011.

[166] Vgl § 7 Abs 4 WPG 2011.

[167] Kundmachung der Landesregierung vom 17. Juni 1975 über die Wiederverlautbarung des Stadtrechtes der Landeshauptstadt Innsbruck, LGBl. Nr. 53/1975 idF LGBl. Nr. 144/2018.

[168] Verordnung der Landesregierung vom 17. April 1990, mit der die Besorgung einer Angelegenheit des eigenen Wirkungsbereiches der Stadtgemeinde Innsbruck auf die Landespolizeidirektion übertragen wird, LGBl Nr. 64/1990 idF LGBl Nr. 94/2017.

§ 1 Abs 1 der VO explizit von dieser Übertragung ausgenommen und erfolgen weiterhin durch den Bürgermeister im eigenen Wirkungsbereich der Gemeinde.

Alle neun einschlägigen Landesgesetze sehen eine Mitwirkung der Organe der Bundespolizei bei der Vollziehung der Gesetze vor,[169] sodass die Organe des öffentlichen Sicherheitsdienstes jederzeit zu Kontrolltätigkeiten hinsichtlich der Einhaltungen der in den Landesgesetzen normierten Bestimmungen bzw der auf deren Grundlage ergangenen Verordnungen herangezogen werden können.

III.3.d. Verwaltungsstrafbarkeit

Wie bereits in Kapitel **III.1.** erwähnt, eignet sich die Durchführung von Verwaltungsstrafverfahren aufgrund des Überwiegens der überörtlichen Interessen am Verwaltungsstrafrecht nicht zur Besorgung im eigenen Wirkungsbereich der Gemeinde,[170] sodass in allen neun einschlägigen Landesgesetzen die Bezirksverwaltungsbehörden bzw in jenen Städten, in welchen die LPD gemäß § 8 SPG als Sicherheitsbehörde erster Instanz fungiert, diese mit der Durchführung von Verwaltungsstrafverfahren betraut wurden.[171]

Die in den einzelnen Landesgesetzen angedrohten Strafrahmen für Verwaltungsübertretungen von Bordellbetreibern sowie Prostituierten variieren hierbei stark. Eine Sonderstellung hinsichtlich der Bestrafung minderjähriger Prostituierter nimmt das Bundesland Wien ein. Gemäß § 17 Abs 8 „Wiener Prostitutionsgesetz" ist gegen Personen, die zur Zeit der Beanstandung zwar das 14., jedoch noch nicht das 18. Lebensjahr vollendet haben, zunächst keine Strafe zu verhängen. Diese Personen sind von der Behörde jedoch *„in geeigneter Weise auf die Rechtswidrigkeit ihres*

[169] Vgl § 12 Bgld. PolStG, § 14 K-PRG, § 16 Oö. SDLG, § 9 S.LSG, § 7 NÖ Prostitutionsgesetz, § 14 Steiermärkisches Prostitutionsgesetz, § 28 TLPG, § 16 Vbg Sittenpolizeigesetz, § 3 Abs 2 iVm § 15 WPG 2011

[170] Vgl VfSlg 5579/1967; VwSlg 7227 A/1967 sowie *Kahl/Weber*, Allgemeines Verwaltungsrecht[6] Rz 330.

[171] Vgl § 13 Abs 1 Bgld. PolStG, § 16 Abs 1 K-PRG, § 14 Abs 2 Oö. SDLG, § 34 Abs 2 S.LSG, § 6 NÖ Prostitutionsgesetz, § 12 Abs 2 Steiermärkisches Prostitutionsgesetz, § 23 Abs 2 TLPG, § 18 Abs 3 Vbg Sittenpolizeigesetz, § 3 Abs 4 WPG 2011.

Verhaltens aufmerksam zu machen. Ihnen ist aufzutragen, binnen einer angemessenen Frist an einem Beratungs- und Informationsgespräch über den Sinn und Zweck der Bestimmungen dieses Gesetzes und die gefährdenden Auswirkungen der Prostitution beim Jugendwohlfahrtsträger teilzunehmen. Nehmen diese Personen aus eigenem Verschulden nicht an dem Beratungs- und Informationsgespräch teil, so sind sie für die ursprüngliche Verwaltungsübertretung mit einer Geldstrafe bis 200 Euro, bei Uneinbringlichkeit mit Ersatzfreiheitsstrafe bis zu zwei Tagen, zu bestrafen". Die Höchststrafe für eine minderjährige Prostituierte beträgt somit im Bundesland Wien bei erstmaliger Beanstandung lediglich 200 Euro und dies nur dann, sofern sie nicht an einem behördlich angeordneten Beratungs- und Informationsgespräch beim Jugendwohlfahrtsträger teilnimmt.[172] Eine vergleichbare Regelung ist in keinem anderen, einschlägigen Landesgesetz enthalten.

Den höchsten Strafrahmen für die rechtswidrige Anbahnung und Ausübung der Prostitution, mit einer Obergrenze von 10.000 Euro bzw im Wiederholungsfall von bis zu 20.000 Euro, enthält das „Salzburger Landessicherheitsgesetz".[173] Salzburg ist darüber hinaus neben Vorarlberg sowie Oberösterreich auch das einzige Bundesland, welches in seinem einschlägigen Landesgesetz eine primäre Freiheitsstrafe alternativ zur Verhängung einer Geldstrafe vorsieht.[174]

Den weitaus höchsten Strafrahmen für das Betreiben eines Bordells ohne behördliche Bewilligung enthält hingegen das TLPG mit einer Geldstrafe von bis zu 36.000 Euro bzw einer Ersatzfreiheitsstrafe von bis zu vier Wochen.[175]

Wie bereits in Kapitel **II.** erwähnt, befinden sich relevante Strafbestimmungen, welche regelmäßig mit dem illegalen Prostitutionswesen einher gehen, nicht nur in den einschlägigen Landesgesetzen, sondern regelmäßig auch in anderen Materiengesetzen (man denke etwa an das Geschlechtskrankheitengesetz, das

---

[172] Vgl zu diesem Regelungskonzept auch die Empfehlungen der Arbeitsgruppe „Prostitution" S 40f.
[173] Vgl § 11 Abs 1 Z 2 iVm Abs 4 S.LSG.
[174] Vgl § 11 Abs 1 Z 2 iVm Abs 4 S.LSG, § 17 Abs 3 und 4 Oö. SDLG, § 18 Abs 2 und 3 Vbg Sittenpolizeigesetz; zur verfassungsrechtlichen Zulässigkeit von primären Freiheitsstrafen im Verwaltungsstrafrecht vgl die Ausführungen in Kapitel **IV.7.**
[175] Vgl § 15 Abs 1 iVm § 19 Abs 2 TLPG sowie die Ausführungen in Kapitel **IV.7.**

MeldeG, das AIDS-Gesetz 1993 oder das FPG). Hierbei kann es der Fall sein, dass einzelne Verwaltungsstrafverfahren hinsichtlich diverser Übertretungen aus unterschiedlichen Materiengesetzen, welche im Zuge einer Beanstandung festgestellt werden, von unterschiedlichen Strafbehörden zu führen sind. So fällt die Führung des Verwaltungsstrafverfahrens hinsichtlich landesgesetzlicher Prostitutionsübertretungen sowie aufgrund von Übertretungen nach dem Geschlechtskrankheitengesetz[176] in den in § 8 SPG normierten Gemeinden in den Zuständigkeitsbereich der LPD, während die Führung der Verwaltungsstrafverfahren nach dem MeldeG oder AIDS-Gesetz 1993 der jeweiligen Bezirksverwaltungsbehörde obliegt.[177] Die Führung von Verwaltungsstrafverfahren nach dem FPG obliegt wiederum ausnahmslos der örtlich zuständigen LPD.[178]

Sollte sich im Zuge des behördlich geführten Verwaltungsstrafverfahrens der Verdacht ergeben, dass es sich bei der beschuldigten Prostituierten um ein Opfer von Menschenhandel handelt, ist darüber hinaus auch stets das in der „EU-Menschenhandelsrichtlinie“[179] normierte „Non-Punishment-Prinzip“ zu berücksichtigen, welches besagt, dass Opfer von Menschenhandel, welche strafbare Handlungen unter Druck sowie gegen ihren Willen begangen haben, während der Zeit ihrer Ausbeutung nicht zur Verantwortung zu ziehen sind.[180] Das Verwaltungsstrafverfahren wäre in diesem Fall nach § 45 VStG einzustellen.[181]

---

[176] Vgl § 12 Abs 1 Geschlechtskrankheitengesetz.
[177] Vgl §§ 9 iVm § 11 AIDS-Gesetz 1993, § 22 Abs 6 MeldeG.
[178] Vgl § 5 Abs 1 Z 3 FPG.
[179] Richtlinie 2011/36/EU des Europäischen Parlaments und des Rates vom 5. April 2011 zur Verhütung und Bekämpfung des Menschenhandels und zum Schutz seiner Opfer sowie zur Ersetzung des Rahmenbeschlusses 2002/629/JI des Rates.
[180] Vgl Art 14 EU-RL 2011/36/EU sowie die Empfehlungen der Arbeitsgruppe „Prostitution“ S 71.
[181] Vgl *Kneihs*, § 45 VStG, in: *Raschauer/Wessely* (Hrsg), VStG^2 (2016) Rz 5.

IV. Die Prostitutionsbestimmungen des Tiroler Landes-Polizeigesetzes im historischen Rechtsvergleich

Das Tiroler Landes-Polizeigesetz trat mit 17. September 1976 in Kraft[182] und wurde bis zur aktuell geltenden Fassung LGBl Nr. 56/2017 insgesamt dreizehn Mal novelliert. Von sechs der Novellen waren auch die einschlägigen Prostitutionsbestimmungen betroffen, welche im 5. Abschnitt des TLPG – betitelt mit „Prostitution" - geregelt werden, welcher sich von § 14 bis zu § 19a erstreckt.[183] Wie bereits in der Einleitung erwähnt, werden in diesem Kapitel zahlreiche Gesetzestextstellen zitiert, was dem Leser zunächst etwas ungewöhnlich erscheinen mag. Dies ist jedoch notwendig, um die unterschiedlichen Novellen sowie die dahinterstehenden Intentionen des Gesetzgebers möglichst verständlich veranschaulichen zu können.

IV.1. § 14 Tiroler Landes-Polizeigesetz – „Verbot"

Der § 14 TLPG („Verbot") enthält fünf Straftatbestände (lit a bis e), welche das Verhalten unterschiedlicher Akteure in Zusammenhang mit dem Prostitutionswesen unter Strafe stellen.

So verbietet **lit a** leg. cit:

> *„die gewerbsmäßige Duldung sexueller Handlungen am eigenen Körper oder die gewerbsmäßige Vornahme sexueller Handlungen (Prostitution) außerhalb von bewilligten Bordellen (§ 15)."*[184]

[182] LGBl Nr. 60/1976.
[183] IdF LGBl Nr. 56/2017.
[184] IdF LGBl Nr. 56/2017.

Der Straftatbestand war bereits in der ersten Fassung des TLPG aus dem Jahr 1976 enthalten und lautete zunächst:

> *„Verboten ist:*
> *die gewerbsmäßige sowie die entgeltliche, wenn auch nicht gewerbsmäßige Hingabe des eigenen Körpers an Personen des anderen Geschlechts zu deren sexueller Befriedigung (Prostitution) außerhalb behördlich bewilligter Bordelle (§ 15);“*[185]

Der Passus *„sowie die entgeltliche, wenn auch nicht gewerbsmäßige“* wurde vom VfGH im Jahr 1978 als verfassungswidrig behoben, als dadurch, auf das Wesentlichste zusammengefasst, auch Sexualverhalten, welches nicht öffentlich in Erscheinung tritt und dennoch nicht unter die Legaldefinition der Prostitution subsumiert werden kann, verboten wird. Dies sei mit dem Grundrecht auf Achtung des Privat- und Familienlebens nach Art 8 EMRK unvereinbar.[186]

Mit der TLPG Novelle LGBl Nr. 10/2006, kundgemacht am 24. Jänner 2006, wurde der Passus *„Personen des anderen Geschlechts“* ersetzt durch den Passus *„andere Personen“*. Die Formulierung *„Personen des anderen Geschlechts“* erwies sich nach den erläuternden Bemerkungen zur Regierungsvorlage nach einer Änderung der strafrechtlichen Bestimmungen über die Homosexualität[187] als zu eng gefasst und eine Differenzierung zwischen Personen desselben und des anderen Geschlechts im Straftatbestand des § 14 lit a TLPG als nicht mehr zeitgemäß,[188] sodass auch die gewerbsmäßige Hingabe des eigenen Körpers an Personen des gleichen Geschlechts in diesen integriert wurde.

---

[185] IdF LGBl Nr. 60/1976.

[186] Vgl VfGH 09.03.1978, G63/77, sowie die diesbezüglichen Ausführungen in Kapitel **V.2.b.**; zur Ausgestaltung des Grundrechts auf Achtung des Privat- und Familienlebens nach Art 8 EMRK vgl *Nettesheim*, Art 8 EMRK, in: *Meyer-Ladewig/Nettesheim/von Raumer* (Hrsg), EMRK Handkommentar[4] (2017) S 317ff sowie die Ausführungen in Kapitel **V.2.b.** sowie **VI.3.a.**

[187] Die Legalisierung der Homosexualität erfolgte in Österreich durch das Bundesgesetz vom 8. Juli 1971, mit dem das Strafgesetz, die Strafprozeßordnung und das Gesetz über die bedingte Verurteilung geändert und ergänzt werden (Strafrechtsänderungsgesetz 1971), BGBl Nr. 273/1971; vgl dazu *Wirth*, Christian Broda. Eine politische Biographie (2011) S 416ff.

[188] Vgl die Regierungsvorlage samt erläuternde Bemerkungen zu LGBl Nr. 10/2006, S 10 und 11: http://portal.tirol.gv.at/LteWeb/public/ggs/ggsDetails.xhtml?id=12063&cid=369109; abgerufen am 05.01.2019.

Mit Ausnahme einer weiteren kleinen Anpassung in LGBl Nr. 130/2013, in welcher das Wort *„behördlich*" (vor *„bewilligter Bordelle*") aus lit a entfernt wurde (ebenso aus § 14 lit b und c sowie aus § 15 TLPG), um den geänderten Verhältnissen aufgrund der mit 1. Jänner 2014 in Kraft getretenen „Verwaltungsgerichtsbarkeits-Novelle 2012"[189] Rechnung zu tragen, wurde § 14 lit a TLPG erst in der jüngsten Novelle LGBl Nr. 56/2017 umfassend zur aktuell gültigen Fassung modifiziert.

Zieht man die erläuternden Bemerkungen zum Gesetzesentwurf der jüngsten TLPG-Novelle heran, war es im Sinne des Gesetzgebers, die Definition des Prostitutionsbegriffes im TLPG an jenen Prostitutionsbegriff, welcher den gesundheitsrechtlichen Vorschriften des Bundes zugrunde liegt, anzugleichen.[190] Wenngleich keine Bestimmung explizit genannt ist, wird hierbei wohl insbesondere auf den in § 1 Abs 1 der „Verordnung der Bundesministerin für Gesundheit über gesundheitliche Vorkehrungen für Personen, die sexuelle Dienstleistungen erbringen"[191] verankerten Prostitutionsbegriff Bezug genommen.[192]

§ 1 Abs 1 der genannten VO, welche auf der gesetzlichen Grundlage des § 11 Abs 2 Geschlechtskrankheitengesetz ergangen ist, spricht von

> *„Personen, die gewerbsmäßig sexuelle Handlungen am eigenen Körper dulden oder solche Handlungen an anderen vornehmen…".*

In der jüngsten Novelle des TLPG wurde aufgrund einer Umformulierung der lit a somit nunmehr explizit klargestellt, dass auch die gewerbsmäßige Vornahme sexueller Handlungen, welche nicht in der *„Hingabe des eigenen Körpers*" bestehen, unter den Begriff der Prostitution zu subsumieren sind.[193]

---

[189] BGBl I Nr. 51/2012; zur „Verwaltungsgerichtsbarkeitsreform 2012" vgl *Hauer*, Gerichtsbarkeit des öffentlichen Rechts (2014) S 3ff.

[190] Vgl die erläuternden Bemerkungen zum Gesetzesentwurf LGBl Nr. 56/2017, S 2: http://portal.tirol.gv.at/LteWeb/public/ggs/ggsDetails.xhtml?id=14512&cid=369723; abgerufen am 05.01.2019.

[191] Zum Wesen dieser Verordnung siehe bereits die Ausführungen in Kapitel **III.2.f.**

[192] Zum Begriff der „Prostitution" vgl auch *Murer*, Prostitution und Verfassung S 23ff.

[193] Kritisch zum Prostitutionsbegriff im TLPG vor der Novelle LGBl Nr. 56/2017: *Murer*, Prostitution und Verfassung S 24.

Hinsichtlich des Tatbestandselements der Gewerbsmäßigkeit hat der VwGH in stRsp klargestellt, dass diese dann vorliegt, wenn die Absicht einer Prostituierten darauf gerichtet ist, sich durch die Wiederholung der strafbaren Handlung eine, wenn auch nicht dauerhafte und wenn auch nicht regelmäßige, Einkommensquelle zu verschaffen.[194] Auf die Gewerbsmäßigkeit kann sowohl aus einschlägigen verwaltungsstrafrechtlichen Vormerkungen[195] als auch aus dem Verhalten einer Geheimprostituierten an sich geschlossen werden.[196] Selbst bei der erstmaligen Beanstandung einer Prostituierten kann dieser somit eine gewerbsmäßige Tatbegehung unterstellt werden, sofern aus dem Gesamtbild ihres Verhaltens geschlossen werden kann, dass diese die Absicht verfolgt, sich durch eine wiederholte Tatbegehung ein wiederkehrendes Einkommen zu verschaffen.[197]

Auch der weite Begriff der *„sexuellen Handlung"* wurde durch die Judikatur des VwGH definiert. So zählen zu den tatbildmäßigen Handlungen nicht nur klassischer Geschlechts-, Oral- oder Analverkehr, sondern auch die Handbefriedigung oder erotische Massagen wie eine Massage mit den nackten Brüsten oder „Body-2-Body"-Massagen.[198]

Während § 14 lit a TLPG die Prostitutionsausübung außerhalb bewilligter Bordelle unter Strafe stellt, verbietet **lit b** leg cit bereits

> *„die außerhalb von bewilligten Bordellen und Erlaubniszonen (§18a) öffentlich, insbesondere auf der Straße, in Erscheinung tretende Anbahnung von Beziehungen zur Ausübung der Prostitution; die Kontaktaufnahme über Telefon oder elektronische Medien wird von diesem Verbot nicht erfasst;"*[199]

[194] Vgl VwGH 29.06.1982, 81/11/0131; 26.1.1987, 85/10/0168; 26.09.1988, 88/10/0108.
[195] Vgl VwGH 11.04.1983, 83/10/0058, 29.06.1987, 86/10/0049.
[196] Vgl VwGH 16.09.1985, 85/10/0131.
[197] Vgl VwGH 18.06.1984, 84/10/0033; zum Begriff der Gewerbsmäßigkeit in den einschlägigen Landesgesetzen vgl über dies *Murer*, Prostitution und Verfassung S 24f.
[198] Vgl VwGH 28.10.2004, 2004/09/0088; 18.09.2008, 2005/09/0108; 18.05.2010, 2007/09/0203 sowie die Ausführungen in Kapitel **V.3.a.**
[199] IdF LGBl Nr. 56/2017.

Die Bestimmung war ebenfalls bereits in der Originalfassung des TLPG aus dem Jahr 1976 in vereinfachter Form enthalten. Damals lautete die Bestimmung noch:

> *„Verboten ist: …*
> *die außerhalb behördlich bewilligter Bordelle erfolgende Anbahnung von Beziehungen zur Ausübung der Prostitution;“*[200]

§ 14 lit b TLPG wurde erstmals umfassend mittels LGBl Nr. 2/2011 novelliert. Diese Fassung lautete zunächst:

> *„Verboten ist: …*
> *die außerhalb behördlich bewilligter Bordelle öffentlich, insbesondere auf der Straße, in Printmedien oder in elektronischen Medien, in Erscheinung tretende Anbahnung von Beziehungen zur Ausübung der Prostitution; als Tatort im Fall der Anbahnung in Printmedien oder in elektronischen Medien gilt der Ort, an dem die Prostitution ausgeübt wird oder ausgeübt werden soll;“*[201]

In den erläuternden Bemerkungen zum Gesetzesentwurf der TLPG-Novelle LGBl Nr. 2/2011 ist ausgeführt, dass eine nähere Präzisierung der Anbahnungshandlung bzw des Tatortes notwendig wurde, um den Anforderungen der jüngsten VwGH-Judikatur zu entsprechen. Nach der Judikatur des VwGH sei eine Strafbarkeit dann gegeben, wenn der Täter in der Reihe der gesetzten tatbildlichen Handlungen auch nur eine in Tirol gesetzt hat, sodass sich der Landesgesetzgeber dazu veranlasst sah, nicht auf den Erfolgs- sondern auf den Handlungsort der Tat abzustellen und diesen im Fall der Anbahnung auch sogleich im Gesetz zu definieren.[202] Tatort war aufgrund der gesetzlichen Regelung idF LGBl Nr. 2/2011 somit jener Ort, an dem die Prostitution ausgeübt wird oder werden soll.[203] Somit fällt durch die Formulierung des § 14 lit b TLPG idF LGBl Nr. 2/2011 bereits die Anbahnung über Printmedien (schalten von Zeitungsinseraten, verteilen von Flugblättern etc.) oder in elektronischen Medien (schalten von Inseraten auf einschlägigen Internet-Plattformen) unter den Straftatbestand, sofern die Prostitution, welche über besagte Medien angebahnt wird, in Tirol ausgeübt wird oder werden soll.

---

[200] IdF LGBl Nr. 60/1976.
[201] IdF LGBl Nr. 2/2011.
[202] Vgl die erläuternden Bemerkungen zum Gesetzesentwurf LGBl Nr. 2/2011, S 3: http://portal.tirol.gv.at/LteWeb/public/ggs/ggsDetails.xhtml?id=12189&cid=371222; abgerufen am 05.01.2019.
[203] Zur Strafbarkeit des Versuches siehe die Ausführungen in Kapitel **IV.7.** zu § 19 TLPG.

Klassische Anbahnungshandlungen im Bereich der Straßenprostitution sind etwa das Führen von Anbahnungsgesprächen mit Freiern, der Blickkontakt sowie das Zuwinken zu PKW-Lenkern, die Kontaktaufnahme in aufreizender Kleidung mit beliebigen Passanten auf prostitutionstypischen Straßenzügen oder bereits das längere Verweilen auf einschlägigen Straßenzügen in aufreizend arrangierter Kleidung.[204]

Eine neuerliche Novellierung erfuhr § 14 lit b TLPG durch LGBl Nr. 56/2017. Mit der nunmehr etablierten Möglichkeit für die Gemeinde, mittels Verordnung Erlaubniszonen zu schaffen, innerhalb derer die Anbahnung von Beziehungen zur Ausübung der Prostitution zulässig ist,[205] mussten „Erlaubniszonen" iSd § 18a auch in den Verbotstatbestand des § 14 lit b TLPG integriert werden. Darüber hinaus wurde der letzte Satz, *„die Kontaktaufnahme über Telefon oder elektronische Medien wird von diesem Verbot nicht erfasst"*, eingefügt, während die beiden Alternativtatbestände im Satz zuvor unter der Aufzählung, wo eine öffentliche Anbahnung insbesondere verboten sei, entfernt wurden. Besagte Änderungen finden in den Gesetzesmaterialien zum LGBl Nr. 56/2017 keinerlei Erwähnung, sodass die genauen, diesbezüglichen Motive des Gesetzgebers nicht nachvollzogen werden können.[206]

Es existiert ebenfalls diverse Judikatur des VwGH hinsichtlich der auf Anhieb nicht leicht vorzunehmenden Abgrenzung der beiden Alternativtatbestände der Anbahnungshandlung einerseits und der tatsächlich anschließenden Kontaktaufnahme andererseits. Der VwGH hat mehrfach ausgesprochen, dass die Annonce einschlägiger Anzeigen in Tageszeitungen als Anbahnungshandlung iSd § 14 lit b TLPG zu qualifizieren ist.[207] Auch muss eine Anzeige nicht konkret ausformulieren, dass Sexualdienstleistungen gegen Entgelt offeriert werden, sofern die Anzeige ihrer Aufmachung nach keinen Zweifel offen lässt, dass durch diese Beziehungen zur Ausübung der Prostitution angebahnt werden sollen, sollte keine eindeutige und unmissverständliche Abgrenzung zu derartigen Inhalten vorgenommen

---

[204] Vgl VwGH 23.11.1982, 82/11/0153; 29.06.1982, 81/11/0131; zum Anbahnungsbegriff vgl *Murer*, Prostitution und Verfassung S 25.

[205] Siehe dazu die Ausführungen in Kapitel **IV.6.** zu § 18a TLPG.

[206] Vgl die erläuternden Bemerkungen zum Gesetzesentwurf LGBl Nr. 56/2017.

[207] Vgl VwGH 04.07.1983, 83/10/0006; 17.09.1984, 84/10/0117.

werden.[208] So bejahte der VwGH etwa die Verwirklichung des Straftatbestandes des § 14 lit b TLPG bei Annoncen mit dem Inhalt *„Ein Spitzenmodell wartet in Innsbruck...*“[209] als auch *„[Name] wartet auf deinen Anruf...*“.[210] Somit stellt das Inserieren von Anzeigen in Zeitungen oder auf Internet-Plattformen nach wie vor für sich den Straftatbestand der öffentlichen Anbahnung außerhalb bewilligter Bordelle und Erlaubniszonen iSd § 14 lit b TLPG dar. Hingegen ist die Kontaktaufnahme mit einem potentiellen Freier am Telefon oder über einen Nachrichtendienst (z.B. via „Facebook“, „WhatsApp“, E-Mail oÄ), etwa für Preis- sowie Angebotsverhandlungen, nach dem nunmehr expliziten Wortlaut des Gesetzes von § 14 lit b TLPG idF LGBl Nr. 56/2017 nicht umfasst.

Lit a und b des § 14 TLPG normieren somit jene Straftatbestände, welche durch eine Prostituierte selbst verwirklicht werden können. Aufgrund der vom Landesgesetzgeber umschriebenen, unterschiedlichen Tatbilder der § 14 lit a und lit b TLPG - rechtswidrige Prostitutionsausübung (lit a) einerseits und Prostitutionsanbahnung (lit b) andererseits - ist es nach der Judikatur des VwGH darüber hinaus auch nicht erlaubt, Deliktseinheit zwischen den beiden Tatbildern anzunehmen.[211]

Gänzlich neu wurde mit der Novelle LGBl Nr. 56/2017 in § 14 **lit c** TLPG erstmals die „Freierbestrafung“ im Tiroler Landes-Polizeigesetz verankert. Diese lautet:

> *„Verboten ist: ...*
> *außerhalb von bewilligten Bordellen und Erlaubniszonen die Kontaktaufnahme mit Personen, die die Prostitution anbahnen oder ausüben, zum Zweck der Inanspruchnahme sexueller Dienstleistungen sowie die Inanspruchnahme sexueller Dienstleistungen außerhalb von bewilligten Bordellen; die Kontaktaufnahme über Telefon oder elektronische Medien wird von diesem Verbot nicht erfasst;*“[212]

Mit einer Strafbestimmung, welche neben der bereits strafbaren illegalen Ausübung und Anbahnung der Prostitution durch eine Prostituierte selbst auch denjenigen unter Strafe stellt, welcher verbotenerweise eine offerierte Sexualdienstleistung in Anspruch

---

[208] Vgl VwGH 10.06.1985, 84/10/0291.
[209] Vgl VwGH 22.05.1989, 89/10/0083.
[210] Vgl VwGH 18.05.1987, 86/10/0130; 27.07.1987, 87/10/0021.
[211] Vgl VwGH 25.03.1985, 84/10/0244; 29.06.1987, 86/10/0164.
[212] IdF LGBl Nr. 56/2017.

nimmt, orientierte sich der Tiroler Landesgesetzgeber laut den erläuternden Bemerkungen zur Regierungsvorlage an vergleichbaren landesgesetzlichen Regelungen wie etwa dem „Wiener Prostitutionsgesetz", welches bereits durch die Novelle LGBl Nr. 24/2011 erstmals eine Strafbarkeit von Freiern eingeführt hatte.[213] Wie bereits in lit b, dem Anbahnungstatbestand durch die Prostituierte, ist auch in lit c die Kontaktaufnahme über Telefon oder elektronische Medien explizit von dem Verbotstatbestand ausgenommen.

§ 14 **lit d** TLPG verbietet:

> *„...die Gewährung oder Beschaffung der Gelegenheit zur Ausübung der Prostitution außerhalb von bewilligten Bordellen, insbesondere durch die Überlassung von Räumen;"*[214]

Der Straftatbestand, welcher sich insbesondere an Vermieter von Wohnungen richtet, welche in weiterer Folge für illegale Prostitutionszwecke missbräuchlich verwendet werden, war bislang in § 14 lit c TLPG verankert und wurde im Zuge der jüngsten Novelle LGBl Nr. 56/2017, in welcher die „Freierbestrafung" unter lit c eingefügt wurde, auf die lit d verschoben.

Die Urfassung des Straftatbestandes bei Inkrafttreten des TLPG im Jahr 1976 lautete noch geringfügig anders:

> *„Verboten ist: ...*
> *die Gewährung oder Beschaffung der Gelegenheit, insbesondere durch Überlassung von Räumen, zur Ausübung der Prostitution oder zur Anbahnung von Beziehungen zur Ausübung der Prostitution außerhalb behördlich bewilligter Bordelle."*[215]

Bis auf eine kleine Änderung der Formulierung erfuhr der Tatbestand seit seinem In-Kraft treten im Jahr 1976 keinerlei Modifikationen. Zu dem Straftatbestand gibt es auch bereits Judikatur des VwGH. So kann sich der Vermieter einer Wohnung nicht darauf berufen, ihm sei die Art der von seiner Mieterin beabsichtigten Tätigkeit (Prostitution)

---

[213] Vgl die erläuternden Bemerkungen zum Gesetzesentwurf LGBl Nr. 56/2017, S 2; zur Freierbestrafung im WPG 2011 vgl *Murer,* Prostitution und Verfassung S 38.
[214] IdF LGBl Nr. 56/2017.
[215] IdF LGBl Nr. 60/1976.

erst nachträglich bekannt geworden, sondern er macht sich strafbar im Sinne der Bestimmung, wenn er das Mietverhältnis fortsetzt, obwohl er erst nach dessen Abschluss in Erfahrung gebracht hat, dass der Aufenthalt der Mieterin dem Zweck der Prostitutionsausübung dient.[216] Auch kommt es nicht darauf an, ob der Täter iSd § 14 lit d TLPG Eigentümer der überlassenen Wohnung oder des überlassenen Gebäudes ist.[217] Das objektive Tatbild des § 14 lit d TLPG erfüllt derjenige, der einer Person, die die Absicht hat, die Prostitution auszuüben, hierzu die Gelegenheit gewährt oder beschafft, etwa durch Vermietung von Räumlichkeiten zur Prostitution in einer Wohnung.[218]

Mit § 14 **lit e** TLPG wurde zuletzt durch die Novelle LGBl Nr. 56/2017 noch ein weiterer Straftatbestand im TLPG geschaffen. Dieser verbietet:

> *„...das Bewerben von Sexualdienstleistungen, welche geeignet sind, sexuelle Krankheiten zu übertragen (Unsafe-Sex-Praktiken).“*[219]

In den erläuternden Bemerkungen zum Gesetzesentwurf wird ebenfalls nur schlicht ausgeführt, dass mit der lit e das Bewerben von „Unsafe-Sex-Praktiken“ nunmehr verboten werden soll.[220] Vergleichbare Bestimmungen waren zuvor bereits im „Oberösterreichischen Sexualdienstleistungsgesetz“[221] sowie im „Kärntner Prostitutionsgesetz“[222] enthalten.[223]

---

[216] Vgl VwGH 15.12.1981, 81/11/0003.
[217] Vgl VwGH 27.06.1983, 83/10/0105.
[218] Vgl VwGH 17.09.1984, 84/10/0117.
[219] IdF LGBl Nr. 56/2017.
[220] Vgl die erläuternden Bemerkungen zum Gesetzesentwurf LGBl Nr. 56/2017, S 2.
[221] § 3 Abs 3 Z 4 Oö. SDLG.
[222] § 3 Abs 2 lit f K-PRG.
[223] Kritisch hinsichtlich der kompetenzrechtlichen Befugnis des Landesgesetzgebers zur Erlassung diesbezüglicher, augenscheinlich gesundheitsrechtlicher Regelungen: *Murer*, Prostitution und Verfassung S 107.

IV.2. § 15 Tiroler Landes-Polizeigesetz – „Bordellbewilligung“

§ 15 TLPG regelt die Modalitäten zur Erlangung einer Bordellbewilligung im Bundesland Tirol. Der Paragraph war bereits in der ursprünglichen Fassung des TLPG[224] enthalten, erfuhr jedoch über die Jahre die meisten Novellierungen.

§ 15 **Abs 1** TLPG lautet in der aktuell geltenden Fassung LGBl Nr. 56/2017:

> *„Ein Bordell ist ein Betrieb, in dem die Prostitution ausgeübt wird. Ein Bordell darf nur mit Bewilligung (Bordellbewilligung) betrieben werden.“*

In Tirol unterliegen Bordellbetriebe somit ausnahmslos einer behördlichen Bewilligungspflicht. Im Gegensatz zu Wien, Niederösterreich sowie dem Burgenland, welche in ihren einschlägigen Landesgesetzen lediglich eine Anzeigen-, nicht jedoch eine Bewilligungspflicht vorsehen,[225] entspricht die Rechtslage in Tirol dahingehend jener in der Mehrheit der österreichischen Bundesländer.[226]

Abs 1 des § 15 wurde bislang zweimal novelliert. In der ursprünglichen Fassung aus dem Jahr 1976 lautete der Absatz noch schlicht:

> *„Ein Bordell darf nur mit behördlicher Bewilligung (Bordellbewilligung) betrieben werden.“*[227]

Der vorangehende Satz *„Ein Bordell ist ein Betrieb, in dem die Prostitution ausgeübt wird“*, welcher somit eine Legaldefinition für den Begriff des Bordells bereithält, wurde erst mit der Novelle LGBl Nr. 2/2011 eingefügt.[228] Für die Bestimmung des Bordellbegriffs orientierte man sich bis zu diesem Zeitpunkt an der Judikatur des VwGH, ehe man ihn ausformuliert in das TLPG integrierte. Nach dem nunmehrigen Wortsinn betreibt somit ein Bordell, wer die Anbahnung und Ausübung der Prostitution im Rahmen eines ihm zuzurechnenden Betriebes mit der Absicht, daraus einen

[224] LGBl Nr. 60/1976.
[225] Vgl § 7 WPG 2011, § 4 NÖ Prostitutionsgesetz, § 5 Bgld. PolStG.
[226] Vgl die Ausführungen in Kapitel **III.3.c.** sowie *Murer*, Prostitution und Verfassung S 39ff.
[227] IdF LGBl Nr. 60/1976.
[228] Zum Bordellbegriff vgl auch *Murer*, Prostitution und Verfassung S 25f.

wirtschaftlichen Vorteil zu ziehen, ermöglicht. Der Begriff des Betriebes setzt hierbei nach der Judikatur des VwGH ein Mindestmaß einer auf die Anbahnung sowie Ausübung der Prostitution gerichteten Organisationseinheit voraus. Zuzurechnen ist der Betrieb demjenigen, auf dessen Rechnung und Gefahr die Erwerbsgelegenheit geführt wird.[229]

Nach den erläuternden Bemerkungen zum Gesetzesentwurf sollte im Hinblick auf den im Rahmen derselben Novelle LGBl Nr. 2/2011 neu geschaffenen § 19a TLPG, durch welchen eine Reihe neuartiger, behördlich zulässiger Maßnahmen zur Bekämpfung des Prostitutionswesens normiert wurden,[230] explizit im Gesetzestext klargestellt werden, dass ein Bordell ein Betrieb ist, in dem die Prostitution ausgeübt wird. Die Novelle verfolgte den Zweck, die illegale Wohnungsprostitution wirksam zu bekämpfen. Durch den weit gefassten Begriff des Bordells in der Legaldefinition können nunmehr auch schlichte Wohnungen, in welchen die Prostitution ausgeübt wird, unter den gesetzlichen Bordellbegriff subsumiert werden, wodurch die in § 19a geschaffenen Befugnisse auch zur Bekämpfung der illegalen Wohnungsprostitution zum Einsatz gebracht werden können.[231]

Eine zweite geringfügige Änderung erfuhr § 15 Abs 1 TLPG noch durch die Novelle LGBl Nr. 130/2013, in welcher im Hinblick auf die Verwaltungsgerichtsbarkeits-Novelle 2012 das Wort *„behördlicher“* vor Bewilligung entfernt wurde und die Bestimmung somit zur nach wie vor gültigen Fassung novelliert wurde.[232]

---

[229] Vgl VwGH 04.06.2000, 97/10/0222.

[230] Vgl die Ausführungen in Kapitel **IV.8.**

[231] Vgl die erläuternden Bemerkungen zum Gesetzesentwurf LGBl Nr. 2/2011, S 3 und 4.

[232] Vgl die erläuternden Bemerkungen zum Gesetzesentwurf LGBl Nr. 130/2013, S 1ff: http://portal.tirol.gv.at/LteWeb/public/ggs/ggsDetails.xhtml?id=12327&cid=383071; abgerufen am 05.01.2019.

§ 15 **Abs 2** TLPG enthält jene Kriterien, welche eine Person zu erfüllen hat, sodass dieser eine Bordellbewilligung erteilt werden darf. Abs 2 lautet in der aktuellen Fassung LGBl Nr. 56/2017:

„Eine Bordellbewilligung darf nur Personen erteilt werden, die

a) voll handlungsfähig und verläßlich sind;

b) die Staatsbürgerschaft einer Vertragspartei des EWR-Abkommens besitzen.

Als nicht verläßlich sind Personen anzusehen, die

1. *wegen einer mit Vorsatz begangenen Tat gerichtlich verurteilt worden sind, es sei denn, daß die Verurteilung getilgt ist oder der Beschränkung über die Erteilung von Auskünften aus dem Strafregister nach § 6 des Tilgungsgesetzes 1972, BGBl. Nr. 68, zuletzt geändert durch das Gesetz BGBl. I Nr. 87/2012, oder einer vergleichbaren Vorschrift eines anderen Staates unterliegt, oder*
2. *wenigstens dreimal wegen einer Übertretung von Vorschriften auf dem Gebiet der Prostitution, des Veranstaltungswesens oder des Jugendschutzes bestraft worden sind."*

In der Fassung von 1976 war unter § 15 Abs 2 lit c TLPG noch ein drittes, persönliches Erfordernis normiert, welches eine Person zu erfüllen hatte um eine Bordellbewilligung zu erlangen. Dieses bestand darin, dass die betreffende Person auch ihren ordentlichen Wohnsitz in Tirol hat.[233] Diese Bestimmung war aus unionsrechtlicher Sicht problematisch, sodass das Gesetz im Jahr 2001 durch das LGBl Nr. 110/2001 novelliert werden musste. Wie den erläuternden Bemerkungen zum entsprechenden Gesetzesentwurf zu entnehmen ist,[234] verbietet der Grundsatz der Gleichbehandlung nach ständiger Judikatur des EuGH nicht nur offene Diskriminierungen aufgrund der Staatsangehörigkeit, sondern auch alle verdeckten Formen der Diskriminierung, die mit Hilfe der Anwendung anderer Unterscheidungsmerkmale tatsächlich zum selben Ergebnis führen.[235] Auch wenn die damalige Bestimmung des § 15 Abs 2 lit c TLPG nicht unmittelbar auf die Staatsangehörigkeit einer Person als Voraussetzung dafür abstellte, eine Bordellbewilligung zu erhalten, besteht bei einer nationalen Regelung, welche eine Differenzierung aufgrund eines Wohnsitzerfordernisses vornimmt, stets die Gefahr einer mittelbaren Diskriminierung der Angehörigen anderer Mitgliedsstaaten und damit einer Verletzung des Diskriminierungsverbotes nach Art 18

---

[233] IdF LGBl Nr. 60/1976.

[234] Vgl die erläuternden Bemerkungen zum Gesetzesentwurf LGBl Nr. 110/2001, S 3: http://portal.tirol.gv.at/LteWeb/public/ggs/ggsDetails.xhtml?id=11903&cid=383314; abgerufen am 05.01.2019.

[235] Vgl etwa EuGH 12.06.1997, C-266/95, *Merino Garcia*, Slg 1997, 1-3279.

sowie Art 45 Abs 2 AEUV,[236] nachdem Ausländer naturgemäß in der Regel gebietsfremd sind. Eine gesetzliche Differenzierung aufgrund des Wohnsitzes einer Person ist nach der Judikatur des EuGH nur dann gerechtfertigt, wenn dieses auf objektiven, von der Staatsangehörigkeit der Person unabhängigen Erwägungen beruht und in einem angemessenen Verhältnis zu einem legitimen Zweck steht, den das nationale Recht verfolgt.[237]

Das im TLPG normierte Wohnsitzerfordernis für den Erhalt einer Bordellbewilligung war im Angesicht der Judikatur des EuGH nach objektiven Kriterien nicht zu rechtfertigen. Der Inhaber einer Bordellbewilligung, oder ein verantwortlicher Vertreter, muss nach § 17 Abs 3 TLPG[238] ohnedies zu den Betriebszeiten in seinem Bordellbetrieb anwesend sein, sodass dieser behördlich auch greifbar ist. Auch ist durch die Anwesenheitspflicht des Bordellbetreibers oder eines verantwortlichen Vertreters die Aufsicht über den Betrieb bereits durch die gesetzlichen Regelungen sichergestellt. Weitere objektive Erwägungen ließen sich nach Ansicht des Landesgesetzgebers nicht feststellen, sodass das in § 15 Abs 2 lit c TLPG normierte Wohnsitzerfordernis für einen Bordellbetreiber eine mittelbare Diskriminierung im Lichte der EuGH-Judikatur darstellte und somit im Zuge der Novelle BGBl Nr. 110/2001 zu eliminieren war.[239]

In den Novellen LGBl Nr. 2/2011 sowie LGBl Nr. 1/2014 erfolgten lediglich notwendige Zitatanpassungen hinsichtlich des Verweises auf das „Tilgungsgesetz 1972"[240] in § 15 Abs 2 Z 1 TLPG.

---

[236] Vertrag über die Arbeitsweise der Europäischen Union, in Österreich ratifiziert durch BGBl III Nr. 86/1999 idF BGBl III Nr. 314/2013; zum Diskriminierungsverbot nach Art 18 AEUV vgl *Streinz*, Art 18 AEUV in *Streinz*, EUV/AEUV[3] (2018) S 396ff; zur Freizügigkeit der Arbeitskräfte nach Art 45 AEUV vgl *Franzen*, Art 45 AEUV, in: *Streinz* (Hrsg), EUV/AEUV[3] (2018) S 602ff; zur einer mittelbaren Diskriminierung aufgrund eines Wohnsitzerfordernisses vgl *Leidenmühler*, Europarecht[3] (2015) S 135f.

[237] Vgl EuGH 15.1.1998, C-15/96, *Schöning-Kougebetopoulou*, Slg 1998, 1-47; EuGH 04.12.1997, C-350/96, *Clean Car*, Slg 1998, I-2521.

[238] Vgl die Ausführungen in Kapitel **IV.4.**

[239] Vgl die erläuternden Bemerkungen zum Gesetzesentwurf LGBl Nr. 110/2001, S 3.

[240] Bundesgesetz vom 15. Feber 1972 über die Tilgung von Verurteilungen und die Beschränkung der Auskunft (Tilgungsgesetz 1972), BGBl Nr. 68/1972 idF BGBl I Nr. 87/2012.

§ 15 Abs 3 TLPG normiert, im Gegensatz zu Abs 2, welcher an die persönlichen Voraussetzungen zur Erteilung einer Bordellbewilligung anknüpft, die sachlichen Voraussetzungen, welche im Hinblick auf die Erteilung einer Bordellbewilligung vorliegen müssen. **Abs 3** und **Abs 4** werden aus didaktischen Gründen zusammen dargestellt und lauten in der aktuellen Fassung LGBl Nr. 56/2017 wie folgt:

„(3) Eine Bordellbewilligung darf nur erteilt werden, wenn

a) das Bordell in einem nicht auch anderen Zwecken dienenden Gebäude betrieben werden soll und

b) öffentliche Interessen nicht dagegen sprechen, insbesondere nicht zu befürchten ist, daß der Betrieb eines Bordells zu Mißständen führt, die das örtliche Gemeinschaftsleben in unzumutbarer Weise stören. Hiebei ist insbesondere auf mögliche Beeinträchtigungen der in der Nachbarschaft lebenden oder sonst sich längere Zeit dort aufhaltenden Personen, insbesondere Jugendlicher, Bedacht zu nehmen;

c) der Standort des Bordells nicht einer Verordnung nach Abs 4 widerspricht.

(4) Die Gemeinde kann durch Verordnung die Anbahnung und Ausübung der Prostitution in Teilen des Gemeindegebietes untersagen, wenn die Prostitution dort, nach in § 18a Abs 1 und 2 angeführten Kriterien, zu Missständen führt, die das örtliche Gemeinschaftsleben stören. Die Untersagung darf sich nicht auf den Standort eines bewilligten Bordells beziehen und nicht das gesamte Gemeindegebiet umfassen."

Was die Frage der Gebäudenutzung iSd § 15 Abs 3 lit a TLPG anbelangt, so hat man sich hierbei tatsächlich am Wortlaut des Gesetzes zu orientieren, sodass in einem Gebäude, in welchem ein Bordellbetrieb bewilligt wird, keinerlei andere Gebäudeteile zu Wohn- oder Geschäftszwecken genutzt werden dürfen. Dies hat der VwGH in einer Entscheidung aus dem Jahr 2006 klargestellt, wo ein Bewilligungswerber, welcher um eine Bordellbewilligung in einem Gebäude ansuchte, in welchem sich auch noch ein Schießstand sowie eine Kfz-Werkstätte befanden, vorbrachte, dass es zwischen den Betriebszeiten der beiden bestehenden Betriebe und dem geplanten Bordellbetrieb ohnedies keinerlei Überschneidungen gebe, sodass eine die öffentliche Sittlichkeit bedrohende, gegenüber der Öffentlichkeit in Erscheinung tretende Prostitution iSd Abs 3 lit b leg cit nicht angenommen werden könne. Diese Auffassung ist jedoch laut VwGH insofern verfehlt, da kein Anhaltspunkt dafür vorliegt, dass der Gesetzgeber mit seiner Anordnung auf die etwaigen Betriebszeiten eines Bordellbetriebes abgestellt hätte. Maßgeblich ist ausschließlich die tatsächliche Gebäudenutzung.[241]

[241] Vgl VwGH 29.05.2006, 2005/09/0013.

In § 15 Abs 4 TLPG wurde nunmehr eine Verordnungsermächtigung für die Gemeinde geschaffen, welche die Anbahnung und Ausübung der Prostitution in Teilen des Gemeindegebietes untersagen kann, sofern die Prostitution dort zu Missständen führt, die das örtliche Gemeinschaftsleben stören. Zur Auslegung des Begriffes des „Missstands" wird in den erläuternden Bemerkungen zum Gesetzesentwurf zu LGBl Nr. 56/2017 aufgrund der ähnlichen Textierung der Verordnungsermächtigungen auf die Judikatur des VfGH zur ortspolizeilichen, verfassungsunmittelbaren Verordnung gemäß Art 118 Abs 6 B-VG verwiesen,[242] wonach es sich um einen spezifischen „Übelstand" handeln muss, welcher das örtliche Zusammenleben stört.[243] Es muss eine gewisse Erheblichkeitsschwelle der Störung überschritten sein, welche über bloß unerwünschtes oder unangenehm empfundenes Verhalten hinausgeht.[244] Im Interesse der Rechtssicherheit stellt der Landesgesetzgeber in den erläuternden Bemerkungen überdies ausdrücklich klar, dass sich eine etwaige Untersagung durch die Gemeinde auf Grundlage des neu geschaffenen § 15 Abs 4 TLPG nicht auf den Standort eines bereits bewilligten Bordellbetriebes beziehen darf.[245]

§ 15 Abs 3 und Abs 4 TLPG wurden seit der Einführung in der ursprünglichen Fassung des TLPG erstmalig durch die aktuelle Novelle LGBl Nr. 56/2017 umfassend novelliert. In der ursprünglichen Version lauteten die Absätze noch wie folgt:

„(3) Eine Bordellbewilligung darf nur erteilt werden, wenn

a) ein Bedarf nach dem Betrieb eines Bordells (Abs 4) besteht,

b) das Bordell in einem nicht auch anderen Zwecken dienenden Gebäude betrieben werden soll und

c) öffentliche Interessen nicht dagegen sprechen, insbesondere nicht zu befürchten ist, daß der Betrieb eines Bordells zu Mißständen führt, die das örtliche Gemeinschaftsleben in unzumutbarer Weise stören. Hiebei ist insbesondere auf mögliche Beeinträchtigungen der in der Nachbarschaft lebenden oder sonst sich längere Zeit dort aufhaltenden Personen, insbesondere Jugendlicher, Bedacht zu nehmen.

(4) Ob ein Bedarf nach dem Betrieb eines Bordells besteht, ist insbesondere unter Bedachtnahme auf die Einwohnerzahl und die Bevölkerungsstruktur des voraussichtlichen Einzugsgebietes sowie unter Bedachtnahme darauf zu beurteilen, ob in einer benachbarten Gemeinde bereits ein Bordell betrieben wird."[246]

---

[242] Vgl die erläuternden Bemerkungen zum Gesetzesentwurf LGBl Nr. 56/2017, S 2 und 3; zur ortspolizeilichen VO nach Art 118 Abs 6 B-VG vgl die Ausführungen in Kapitel **III.1.**

[243] Vgl VfSlg 11.753/1988.

[244] Vgl VfSlg 18.305/2007.

[245] Vgl die erläuternden Bemerkungen zum Gesetzesentwurf LGBl Nr. 56/2017, S 2 und 3.

[246] IdF LGBl Nr. 60/1976.

In der Fassung LGBl Nr. 60/1976 war in § 15 Abs 3 lit a somit eine „Bedarfsprüfung" vorgesehen, was auf den ersten Blick hinsichtlich des Betriebs eines Bordells befremdlich bzw fragwürdig erscheinen mag.[247] Der VwGH hatte jedoch im Jahr 2014 ausgesprochen, was unter „Bedarf" iSd TLPG zu verstehen war. So sei es keineswegs Ziel des Gesetzgebers gewesen, überall wo auch eine angebotsindizierte Nachfrage besteht, eine „*Versorgung der Bevölkerung mit Bordellbetrieben*" sicherzustellen. Auch was die Auslegung einzelner Begriffsbestimmungen betrifft, so ist stets der Zweck des Gesetzes zu beachten, welcher die Prostitution grundsätzlich als nicht wünschenswerte Erscheinung begreift und danach trachtet, diese auf das unvermeidliche Maß zu beschränken. Aufgrund der Zielvorstellungen des Gesetzgebers sollte die Prostitution im Gesamtkonstrukt betrachtet auf bewilligte Bordellbetriebe beschränkt werden. Das Ziel dieses Regelungskonzepts liege offenbar darin, dass es für die öffentliche Ordnung günstiger sei, wenn die Prostitution nur an wenigen, behördlich bewilligten sowie behördlichen Kontrollen leicht zugänglichen Orten stattfindet. Vom Telos des Gesetzes ausgehend kann ein Bedarf an einem Bordellbetrieb nur dann angenommen werden, wenn dieser erforderlich erscheint, um andernfalls im betreffenden Einzugsgebiet auftretende Erscheinungsformen der illegalen Prostitutionsausübung hintanzuhalten. Die Prognose eines derartigen Bedarfs war anhand der in § 15 Abs 4 TLPG verankerten Bezugsgrößen wie Einwohnerzahl, Bevölkerungsstruktur sowie bereits bestehender Bordellbetriebe zu treffen.[248]

Im Rahmen der jüngsten Novelle LGBl Nr. 56/2017 wurden die Bestimmungen betreffend einer Bedarfsprüfung im Rahmen des Bewilligungsverfahrens beseitigt, sodass grundsätzlich jeder Person, sollten die persönlichen sowie sachlichen Voraussetzungen iSd § 15 Abs 2 und Abs 3 TLPG erfüllt sein, eine Bordellbewilligung zu erteilen ist, unabhängig vom Bestehen eines etwaigen Bedarfs im betreffenden Gebiet. Der Landesgesetzgeber orientierte sich hierbei laut den erläuternden Bemerkungen zum Gesetzesentwurf durch den bewussten Verzicht auf ein Bedarfsprüfungsverfahren am Regelungskonzept anderer Bundesländer,[249] führte

---

[247] Zur vormals in § 15 Abs 3 und 4 TLPG verankerten Bedarfsprüfung vgl *Murer,* Prostitution und Verfassung S 141ff.

[248] Vgl VwGH 18.12.2014, 2013/01/0155.

[249] Nach der Novellierung des TLPG ist eine Bedarfsprüfung hinsichtlich eines Bordellbewilligungsverfahrens lediglich noch in § 5 Vbg Sittenpolizeigesetz verankert.

jedoch explizit aus, dass die übrigen Bewilligungsvoraussetzungen unverändert bleiben, sodass gerechtfertigte öffentliche Interessen wie Kinder- und Jugendschutz oder die Einhaltung bau- und raumordnungsrechtlicher Vorgaben im Hinblick auf eine Bordellbewilligung Berücksichtigung finden würden.[250]

Die **Absätze 5 bis 10** von § 15 TLPG sind selbsterklärend und blieben seit in Kraft treten des Gesetzes mit dem LGBl Nr. 60/1976, abgesehen von kleinen Anpassungen aufgrund von Verweisen auf andere Absätze, bis dato unverändert bestehen:

> *„(5) Eine Bordellbewilligung ist zu erteilen, wenn die Voraussetzungen nach Abs 2 und 3 vorliegen.*
>
> *(6) Eine Bordellbewilligung ist befristet, mit Auflagen oder unter Bedingungen zu erteilen, soweit dies zur Wahrung öffentlicher Interessen im Sinne des Abs 3 erforderlich ist.*
>
> *(7) Eine Bordellbewilligung ist zu versagen, wenn auch nur eine der Voraussetzungen nach Abs 2 und 3 nicht vorliegt.*
>
> *(8) Eine Bordellbewilligung erlischt, wenn der Betrieb des Bordells nicht binnen zwei Jahren nach Eintritt ihrer Rechtskraft aufgenommen oder für mehr als acht Monate unterbrochen wurde.*
>
> *(9) Eine Bordellbewilligung ist zu widerrufen, wenn auch nur eine der Voraussetzungen für ihre Erteilung nicht mehr gegeben ist. Das Vorliegen der Voraussetzungen nach Abs 2 ist von der Behörde in Abständen von höchstens fünf Jahren, beginnend mit dem Eintritt der Rechtskraft der Bordellbewilligung, zu überprüfen.*
>
> *(10) Wird ein Bordell ohne Bewilligung betrieben, so hat die Behörde dessen Schließung zu verfügen. Von der Schließung ist die zur Ahndung von Verwaltungsübertretungen nach § 19 zuständige Behörde (§ 23 Abs 2) zu verständigen."*[251]

IV.3. § 16 Tiroler Landes-Polizeigesetz – „Bewilligungsverfahren"

Auch das in § 16 TLPG geregelte Bewilligungsverfahren für einen Bordellbetrieb ist grundsätzlich selbsterklärend aus dem Gesetzestext zu erfassen. Der Paragraph ist seit der ursprünglichen Fassung aus dem Jahr 1976 enthalten und erfuhr bislang keinerlei Novellierungen.

---

[250] Vgl die erläuternden Bemerkungen zum Gesetzesentwurf LGBl Nr. 56/2017, S 2 und 3.
[251] IdF LGBl Nr. 56/2017.

§ 16 lautet:

„(1) Ein Ansuchen um die Erteilung einer Bordellbewilligung ist schriftlich einzubringen.

(2) Dem Ansuchen sind anzuschließen:

a) die zur Beurteilung des Vorhabens erforderlichen Pläne und Beschreibungen,

b) der Nachweis des Eigentums an der Liegenschaft oder, wenn der Bewilligungswerber nicht selbst Liegenschaftseigentümer ist, dessen schriftliche Zustimmung und

c) die zur Beurteilung der Verläßlichkeit nach § 15 Abs 2 erforderlichen Unterlagen wie Strafregisterbescheinigungen oder ähnliche Nachweise.

(3) Im Bewilligungsverfahren ist die zur Ahndung von Verwaltungsübertretungen nach § 19 berufene Behörde (§ 23 Abs 2) zu hören. Diese Behörde ist vom Ausgang des Verfahrens zu verständigen."[252]

Ergänzend - auch im Hinblick auf § 15 TLPG - ist anzumerken, dass sich die Behördenzuständigkeit aus § 23 TLPG ergibt, wobei nach § 23 Abs 1 Behörde im Sinne dieses Gesetzes der Bürgermeister ist. Über ein Ansuchen um Erteilung einer Bordellbewilligung entscheidet somit der Bürgermeister im eigenen Wirkungsbereich der Gemeinde. Die in Abs 3 des § 16 TLPG genannte *„zur Ahndung von Verwaltungsübertretungen nach § 19 berufene Behörde"* ist, wie sich aus § 23 Abs 2 TLPG ergibt, die jeweils zuständige Bezirksverwaltungsbehörde, für das Gebiet der Stadt Innsbruck jedoch die LPD.

IV.4. § 17 Tiroler Landes-Polizeigesetz – „Betrieb eines Bordells"

§ 17 TLPG regelt die einschlägigen Modalitäten, welche im Zuge des Betriebes eines bereits bewilligten Bordells zu beachten sind, wobei der Paragraph nunmehr, in der aktuellen Fassung LGBl Nr. 56/2017, zehn Absätze umfasst.

[252] IdF LGBl Nr. 56/2017.

§ 17 **Abs 1** TLPG lautet aktuell:

> *„Die Räume eines Bordells dürfen zur Ausübung der Prostitution nur mietweise und nur an eigenberechtigte Personen überlassen werden, die durch einen nach den gesundheitsrechtlichen Vorschriften ausgestellten amtlichen Lichtbildausweis nachweisen können, dass sie frei von Geschlechtskrankheiten sind. Für die Ausübung der Prostitution durch die Inhaberin der Bordellbewilligung selbst ist keine mietweise Raumüberlassung erforderlich."*[253]

Absatz 1 wurde erstmalig im Zuge der jüngsten Novelle geändert. Zuvor lautete dieser, seit der ursprünglichen Fassung von 1976, wie folgt:

> *„Die Räume eines Bordells dürfen zur Ausübung der Prostitution nur mietweise und nur an eigenberechtigte Personen überlassen werden, die durch eine höchstens eine Woche zurückliegende amtsärztliche Bestätigung nachzuweisen vermögen, daß sie frei von Geschlechtskrankheiten sind."*[254]

Nach dem damaligen Wortlaut des Absatz 1 war der Nachweis auf das Freisein von Geschlechtskrankheiten somit *„durch eine höchstens eine Woche zurückliegende amtsärztliche Bestätigung*" zu erbringen. Mit dieser Formulierung wurde an Abs 1 der zum damaligen Zeitpunkt in Geltung stehenden „Verordnung des Bundesministers für Gesundheit und Umweltschutz über die gesundheitliche Überwachung von Personen, die der Prostitution nachgehen"[255] angeknüpft, welche auf Grundlage des § 11 Abs 2 Geschlechtskrankheitengesetz ergangen war.[256] In § 1 der VO war normiert, dass Personen, welche gewerbsmäßig sexuelle Handlungen am eigenen Körper dulden oder solche Handlungen an Anderen vornehmen, sich vor Beginn dieser Tätigkeit sowie regelmäßig im Abstand von einer Woche *„einer amtsärztlichen Untersuchung auf das Freisein von Geschlechtskrankheiten*" zu unterziehen haben. Der Umstand, dass besagte Untersuchung tatsächlich durch einen Amtsarzt oder ein Organ der Sanitätspolizei zu erfolgen hatte, war im Gesetz ausdrücklich vorgesehen und nach der Judikatur des VwGH, im Hinblick auf die amtliche Eigenschaft des Amtsarztes im Gegensatz zur Eigenschaft eines Facharztes als reinem Sachverständigen, auch sachlich gerechtfertigt, sodass die in § 17 Abs 1 TLPG

---

[253] IdF LGBl Nr. 56/2017.

[254] IdF LGBl Nr. 60/1976.

[255] BGBl Nr. 314/1974, zuletzt geändert durch BGBl Nr. 591/1993, außer Kraft getreten mit 01.01.2016.

[256] Zur Verordnungsermächtigung in § 11 Abs 2 Geschlechtskrankheitengesetz vgl die Ausführungen in Kapitel **III.2.f.** sowie *Murer*, Prostitution und Verfassung S 47ff.

geforderte amtsärztliche Bestätigung auch nicht durch jene eines Facharztes ersetzt werden konnte.[257]

Im Jahr 2004 hatte der VwGH überdies ausgesprochen, dass keine Verpflichtung seitens der Behörde besteht, die erforderlichen ärztlichen Untersuchungen proaktiv in den Räumen eines Bordells vorzunehmen bzw von sich aus zu veranlassen. Vielmehr handelt es sich hierbei um eine Bringschuld des Bordellbetreibers.[258]

Mittels BGBl II Nr. 198/2015 trat die „Verordnung der Bundesministerin für Gesundheit über gesundheitliche Vorkehrungen für Personen, die sexuelle Dienstleistungen erbringen"[259] in Kraft, wobei durch deren § 7 Abs 2 die „Verordnung des Bundesministers für Gesundheit und Umweltschutz über die gesundheitliche Überwachung von Personen, die der Prostitution nachgehen" formell derogiert wurde. Dementsprechend war auch § 17 Abs 1 TLPG zu adaptieren und an die bundesgesetzlichen, gesundheitsrechtlichen Regularien anzupassen. Für eine Prostituierte ist nunmehr nach dem Regelungskonzept der mit 1. Jänner 2016 neu in Kraft getretenen VO nicht mehr eine wöchentliche, amtsärztliche Untersuchung auf das Freisein von Geschlechtskrankheiten maßgeblich, sondern eine amtsärztliche Untersuchung vor erstmaliger Aufnahme der Tätigkeit („*Eingangsuntersuchung*") sowie in regelmäßigen Abständen von sechs Wochen („*Kontrolluntersuchung*") auf das Freisein von Geschlechtskrankheiten.[260] Wurde eine betreffende Person im Rahmen der Untersuchung auf das Freisein von Geschlechtskrankheiten befunden, so ist dieser nunmehr von der Bezirksverwaltungsbehörde ein Lichtbildausweis auszustellen, in welchem die jeweiligen Untersuchungsergebnisse zu bescheinigen sind.[261] Für die Regelung der Überlassung von Räumlichkeiten zur Ausübung der Prostitution wird somit nunmehr in § 17 Abs 1 TLPG, in Anpassung an die „Verordnung der Bundesministerin für Gesundheit über gesundheitliche Vorkehrungen für Personen, die sexuelle Dienstleistungen erbringen", für den Nachweis auf das Freisein

---

[257] Vgl VwGH 14.10.2011, 2009/09/0085.
[258] Vgl VwGH 05.04.2004, 2001/10/0164.
[259] Vgl zu dieser Verordnung die Ausführungen in Kapitel **III.2.f.**
[260] Vgl § 1 Abs 1 Verordnung der Bundesministerin für Gesundheit über gesundheitliche Vorkehrungen für Personen, die sexuelle Dienstleistungen erbringen.
[261] Vgl § 2 Verordnung der Bundesministerin für Gesundheit über gesundheitliche Vorkehrungen für Personen, die sexuelle Dienstleistungen erbringen.

von Geschlechtskrankheiten auf das Vorhandensein des besagten amtlichen Lichtbildausweis nach gesundheitsrechtlichen Vorschriften abgestellt und nicht mehr auf eine „*höchstens eine Woche zurückliegende amtsärztliche Bescheinigung über das Freisein von Geschlechtskrankheiten*".

Die übrigen Modalitäten in § 17 Abs 1 TLPG blieben unverändert. So dürfen die Räume des Bordells sowohl nach der ursprünglichen als auch nach der novellierten Fassung zur Ausübung der Prostitution nur mietweise (mit Ausnahme der Prostitutionsausübung durch die Inhaberin einer Bordellbewilligung selbst – siehe letzter Satz leg cit) und an eigenberechtigte Personen[262] überlassen werden.[263]

§ 17 **Abs 2** TLPG normiert eine Meldepflicht seitens des Bordellbetreibers an die Behörde hinsichtlich jener Personen, die in seinem Betrieb die Prostitution ausüben.[264] Absatz 2 lautet in der aktuell gültigen Fassung:

> *„Der Inhaber der Bordellbewilligung ist verpflichtet, Personen, die im Bordell die Prostitution ausüben sollen, unter Anführung ihres Vor- und Familien- oder Nachnamens, Geburtsdatums, Geburtsortes, Wohnsitzes und der Höhe des von ihnen im Bordell zu entrichtenden Mietzinses vor der Aufnahme ihrer Tätigkeit der Behörde und der zur Durchführung von Verwaltungsstrafverfahren zuständigen Behörde (§ 23 Abs 2) schriftlich bekannt zu geben. Auf Verlangen der Behörde sind diese Daten nach der Aufnahme der Tätigkeit durch die betreffende Person durch geeignete Dokumente nachzuweisen. Jede Änderung ist unverzüglich der Behörde und der zur Durchführung von Verwaltungsstrafverfahren zuständigen Behörde bekannt zu geben."*[265]

Der Absatz wurde einmalig durch das LGBl Nr. 2/2011 novelliert. In den erläuternden Bemerkungen zum Gesetzesentwurf wurde vorgebracht, dass Bordellbetreiber in der Praxis regelmäßig in Zeiten höherer Nachfrage kurzfristig zusätzliche Prostituierte in ihre Betriebe holen und im Zuge dessen die gesetzliche Meldepflicht an die Behörde zumeist unterbleibt. Der Absatz wurde durch LGBl Nr. 2/2011 insofern novelliert, dass ein Bordellbetreiber, im Sinne einer Erforderlichkeit zur Aufrechterhaltung eines hohen Gesundheitsstandards in den Betrieben, der Behörde die Identität der die Prostitution

[262] Zum Begriff der Eigenberechtigung vgl die Ausführungen in Kapitel **III.3.a.**
[263] IdF LGBl Nr. 56/2017.
[264] Zu den Meldepflichten des Bordellbetreibers vgl *Murer*, Prostitution und Verfassung S 42.
[265] IdF LGBl Nr. 56/2017.

ausübenden Personen nunmehr bereits vor Aufnahme ihrer Tätigkeit bekannt zu geben hat.[266]

In der ursprünglichen Fassung aus dem Jahr 1976 lautete § 17 Abs 2 TLPG noch wie folgt:

> *„Der Inhaber der Bordellbewilligung ist verpflichtet, die im Bordell die Prostitution ausübenden Personen unter Anführung ihres Vor- und Familiennamens, Geburtsdatums, Geburtsortes, Wohnortes und der Höhe des von ihnen zu entrichtenden Mietzinses sowie jede Änderung unverzüglich der Behörde und der zur Durchführung von Verwaltungsstrafverfahren zuständigen Behörde (§ 23 Abs 2) schriftlich bekanntzugeben."*[267]

Die vorgenommene Novellierung betraf somit ausschließlich den Zeitpunkt der erforderlichen Meldung seitens des Bordellbetreibers an die Behörden.

§ 17 **Abs 3** TLPG normiert eine Anwesenheitspflicht des Bordellbetreibers oder eines verantwortlichen Vertreters während der Betriebszeiten im Bordell.[268] Darüber hinaus wird die Verantwortlichkeit des Betreibers, für Ruhe und Ordnung im Zuge des Betriebes zu sorgen, gesetzlich festgeschrieben:

> *„Der Inhaber der Bordellbewilligung oder sein verantwortlicher Vertreter (§ 18 Abs 1) muß während der Betriebszeiten im Bordell anwesend sein. Er hat Personen, die durch ihr Verhalten die Ruhe und Ordnung stören, den Zutritt bzw den weiteren Aufenthalt zu untersagen."*[269]

Die Anwesenheitspflicht des Bordellbetreibers war von Beginn an im TLPG festgeschrieben. Die Möglichkeit der Bestellung eines „Verantwortlichen Vertreters" in einem Bordellbetrieb war in der ursprünglichen Fassung aus dem Jahr 1976 vorgesehen, jedoch durch die Novelle LGBl Nr. 4/1993 wieder abgeschafft worden. Mit der Novelle LGBl Nr. 82/2003 wurde die Bestellung des „Verantwortlichen Vertreters" jedoch wiederum ermöglicht und durch § 18 in das TLPG reintegriert.[270]

---

[266] Vgl die erläuternden Bemerkungen zum Gesetzesentwurf LGBl Nr. 2/2011, S 5.
[267] IdF LGBl Nr. 60/1976.
[268] Zur Anwesenheitspflicht des Bordellbetreibers vgl *Murer*, Prostitution und Verfassung S 43.
[269] IdF LGBl Nr. 56/2017.
[270] Vgl dazu die Ausführungen in Kapitel **IV.5.**

§17 **Abs 4** TLPG normiert eine Mitwirkungspflicht seitens des Bordellbetreibers betreffend behördlicher Kontrolltätigkeiten in seinem Betrieb. Organen der Gemeinden, Bezirksverwaltungsbehörden oder im Stadtgebiet von Innsbruck Organen der LPD ist somit jederzeit Zutritt zu einem Bordellbetrieb zu gewähren:

> *„Der Inhaber der Bordellbewilligung hat den Organen der Behörde und der zur Durchführung von Verwaltungsstrafverfahren zuständigen Behörde (§ 23 Abs 2) auf Verlangen jederzeit und unverzüglich Eintritt in das Bordell zu gewähren."*[271]

Abs 4 befand sich seit der ursprünglichen Fassung des TLPG an der gegenständlichen Stelle und wurde bis dato nicht geändert.

§ 17 **Abs 5** TLPG enthält Verbotsbestimmungen. In der aktuellen Fassung LGBl Nr. 56/2017 werden in lit a und b zwei Verwaltungsstraftatbestände normiert, welche von einem genehmigten Bordellbetrieb ausgehen können:

„Verboten ist:

a) das persönliche Anwerben von Besuchern vom Bordell aus und

b) die in der Öffentlichkeit im Hinblick auf das sittliche Empfinden störend in Erscheinung tretende Werbung für das Bordell sowie die Werbung für das Bordell an Orten, an denen sich Kinder und Jugendliche häufig aufhalten, wie Schulen, Kindergärten, Jugendzentren, Sportanlagen, Bahnhöfe oder Haltestellen."

Abs 5 wurde einmalig durch die Novelle LGBl Nr. 2/2011 abgeändert. Ursprünglich lautete die Bestimmung, nach dem In-Kraft-Treten des TLPG im Jahr 1976, wie folgt:

„Verboten ist:

a) das persönliche Anwerben von Besuchern vom Bordell aus,

b) jede andere Werbung für das Bordell,

c) jeder Hinweis auf den Betrieb des Bordells und

d) jede Kennzeichnung des Gebäudes, die unmittelbar auf dessen Verwendung als Bordell hinweist."[272]

---

[271] IdF LGBl Nr. 56/2017.

[272] IdF LGBl Nr. 60/1976.

Während lit a hinsichtlich des Anwerbens von Besuchern vom Bordellbetrieb aus unverändert blieb, wurde von einem absoluten Werbeverbot für Bordellbetriebe, welchem die in den ursprünglichen Bestimmungen enthaltenen Einschränkungen in lit b, c und d gleichgekommen wären, abgegangen.[273] In den erläuternden Bemerkungen zum Gesetzesentwurf zu LGBl Nr. 2/2011 wird ausgeführt, dass ein gänzliches Werbeverbot, wie es nach der alten Rechtslage vorgesehen war, nach ständiger Judikatur des VfGH mit dem Grundrecht auf freie Meinungsäußerung nach Art 10 EMRK nicht vereinbar sei,[274] sodass auch dem Bordellbetreiber bestimmte Formen der Werbung, wie etwa das Auflegen von Werbematerialien innerhalb der Räumlichkeiten des Bordells, zugestanden werden müssen. Jedoch war man weiterhin darauf bedacht, in der Öffentlichkeit im Hinblick auf das sittliche Empfinden störend in Erscheinung tretende Werbung hintanzuhalten und für unzulässig zu erklären. Insbesondere aus Gründen des Jugendschutzes wurde somit auch eine örtliche Einschränkung der Werbetätigkeiten normiert, welche sich aktuell in der lit b des § 17 Abs 5 TLPG findet.[275]

Die **Absätze 6, 7** und **8** des § 17 TLPG gestalten sich grundsätzlich selbsterklärend und waren ohne jegliche Änderungen von Beginn an im TLPG enthalten, sodass sich ein historischer Rechtsvergleich erübrigt:

> *„(6) Den Prostituierten ist es verboten, im Bordell Besuche zu anderen Zwecken als zur Ausübung der Prostitution zu empfangen.*
> *(7) Der Inhaber der Bordellbewilligung hat alles ihm zumutbare zu unternehmen, um Übertretungen der Abs 5 und 6 hintanzuhalten.*
> *(8) Minderjährigen ist der Besuch eines Bordells verboten. Der Inhaber der Bordellbewilligung hat bei Zweifeln über die Volljährigkeit eines Besuchers diese auf geeignete Weise, etwa durch Aufforderung zur Vorlage eines Ausweises, zu überprüfen. Kann der Besucher seine Volljährigkeit nicht nachweisen, so ist ihm der Zutritt zu untersagen."*[276]

[273] Zur Beschränkung der öffentlichen Wahrnehmbarkeit von Prostitution vgl *Murer*, Prostitution und Verfassung S 37f sowie die Ausführungen in Kapitel **V.5.b.**
[274] Vgl VfSlg 13.554/1993.
[275] Vgl die erläuternden Bemerkungen zum Gesetzesentwurf LGBl Nr. 2/2011, S 5.
[276] IdF LGBl Nr. 56/2017.

§ 17 **Abs 9** TLPG normiert eine Verordnungsermächtigung zugunsten der Gemeinde, welcher die Befugnis eingeräumt wird, weitere Regelungen betreffend die Modalitäten des Betriebes eines Bordells zu treffen:

> *„Die Gemeinde hat zur Aufrechterhaltung der Ruhe, Ordnung und Sicherheit sowie zur Sicherung hygienisch einwandfreier Zustände nähere Vorschriften über den Betrieb von Bordellen, insbesondere über die Betriebszeiten, den Genuss von alkoholischen Getränken, das Verhalten der Bordellbesucher im Bordell und die Einrichtung, Ausstattung und Reinhaltung der Räume, zu erlassen."*[277]

Auf Grundlage des § 17 Abs 9 TLPG erging etwa in der Stadtgemeinde Innsbruck aufgrund eines Gemeinderatsbeschluss vom 25. Oktober 1978 die „A-05-3 Bordellverordnung",[278] welche wiederum zweimalig, mittels Gemeinderatsbeschluss vom 31. Jänner 1985 sowie vom 23. Juni 2004, novelliert wurde.[279] Die Verordnung umfasst elf Paragraphen und normiert etwa, dass Prostituierte sich bei der Ausübung ihrer Tätigkeit nicht in einem durch Alkohol oder Drogen beeinträchtigenden Zustand befinden dürfen,[280] oder dass Bordelle nur in der Zeit von 08:00 Uhr bis 04:00 Uhr geöffnet sein dürfen.[281]

§ 17 Abs 9 TLPG wurde ebenfalls einmalig durch das LGBl Nr. 2/2011 geringfügig geändert. Ursprünglich lautete die Bestimmung wie folgt:

> *„Die Gemeinde hat, soweit dies zur Aufrechterhaltung der Ruhe, Ordnung und Sicherheit sowie zur Sicherung hygienisch einwandfreier Zustände erforderlich ist, nähere Vorschriften über den Betrieb von Bordellen, insbesondere über die Betriebszeiten, den Genuß von alkoholischen Getränken und die Einrichtung, Ausstattung und Reinhaltung der Räume, zu erlassen."*[282]

Als einzig wesentliche Neuerung, abgesehen von einer geringfügigen Umformulierung (der Passus „*soweit erforderlich*" wurde entfernt), wurde in die demonstrative Aufzählung der in den Zuständigkeitsbereich der Gemeinde fallenden Regelungsgegenstände hinsichtlich des Betriebs von Bordellen somit das „*Verhalten*

---

[277] IdF LGBl Nr. 56/2017.
[278] Verordnung betreffend die Ausübung der Prostitution in behördlich bewilligten Bordellen.
[279] Vgl die „A-05-3 Bordellverordnung": http://www.innsbruck.gv.at/data.cfm?vpath=redaktion/ma_i/buero-/dokumente41/vorschriften/a/a-05-3pdf&download=yes; abgerufen am 05.01.2019.
[280] Vgl § 1 „A-05-3 Bordellverordnung".
[281] Vgl § 8 „A-05-3 Bordellverordnung".
[282] IdF LGBl Nr. 60/1976.

der Bordellbesucher im Bordell" mit in den Absatz aufgenommen. Da der Gesetzestext aber ohnedies aufgrund der Formulierung „*insbesondere*" eine demonstrative und keine taxative Regelungsbefugnis zugunsten der Gemeinde vorsieht,[283] erscheint die Sinnhaftigkeit der Ergänzung fragwürdig. Da in den Gesetzesmaterialien zu LGBl Nr. 2/2011 die Novellierung des Abs 9 jedoch keinerlei Erwähnung findet,[284] kann über die diesbezüglichen Intentionen des Gesetzgebers an dieser Stelle nur gemutmaßt werden.

Gänzlich neu angefügt wurde mittels der jüngsten Novelle, LGBl Nr. 56/2017, der § 17 **Abs 10** TLPG:

> *„Die Landesregierung kann durch Verordnung nähere Bestimmungen zur Sicherstellung einheitlicher einwandfreier hygienischer Zustände beim Betrieb von Bordellen erlassen."*[285]

Somit findet sich nunmehr, neben Abs 9, eine weitere Verordnungsermächtigung in § 17 TLPG, diesmal zugunsten der Landesregierung. Bis dato hat die Tiroler Landesregierung von der gegenständlichen Verordnungsermächtigung jedoch keinen Gebrauch gemacht.[286]

IV.5. § 18 Tiroler Landes-Polizeigesetz – „Verantwortlicher Vertreter"

Wie bereits in den Ausführungen zu § 17 Abs 3 TLPG in Kapitel **IV.4.** erwähnt, wurde § 18 TLPG, welcher die Rolle des „Verantwortlichen Vertreters" eines Bordellbetreibers regelt, mittels LGBl Nr. 82/2003 in das TLPG neuerlich eingefügt, nachdem die Bestimmung temporär entfernt worden war.

---

[283] Zur Abgrenzung von demonstrativ und taxativ aufgezählten Gesetzestatbeständen vgl *Binder/Trauner*, Lehrbuch Öffentliches Recht – Grundlagen[4] (2016) S 274f.
[284] Vgl die erläuternden Bemerkungen zum Gesetzesentwurf LGBl Nr. 2/2011.
[285] IdF LGBl Nr. 56/2017.
[286] Stand Dezember 2018.

§ 18 TLPG lautet in der aktuell gültigen Fassung wie folgt:

„(1) Der Inhaber einer Bordellbewilligung kann höchstens drei Personen, die die im § 15 Abs 2 genannten Voraussetzungen erfüllen, als verantwortliche Vertreter bestellen. Die Bestellung bedarf der Genehmigung der Behörde. Der mit Genehmigung der Behörde bestellte verantwortliche Vertreter unterliegt für die Dauer der Vertretung anstelle des Inhabers der Bordellbewilligung den für diesen geltenden Bestimmungen dieses Gesetzes und der in seiner Durchführung erlassenen Verordnungen.

(2) Die Behörde hat in Abständen von höchstens zwei Jahren, beginnend mit dem Eintritt der Rechtskraft der Genehmigung der Bestellung, zu überprüfen, ob der verantwortliche Vertreter die im § 15 Abs 2 genannten Voraussetzungen noch erfüllt. Die Genehmigung der Bestellung ist zu widerrufen, wenn

a) auch nur eine der Voraussetzungen für die Bestellung nachträglich weggefallen ist,

b) der verantwortliche Vertreter innerhalb von fünf Jahren wenigstens fünfmal nach § 19 Abs 2 rechtskräftig bestraft worden ist.

(3) Die Behörde kann in einem Bescheid, mit dem die Genehmigung der Bestellung als verantwortlicher Vertreter nach Abs 2 lit b widerrufen wird, aussprechen, dass eine solche Genehmigung nach Ablauf einer bestimmten, ein Jahr nicht unterschreitenden Frist neuerlich erteilt werden kann, wenn zu erwarten ist, dass der verantwortliche Vertreter die ihm nach diesem Gesetz obliegenden Verpflichtungen erfüllen wird."[287]

Somit besteht nach derzeitiger Rechtslage die Möglichkeit der Bestellung von bis zu drei „verantwortlichen Vertretern" für den Inhaber einer Bordellbewilligung, welche jedoch dieselben gesetzlichen Voraussetzungen iSd § 15 Abs 2 TLPG zu erfüllen haben wie der Bordellbetreiber selbst.[288]

Die mögliche Bestellung von bis zu zwei Personen als verantwortlicher Vertreter eines Bordellbetreibers war bereits in § 18 der ursprünglichen Fassung des TLPG vorgesehen.[289] Mit der Novelle LGBl Nr. 4/1993 wurde der § 18 jedoch ersatzlos aus dem TLPG entfernt, jedoch nach Artikel II der Novelle mit der Maßgabe, dass die im Zeitpunkt des Inkrafttretens dieses Gesetzes bestehenden Genehmigungen für die Bestellung einer Person als verantwortlicher Vertreter des Inhabers einer Bordellbewilligung aufrecht bleiben.[290]

---

[287] IdF LGBl Nr. 56/2017.

[288] Vgl dazu die Ausführungen in Kapitel **IV.2.** sowie *Murer*, Prostitution und Verfassung S 42f.

[289] IdF LGBl Nr. 60/1976.

[290] Vgl „Gesetz nach Beschlussfassung im Landtag am 18. November 1992", S 5: http://portal.tirol.gv.at/LteWeb/public/ggs/ggsDetails.xhtml?id=14713&cid=393182;, abgerufen am 05.01.2019.

Durch die Novelle LGBl Nr. 82/2003 wurde die Bestellung des „Verantwortlichen Vertreters" wiederum ermöglicht und § 18 erneut in das TLPG eingefügt, laut den erläuternden Bemerkungen zum Gesetzesentwurf mit dem Zweck, den Bordellbetreiber zu entlasten.[291]

Mit der aktuell gültigen Novelle LGBl Nr. 56/2017 wurde die Beschränkung der möglichen „verantwortlichen Vertreter" in Abs 1 somit auf „*höchstens drei Personen*" erhöht. Laut den Ausführungen in den erläuternden Bemerkungen zur Regierungsvorlage hat sich die bisherige Einschränkung auf maximal zwei Personen in der Praxis, insbesondere bei längeren Abwesenheiten durch Urlaub oder Krankheit eines Bordellbetreibers, regelmäßig als unzureichend erwiesen. Als verantwortliche Vertreter kommen weiterhin alle Personen in Betracht, die voll handlungsfähig und verlässlich sind, sowie die Staatsbürgerschaft einer Vertragspartei des EWR-Abkommens besitzen. Darunter fallen auch jene Personen, die selbst in einem Bordell die Prostitution ausüben.[292]

IV.6. § 18a Tiroler Landes-Polizeigesetz – „Erlaubniszonen"

§ 18a TLPG wurde gänzlich neu mit der aktuellen Novelle LGBl Nr. 56/2017 in das Gesetz eingefügt. Der Gemeinde wurde dadurch erstmalig in Tirol eine Verordnungsermächtigung eingeräumt, um sogenannte „Erlaubniszonen" im Gemeindegebiet zu definieren.

---

[291] Vgl die erläuternden Bemerkungen zum Gesetzesentwurf LGBl Nr. 82/2003, S 9: http://portal.tirol.gv.at/LteWeb/public/ggs/ggsDetails.xhtml?id=11988&cid=393197; abgerufen am 05.01.2019.

[292] Vgl die erläuternden Bemerkungen zum Gesetzesentwurf LGBl Nr. 56/2017, S 3 und 4.

§ 18a TLPG lautet in der aktuell gültigen Fassung wie folgt:

„(1) Die Gemeinde kann durch Verordnung Bereiche festlegen, innerhalb derer die Anbahnung von Beziehungen zur Ausübung der Prostitution zulässig ist (Erlaubniszonen), sofern sichergestellt ist, dass

a) berechtigte Interessen der Öffentlichkeit oder der Anrainer nicht verletzt werden,

b) schwerwiegende Sicherheitsinteressen der Prostituierten nicht verletzt werden,

c) keine Flächen erfasst sind, für die aus sonstigen Gründen, wie insbesondere Lärmbelästigung oder störende Lichteinwirkung zu erwarten ist, dass eine Nutzung als Erlaubniszone zu einer unzumutbaren Störung des Gemeinschaftslebens führen würde oder sonstigen raumordnerischen Planungen der Gemeinde zuwider laufen würde,

d) die Erlaubniszonen öffentlich gut erreichbar sind und Autos zu- und abfahren können, ohne den Fließverkehr zu behindern,

e) die Erlaubniszonen ausreichend beleuchtet sind und über eine geeignete Infrastruktur verfügen.

Erlaubniszonen sind durch Straßenbezeichnungen einzugrenzen und als solche zu kennzeichnen.

(2) Verboten ist die Anbahnung von Beziehungen zur Ausübung der Prostitution in Erlaubniszonen:

a) in Gebäuden, die, wenn auch nur teilweise, für religiöse Zwecke der gesetzlich anerkannten Kirchen und Religionsgesellschaften oder staatlich eingetragenen religiösen Bekenntnisgemeinschaften gewidmet sind, einschließlich der dazugehörigen Außenanlagen,

b) in Gebäuden, in denen Kinder- und Jugendhilfeeinrichtungen, Kinderbetreuungseinrichtungen, sonstige Einrichtungen zur zeitweisen Betreuung von Kindern, Schulen, Opferschutz- und Kriseneinrichtungen oder Heil- und Pflegeanstalten untergebracht sind, einschließlich der dazugehörigen Außenanlagen,

c) in Gebäuden, welche aus historischen Gründen ungeeignet erscheinen, insbesondere Gedenkstätten, einschließlich der dazugehörigen Außenanlagen,

d) auf Flächen, die als Kinderspielplätze, Friedhöfe, Kleingartengebiete oder Haltestellenbereiche öffentlicher Verkehrsmittel verwendet werden.

(3) Zur Wahrung der Interessen nach Abs 1 lit a und b können in Verordnungen nach Abs 1 zeitliche Beschränkungen für die Anbahnung von Beziehungen zur Ausübung der Prostitution festgelegt werden. Dabei ist auch darauf Bedacht zu nehmen, dass die Wahrnehmbarkeit der Anbahnung durch die Öffentlichkeit, insbesondere durch Kinder und Jugendliche, unter Berücksichtigung der örtlichen Verhältnisse ein zumutbares Ausmaß nicht übersteigt.“[293]

[293] IdF LGBl Nr. 56/2017.

Der Tiroler Landesgesetzgeber hat in der jüngsten Novelle des TLPG somit erstmals die grundsätzliche Möglichkeit geschaffen, auf legale Weise außerhalb von bewilligten Bordellen Beziehungen zur Ausübung der Prostitution anzubahnen, indem die Gemeinde per Verordnung durch Straßenbezeichnungen eingegrenzte Bereiche definieren kann, innerhalb derer die Anbahnung der Prostitution erlaubt ist (sog „Erlaubniszonen").[294] Die Gemeinde hat jedoch, wie in Abs 1 definiert, bei ihrer Entscheidung diverse öffentliche Interessen, Interessen der Anrainer sowie Sicherheitsinteressen in Bezug auf die Prostituierten zu berücksichtigen. Darüber hinaus müssen die Erlaubniszonen besagten Interessen entsprechende Ausstattungskriterien, wie ausreichende Beleuchtung sowie geeignete Infrastruktur, aufweisen.

Auch innerhalb einer definierten Erlaubniszone ist die Anbahnung von Beziehungen zur Ausübung der Prostitution in besonders sensiblen Bereichen verboten, wie Abs 2 des § 18a sicherstellen soll. Laut den erläuternden Bemerkungen zum Gesetzesentwurf zu LGBl Nr. 56/2017 bezieht sich dieses Verbot insbesondere auf jene Bereiche, wo dies zum Schutz der Kinder oder der Öffentlichkeit erforderlich ist.[295] Betreffend den in § 18a Abs 2 lit b normierten *„Kinderbetreuungseinrichtungen"* wird in den Gesetzesmaterialien auf die Definition des „Tiroler Kinderbildungs- und Kinderbetreuungsgesetzes"[296] abgestellt, wonach unter den Begriff Kinderkrippen, Kindergärten sowie Horte zu subsumieren sind, während unter den in Abs 2 lit b genannten sonstigen Einrichtungen zur zeitweisen Betreuung von Kindern insbesondere solche zur Tagesbetreuung oder für Kinderspielgruppen zu verstehen sind. Unter den Begriff der *„Kinder- und Jugendhilfeeinrichtungen"* fallen wiederum jene Einrichtungen nach der Definition des „Tiroler Kinder- und Jugendhilfegesetz".[297]

---

[294] Zu den örtlichen Beschränkungen der Prostitutionsausübung sowie der Abgrenzung zwischen Bordell- und Schutzzonensystemen vgl die Ausführungen in Kapitel **III.3.b.**
[295] Vgl die erläuternden Bemerkungen zum Gesetzesentwurf LGBl Nr. 82/2003, S 4.
[296] Tiroler Kinderbildungs- und Kinderbetreuungsgesetz, LGBl Nr. 48/2010 idF LGBl Nr. 58/2018.
[297] Gesetz vom 6. November 2013 über die Kinder- und Jugendhilfe (Tiroler Kinder- und Jugendhilfegesetz – TKJHG), LGBl Nr. 150/2013 idF LGBl Nr. 32/2017.

Gemäß § 18a Abs 3 TLPG kann die Gemeinde in ihrer Verordnung darüber hinaus die Anbahnung von Beziehungen zur Ausübung der Prostitution zur Wahrung der genannten Interessen zeitlich beschränken.[298]

Bislang hat in Tirol noch keine Gemeinde von der gegenständlichen Verordnungsermächtigung des § 18a TLPG Gebrauch gemacht und eine „Erlaubniszone" festgelegt.[299]

IV.7. § 19 Tiroler Landes-Polizeigesetz – „Strafbestimmung"

§ 19 TLPG enthält die einschlägigen prostitutionsrechtlichen Strafbestimmungen. Der Paragraph lautet in der aktuell gültigen Fassung:

> *„(1) Wer einem Verbot nach § 14 oder nach § 18a Abs 2 oder den Bestimmungen einer Verordnung nach § 18a Abs 3 zuwiderhandelt, begeht eine Verwaltungsübertretung und ist mit einer Geldstrafe bis zu 4.000,- Euro zu bestrafen. Im Wiederholungsfall oder bei Vorliegen sonstiger erschwerender Umstände kann für Übertretungen nach § 14 lit d eine Geldstrafe bis zu 8.000,- Euro verhängt werden.*
>
> *(2) Wer ein Bordell ohne Bewilligung nach § 15 betreibt, begeht eine Verwaltungsübertretung und ist mit einer Geldstrafe bis zu 36.000,- Euro, im Fall der Uneinbringlichkeit mit Ersatzfreiheitsstrafe bis zu vier Wochen, zu bestrafen.*
>
> *(3) Wer den Bestimmungen des § 17 Abs 1 bis 8 sowie den Bestimmungen einer Verordnung nach § 17 Abs 9 zuwiderhandelt, begeht eine Verwaltungsübertretung und ist mit einer Geldstrafe bis zu 2.500,- Euro zu bestrafen.*
>
> *(4) Der Versuch einer Verwaltungsübertretung nach Abs 1, 2 oder 3 ist strafbar. Dies gilt nicht für Kontaktaufnahmen nach § 14 lit c.*
>
> *(5) Die im § 14 lit a, b, d und e bezeichneten Tathandlungen gelten nach einer Betretung durch Organe des öffentlichen Sicherheitsdienstes als beendet. Eine Fortsetzung der Übertretungshandlung gilt als eigenständige Verwaltungsübertretung und nicht als fortgesetztes Delikt."*[300]

---

[298] Damit verfolgt der Tiroler Landesgesetzgeber nunmehr ein ähnliches Regelungskonzept wie zuvor bereits der Steiermärkische Landesgesetzgeber in § 13 Abs 2 Steiermärkisches Prostitutionsgesetz; vgl dazu die Ausführungen in Kapitel **III.3.b.** sowie *Murer*, Prostitution und Verfassung S 28.
[299] Stand Dezember 2018.
[300] IdF LGBl Nr. 56/2017.

§ 19 war seit der ursprünglichen Fassung[301] im TLPG enthalten und wurde, abgesehen von Anpassungen hinsichtlich der Höhe der Strafbeträge, erstmalig mit der jüngsten Novelle[302] umfassend geändert. Zuvor enthielt § 19 TLPG lediglich 4 Absätze.

Die Fassung des § 19 TLPG vor der aktuellen Novellierung lautete:

> *„(1) Wer einem Verbot nach § 14 zuwiderhandelt, begeht eine Verwaltungsübertretung und ist mit einer Geldstrafe bis zu 3.630,- Euro oder, bei Vorliegen von besonderen Erschwerungsgründen, mit Arrest bis zu vier Wochen zu bestrafen.*
>
> *(2) Wer ein Bordell ohne Bewilligung nach § 15 betreibt, begeht eine Verwaltungsübertretung und ist mit einer Geldstrafe bis zu 36.330,- Euro oder, bei Vorliegen von besonderen Erschwerungsgründen, mit Arrest bis zu sechs Wochen zu bestrafen.*
>
> *(3) Wer den Bestimmungen des § 17 Abs 1 bis 8 sowie den Bestimmungen einer Verordnung nach § 17 Abs 9 zuwiderhandelt, begeht eine Verwaltungsübertretung und ist mit einer Geldstrafe bis zu 1.450,- Euro oder, bei Vorliegen von besonderen Erschwerungsgründen, mit Arrest bis zu zwei Wochen zu bestrafen.*
>
> *(4) Der Versuch einer Verwaltungsübertretung nach Abs 1, 2 oder 3 ist strafbar."*[303]

Wie der Rechtsvergleich zeigt, mussten die Strafbestimmungen aufgrund der neu geschaffenen Verbotstatbestände in § 18a Abs 2 und 3 TLPG[304] angepasst werden, welche nunmehr in die Strafbestimmung des § 19 Abs 1 inkludiert wurden. Darüber hinaus wurde der Strafrahmen aufgrund von Übertretungen nach § 14 (sowie § 18a Abs 2 und 3) von 3.630 Euro auf 4.000 Euro erhöht. Weiters wurde nunmehr die Höchststrafe gesondert für den Straftatbestand des § 14 lit d TLPG, die Gewährung oder Beschaffung der Gelegenheit zur Ausübung der Prostitution außerhalb bewilligter Bordelle, insbesondere durch die Überlassung von Räumen,[305] für den Wiederholungsfall oder bei Vorliegen sonstiger erschwerender Umstände deutlich angehoben und zwar auf 8.000 Euro. Dies ist, wie den erläuternden Bemerkungen zur aktuellen Novelle zu entnehmen ist, aus generalpräventiven Erwägungen, insbesondere zur wirksamen Bekämpfung der Prostitution außerhalb bewilligter Bordelle erfolgt.[306]

---

[301] LGBl Nr. 60/1976.
[302] LGBl Nr. 56/2017.
[303] IdF LGBl Nr. 32/2017.
[304] Vgl das vorangehende Kapitel **IV.6.**
[305] Vgl die Ausführungen in Kapitel **IV.1.**
[306] Vgl die erläuternden Bemerkungen zum Gesetzesentwurf LGBl Nr. 56/2017, S 4.

Eine geringfügige Verringerung des Strafrahmens, von 36.330 Euro auf 36.000 Euro, wurde hingegen in Abs 2 für den Betrieb eines Bordells ohne Bewilligung vorgenommen, eine Erhöhung des Strafrahmens wiederum in Abs 3 für Übertretungen iSd § 17 TLPG (ausgehend von bereits bewilligten Bordellbetrieben), von 1.450 Euro auf 2.500 Euro. Auf die diesbezüglichen Änderungen wird in den Gesetzesmaterialen keinerlei Bezug genommen.[307]

An der grundsätzlichen Versuchsstrafbarkeit, normiert in § 19 Abs 4 TLPG, hat sich nichts geändert. Eine Kontaktaufnahme durch den Freier nach § 14 lit c, der Straftatbestand wurde ebenfalls erst mit der jüngsten Novelle in das TLPG eingefügt,[308] von der Versuchsstrafbarkeit jedoch explizit ausgenommen.

Gänzlich neu eingefügt mit der Novelle LGBl Nr. 56/2017 wurde § 19 Abs 5 TLPG, mit welchem ausdrücklich normiert wird, dass mehrere gleiche und aufeinander folgende Übertretungshandlungen iSd § 14 lit a, b und d ein jeweils eigenständiges Delikt und kein fortgesetztes Delikt darstellen. Hierbei ist der Tiroler Landesgesetzgeber laut den erläuternden Bemerkungen zum Gesetzesentwurf dem Beispiel des Wiener Landesgesetzgebers gefolgt, um eine effizientere Strafverfolgung in Bezug auf die wiederholte illegale Prostitution zu ermöglichen.[309]

Eine weitere wesentliche Änderung in den prostitutionsrelevanten Strafbestimmungen des TLPG besteht darin, dass von der Möglichkeit einer Verhängung primärer Freiheitsstrafen nunmehr gänzlich abgesehen wurde. Diese Änderung wurde, wie ebenfalls den erläuternden Bemerkungen zum Gesetzesentwurf zu entnehmen ist, vor dem Hintergrund des § 11 VStG getroffen, wonach eine primäre Freiheitsstrafe, auch in Einklang mit der stRsp des VwGH, nur dann verhängt werden darf, wenn dies aus spezialpräventiven Erwägungen notwendig ist, um den Täter von weiteren Verwaltungsübertretungen gleicher Art abzuhalten.[310] Freiheitsstrafen stellen einen

[307] Vgl die erläuternden Bemerkungen zum Gesetzesentwurf LGBl Nr. 56/2017.
[308] Vgl dazu die Ausführungen in Kapitel **IV.1.**
[309] Vgl die erläuternden Bemerkungen zum Gesetzesentwurf LGBl Nr. 56/2017, S 4.
[310] Vgl *Sander*, § 11 VStG, in: *Raschauer/Wessely* (Hrsg), VStG^2 (2016) Rz 2; VwGH 19.03.1990, 89/10/0230; 06.05.1996, 95/10/0120; 27.10.1997, 96/10/0149; 13.11.2000, 96/10/0223.

massiven Grundrechtseingriff dar, „*welcher im Bereich des Verwaltungsstrafrechts fast immer als unverhältnismäßig anzusehen ist*“,[311] sodass künftig auch im Bereich des TLPG nur mehr Geldstrafen zu verhängen sind, sowie im Fall von deren Uneinbringlichkeit Ersatzfreiheitsstrafen nach § 16 VStG. Nachdem gemäß § 16 Abs 2 VStG, sofern keine primäre Freiheitsstrafe angedroht ist, eine zu verhängende Ersatzfreiheitsstrafe grundsätzlich zwei Wochen nicht übersteigen darf, wurde durch den Landesgesetzgeber überdies für die schwerwiegende Verwaltungsübertretung des Betriebs eines Bordells ohne Bewilligung, mit einem Strafrahmen von bis zu 36.000 Euro, in § 19 Abs 2 TLPG ausdrücklich eine Ersatzfreiheitsstrafe von bis zu vier Wochen normiert.[312]

IV.8. § 19a Tiroler Landes-Polizeigesetz – „Überwachung und Schließung eines Bordells“

§ 19a wurde ebenfalls erst nachträglich, durch die Novelle LGBl Nr. 2/2011, in das TLPG eingefügt. Ziel war es laut den erläuternden Bemerkungen zum Gesetzesentwurf, in Anlehnung an Bestimmungen des „Salzburger Landessicherheitsgesetzes“,[313] der Behörde die effiziente Bekämpfung der illegalen Prostitution zu erleichtern, indem man ihr zusätzliche Maßnahmen zur Verfügung stellt.[314]

§ 19a TLPG lautet in der aktuell gültigen Fassung (einmalig geändert durch eine Zitatanpassung in §19a Abs 1 durch LGBl Nr. 1/2014) wie folgt:

> *„(1) Besteht aufgrund konkreter Tatsachen der begründete Verdacht einer Verwaltungsübertretung nach § 19 Abs 1 oder 2, so sind die Behörde und die Organe des öffentlichen Sicherheitsdienstes berechtigt, von allen Personen, die in Gebäuden oder Räumen, die dem Anschein nach der gesetzwidrigen Ausübung der Prostitution dienen, angetroffen werden, einen Nachweis ihrer Identität und die*

[311] Vgl die erläuternden Bemerkungen zum Gesetzesentwurf LGBl Nr. 56/2017, S 4; zur Intention des Gesetzgebers, primäre Freiheitsstrafen möglichst zu vermeiden vgl *Sander*, § 16 VStG, in: *Raschauer/Wessely* (Hrsg), VStG² (2016) Rz 1ff.

[312] Vgl die erläuternden Bemerkungen zum Gesetzesentwurf LGBl Nr. 56/2017, S 4.

[313] Der Landesgesetzgeber bezieht sich hierbei wohl auf § 8 Abs 4 S.LSG.

[314] Vgl die erläuternden Bemerkungen zum Gesetzesentwurf LGBl Nr. 2/2011, S 5 und 6.

erforderlichen Auskünfte zu verlangen. Die Auskunftspflicht hat sich ausschließlich auf solche Sachverhalte zu beziehen, die Verwaltungsübertretungen nach § 19 Abs 1 oder 2 darstellen könnten. § 35 Abs 2 und 3 des Sicherheitspolizeigesetzes, BGBl. Nr. 566/1991, zuletzt geändert durch das Gesetz BGBl. I Nr. 195/2013, ist sinngemäß anzuwenden. Weiters gilt § 49 des Allgemeinen Verwaltungsverfahrensgesetzes 1991 mit der Maßgabe, dass eine Verweigerung der Auskunft aus dem Grunde des Gereichens zur Unehre nicht zulässig ist. Die Organe der Behörde und die Organe des öffentlichen Sicherheitsdienstes sind berechtigt, zu diesem Zweck auch Gebäude und Räume, die dem Anschein nach der gesetzwidrigen Ausübung der Prostitution dienen, zu betreten. Die Eigentümer oder Mieter solcher Gebäude oder Räume sind verpflichtet, das Betreten ihrer Gebäude oder Räume zu dulden. Die Ausübung unmittelbarer Zwangsgewalt ist zulässig.

(2) Die Behörde und die Organe des öffentlichen Sicherheitsdienstes sind weiters befugt, vorgefundene Beweismittel sicherzustellen und in Verwahrung zu nehmen. Die sichergestellten Sachen sind dem Eigentümer oder rechtmäßigen Besitzer unverzüglich auszufolgen, sobald der Sicherstellungszweck entfällt. Können sichergestellte Sachen innerhalb eines Zeitraumes von sechs Monaten ab Entfall des Sicherstellungszweckes nicht ausgefolgt werden, weil der Behörde kein Eigentümer oder rechtmäßiger Besitzer bekannt wurde, so gelten diese Sachen als verfallen und sind zu verwerten oder, falls dies nicht möglich oder zulässig ist, zu vernichten. Ein allenfalls erzielter Erlös ist dem Eigentümer auf dessen Verlangen binnen drei Jahren nach dem Eintritt des Verfalls auszufolgen.

(3) Besteht aufgrund konkreter Tatsachen der begründete Verdacht einer Verwaltungsübertretung nach § 19 Abs 2 und ist anzunehmen, dass der gesetzwidrige Bordellbetrieb fortgesetzt wird, so kann die Behörde auch ohne vorangegangenes Verfahren die zur Unterbindung des Bordellbetriebes notwendigen Maßnahmen, insbesondere die Schließung des Bordells, an Ort und Stelle treffen.

(4) Auf Antrag des bisherigen Betreibers oder des Eigentümers der Räume, die als Bordell verwendet wurden, hat die Behörde mit Bescheid die nach Abs 3 getroffenen Maßnahmen zu widerrufen, wenn der Antragsteller

a) eine Bordellbewilligung vorweisen kann oder

b) sicherstellen kann, dass der Betrieb des Bordells auch nach dem Widerruf der Maßnahmen nach Abs 3 nicht wieder aufgenommen wird.“[315]

Nach den Gesetzesmaterialen sind die in § 19a vorgesehenen Grundrechtsreingriffe erforderlich und angemessen, um die Aufrechterhaltung der öffentlichen Ruhe, Ordnung und Sicherheit zu gewährleisten. Die bisherige Praxis habe gezeigt, dass ohne gesetzliche Grundlage zu einer Identitätsfeststellung sowie Auskunftspflicht, welche nunmehr in Abs 1 vorgesehen ist, eine effiziente Bekämpfung der illegalen Prostitution kaum möglich sei. Darüber hinaus wurde den Behördenvertretern sowie Organen des öffentlichen Sicherheitsdienstes in Abs 1 ein Betretungsrecht eingeräumt

[315] IdF LGBl Nr. 56/2017.

im Hinblick auf Gebäude sowie Räumlichkeiten, die dem Anschein nach der gesetzwidrigen Ausübung der Prostitution dienen. Bei der Regelung betreffend die Schließung gesetzwidrig betriebener Bordelle an Ort und Stelle in Abs 3, welche sich auch in einer Wohnung oder Wohnhausanlage befinden können, führt der Gesetzgeber in den erläuternden Bemerkungen zum Gesetzesentwurf explizit aus, sich an korrespondierenden Bestimmungen der „Gewerbeordnung 1994" orientiert zu haben.[316] Hierbei ist, wenngleich in den Gesetzesmaterialien nicht explizit genannt, auf § 360 Abs 3 GewO zu verweisen, auf dessen Grundlage die Behörde ebenfalls ohne vorausgegangenes Verfahren und vor Erlassung eines Bescheides den gesamten der Rechtsordnung nicht entsprechenden Betrieb an Ort und Stelle zu schließen hat.[317]

IV.9. Verordnung der Landesregierung vom 17. April 1990 – „Sittlichkeitspolizei VO"

Als Annex zu diesem Kapitel hinsichtlich der Bestimmungen des TLPG muss noch ergänzend auf die „Sittlichkeitspolizei VO" der Tiroler Landesregierung verwiesen werden, mit welcher auf Grundlage des § 7 Abs 4 des „Innsbrucker Stadtrechts 1975" die Besorgung der Sittlichkeitspolizei, mit Ausnahme der Durchführung von Bordellbewilligungsverfahren nach §§ 15 sowie 16 TLPG, aus dem eigenen Wirkungsbereich der Stadtgemeinde Innsbruck entnommen und auf die LPD Tirol übertragen wurde.[318] Die Setzung von Maßnahmen nach § 19a TLPG obliegt somit im Stadtgebiet von Innsbruck Behördenvertretern der LPD Tirol und nicht Organen der an sich gemäß § 23 Abs 1 TLPG zur Vollziehung dieses Gesetzes zuständigen Behörde, dem Bürgermeister.

---

[316] Vgl die erläuternden Bemerkungen zum Gesetzesentwurf LGBl Nr. 2/2011, S 5 und 6.
[317] Zu den Modalitäten der Betriebsschließung auf Grundlage des § 360 GewO vgl *Puntigam/Bretterklieber/Seitlinger*, Grundzüge des Gewerberechts[2] (2018) S 75ff.
[318] Siehe dazu bereits die Ausführungen in Kapitel **III.3.c.**

V. Vollzugsprobleme sowie grundrechtliche Erwägungen im Hinblick auf die prostitutionsrechtlichen Strafnormen des Tiroler Landes-Polizeigesetzes

V.1. Die Prostituierte

V.1.a. Vollzugsprobleme hinsichtlich der Strafbarkeit einer Prostituierten nach § 14 lit a und b TLPG

Wie in Kapitel **IV.1.** skizziert, kann eine Prostituierte grundsätzlich zwei Straftatbestände iSd § 14 TLPG verwirklichen. Die gewerbsmäßige Duldung oder Vornahme sexueller Handlungen außerhalb bewilligter Bordelle gemäß lit a einerseits, sowie die öffentliche Anbahnung von Beziehungen zur Ausübung der Prostitution gemäß lit b andererseits.

Ein Hauptproblem in der Praxis hinsichtlich der Strafverfolgung der beiden genannten Delikte besteht darin, dass die mittlerweile zur ganz überwiegenden Mehrheit aus Osteuropa stammenden Prostituierten, bis auf einzelne, statistisch kaum relevante Ausnahmen, in Österreich keinen Wohnsitz haben.[319] Wenn ein Beschuldigter behördlich nicht greifbar ist, erschwert dies naturgemäß auch erheblich dessen Strafverfolgung. Übertretungen iSd § 14 lit a TLPG werden im Bereich der Straßenprostitution ohnedies nur vereinzelt von Organen des öffentlichen Sicherheitsdienstes unmittelbar wahrgenommen, wenn etwa eine Prostituierte mit einem Freier auf einem Parkplatz in dessen PKW betreten wird. Ist nun in einem derartigen Fall, wie gewöhnlich, kein Behördenvertreter zugegen, können die Organe des öffentlichen Sicherheitsdienstes, nach Identitätsfeststellung der auf frischer Tat bei einer Verwaltungsübertretung betretenen Personen gemäß § 35 Z 1 VStG,[320] lediglich eine Anzeige an die zur Durchführung von Verwaltungsstrafen zuständige Behörde gemäß § 23 Abs 2 TLPG erstatten. Eine Abstrafung der Betretenen an Ort und Stelle

[319] Statistisch exaktes Datenmaterial hinsichtlich der Herkunftsstaaten illegaler Prostituierter in Österreich liegen nicht vor, vgl jedoch *Wagenaar/Altink/Amesberger*, Prostitution Policy Report S 88ff.
[320] Zu § 35 VStG im Detail vgl die Ausführungen in Kapitel **VI.1.**

durch die Organe des öffentlichen Sicherheitsdienstes ist nicht möglich. Zwar hatte die Behörde bis 31. Dezember 2018 grundsätzlich gemäß § 50 Abs 1 VStG idF BGBl I Nr. 120/2016 die Möglichkeit, besonders geschulte Organe der öffentlichen Aufsicht zu ermächtigen, wegen bestimmter, von ihnen dienstlich wahrgenommener oder vor ihnen eingestandener Verwaltungsübertretungen per Organstrafverfügung Geldstrafen einzuheben,[321] jedoch hatte sie von dieser Möglichkeit im Falle von Übertretungen in Zusammenhang mit illegaler Prostitution, sowie auch hinsichtlich aller anderen Übertretungen nach dem TLPG, keinen Gebrauch gemacht.[322] Grund dafür dürfte sein, dass gemäß § 50 Abs 1 zweiter Satz VStG idF BGBl I Nr. 120/2016, sofern in den Verwaltungsvorschriften für bestimmte Verwaltungsübertretungen der durch eine Organstrafverfügung einzuhebende Höchstbetrag nicht bestimmt ist, die Behörde einen einheitlich im Vorhinein festzusetzenden Betrag bis höchstens 90 Euro zu bestimmen hatte.[323] Ein derartiger Höchstbetrag ist im TLPG nicht festgesetzt, sodass die Einhebung eines Organmandats in Höhe von maximal 90 Euro, bei einem Strafrahmen von immerhin bis zu 4.000 Euro gemäß § 19 Abs 1 TLPG, nicht zielführend erscheint.

Mit 1. Jänner 2019 trat nunmehr die VStG-Novelle BGBl I Nr. 57/2018 in Kraft, wobei auch der § 50 eine Änderung erfuhr. Wie der Regierungsvorlage zu entnehmen ist, soll im Hinblick auf Organstrafverfügungen künftig nicht mehr die einzelne Strafbehörde, sondern das oberste Organ durch Verordnung einheitliche Deliktskataloge für die verschiedenen Formen des abgekürzten Verfahrens festsetzen. In den Angelegenheiten, die in Gesetzgebung und in Vollziehung Landessache sind, wie im Bereich des Prostitutionswesens die Sittlichkeitspolizei, ist diese Verordnung somit durch ein oberstes Organ des Landes zu erlassen.[324] Sowohl eine individuelle Ermächtigung des einzelnen Organs durch die jeweilige Behörde als auch das

---

[321] Zur Personengrupp der „besonders geschulten Organe der öffentlichen Aufsicht" gehörten ohnedies uA alle Organe des öffentlichen Sicherheitsdienstes – vgl dazu *Raschauer,* § 50 VStG, in: *Raschauer/Wessely* (Hrsg), VStG[2] (2016) Rz 28ff.

[322] Zur individuellen Ermächtigung eines Organs durch die zuständige Verwaltungsstrafbehörde vgl *Raschauer,* § 50 VStG Rz 31ff.

[323] Zur Sanktionshöhe bei Organstrafverfügungen vgl *Raschauer,* § 50 VStG Rz 24ff.

[324] Vgl dazu die Erläuterungen zu BGBl I Nr. 57/2018, S 8 und 9: http://www.parlament.gv.at/PAKT/VHG/XXVI/I/I_00193/fname_698594.pdf; abgerufen am 05.01.2019.

Erfordernis einer „besonderen Schulung" entfällt.[325] Was im Rahmen der Novelle jedoch unangetastet blieb, ist der im Vorhinein festzusetzende Strafbetrag für Organstrafverfügungen von maximal 90 Euro,[326] sodass auch die neue Gesetzeslage an der aktuell vorherrschenden Problematik nichts ändert.

Was folgt war und wird voraussichtlich auch künftig im Falle von festgestellten Übertretungen nach § 14 lit a TLPG somit zwangsläufig eine Anzeigenerstattung seitens des Organs des öffentlichen Sicherheitsdienstes an die zur Durchführung von Verwaltungsstrafen zuständige Behörde sein, welche in der Regel eine Strafverfügung an die betretene Person erlässt, die jedoch mangels ordentlichen Wohnsitzes oder einer anderweitigen Abgabestelle im Bundesgebiet zunächst nicht den Bestimmungen des ZustG[327] entsprechend zugestellt werden kann.[328] Erst wenn die Prostituierte neuerlich betreten wird und ein Organ des öffentlichen Sicherheitsdienstes im Rahmen einer Personskontrolle auch Rücksprache mit der zuständigen Behörde hält und sich aufgrund dessen ergeben sollte, dass für die Betretene noch zuzustellende Schriftstücke in den Amtsräumlichkeiten der Behörde aufliegen, kann auch ohne Abgabestelle durch unmittelbare Ausfolgung der Strafverfügung iSd § 24 ZustG zumindest eine Zustellung derselben bewirkt werden.[329]

Die Ausführungen gelten sinngemäß für den Fall, dass eine Straßenprostituierte auf einem einschlägigen Straßenzug von Organen des öffentlichen Sicherheitsdienstes bei der illegalen Anbahnung von Beziehungen zur Ausübung der Prostitution außerhalb behördlich bewilligter Bordelle betreten wird und somit den Tatbestand des § 14 lit b TLPG verwirklicht.[330]

---

[325] Ebenso im Falle der Einhebung einer vorläufigen Sicherheit nach § 37a VStG – vgl dazu die Ausführungen in Kapitel **VI.2.**; wie den Gesetzesmaterialien zu entnehmen ist, soll das Erfordernis einer besonderen Schulung entfallen, da davon auszugehen ist, dass die Angehörigen des Wachkörpers Bundespolizei schon aufgrund ihrer Ausbildung hinreichend geschult sind: vgl dazu die Erläuterungen zu BGBl I Nr. 57/2018, S 8 und 9.

[326] Vgl § 50 Abs 1 zweiter Satz VStG idF BGBl I Nr. 57/2018.

[327] Bundesgesetz über die Zustellung behördlicher Dokumente (Zustellgesetz – ZustG), BGBl Nr. 200/1982 idF BGBl I Nr. 33/2018.

[328] Zur Zustellung an einen Empfänger iSd § 13 ZustG vgl *Bumberger/Schmid*, Praxiskommentar zum Zustellgesetz (2018) S 158ff.

[329] Zur unmittelbaren Ausfolgung iSd § 24 ZustG vgl *Bumberger/Schmid*, Praxiskommentar zum Zustellgesetz (2018) S 248ff.

[330] Vgl dazu die Ausführungen in Kapitel **IV.1.**

Im Stadtgebiet von Innsbruck wird vermehrt versucht, dieser Problematik zumindest teilweise beizukommen, indem gezielte Schwerpunktaktionen unter Einbindung von Behördenvertretern der LPD durchgeführt werden. Dadurch kann den Betretenen Prostituierten zumindest sogleich vor Ort eine Strafverfügung nach § 47 VStG ausgefolgt werden. Hierbei handelt es sich ebenfalls um ein abgekürztes Verwaltungsstrafverfahren, im Rahmen dessen auf Grund eigener dienstlicher Wahrnehmung oder eines abgelegten Eingeständnisses einer Verwaltungsübertretung sogleich, ohne weiteres Verfahren, eine Geldstrafe von bis zu 600 Euro durch einen Behördenverteter verhängt werden kann.[331] Durch die Übergabe der Strafverfügung an die betretene Person direkt am Ort der Amtshandlung wurde einer unmittelbaren Ausfolgung iSd § 24 ZustG entsprochen, ohne das der Behörde eine Abgabestelle bekannt ist. Die sich wiederum ergebende Problematik besteht jedoch darin, dass durch die Zustellung der Strafverfügung nicht sogleich die Möglichkeit der Strafvollstreckung einsetzt, sondern erst die Rechtsmittelfrist in Gang gesetzt wird. Gegen eine Strafverfügung kann gemäß § 49 Abs 1 VStG binnen zwei Wochen nach deren Zustellung schriftlich oder mündlich Einspruch erhoben werden, ehe diese in Rechtskraft erwächst und vollstreckt werden kann (Abs 3 leg cit).[332] Somit wurde zwar eine ordnungsgemäße Zustellung bewirkt, die behördlich nicht gemeldete Prostituierte kann jedoch im Anschluss wieder in die Anonymität abtauchen. Eine ordnungsgemäße Strafvollstreckung ist in weiterer Folge erst möglich, sofern die Person neuerlich, nach Eintritt der Rechtskraft der zugestellten Strafverfügung, betreten wird und im Zuge der Amtshandlung, nach ordnungsgemäßer Priorierung der Person durch Rücksprache mit der Behörde festgestellt wird, dass gegen diese auch tatsächlich eine offene, in Rechtskraft erwachsene Verwaltungsstrafe vorliegt.

Aufgrund von massivem Kontrolldruck auf dem Straßenstrich über die letzten Jahre verlagerte sich das illegale Prostitutionswesen in der Landeshauptstadt Innsbruck mehr und mehr von der Straße in private Wohnungen.[333] In der Regel bieten hierbei Prostituierte über Inserate auf einschlägigen Internet-Plattformen ihre Dienste an. Dies würde für sich bereits, bei entsprechender Formulierung, den Tatbestand der

---

[331] Vgl *Hengstschläger/Leeb*, Verwaltungsverfahrensrecht^6 (2018) Rz 858; zu den Erlassungsvoraussetzungen einer Strafverfügung vgl *Raschauer*, § 47 VStG, in: *Raschauer/Wessely* (Hrsg), VStG^2 (2016) Rz 9ff.
[332] Zur Einbringung, Inhalt sowie Rechtswirkungen eines Einspruchs gegen eine Strafverfügung nach § 49 VStG vgl *Hengstschläger/Leeb*, Verwaltungsverfahrensrecht^6 Rz 863ff.
[333] Stand Dezember 2018.

öffentlichen Anbahnung von Beziehungen zur Ausübung der Prostitution nach § 14 lit b TLPG verwirklichen,[334] wird jedoch in der Regel nicht verfolgt, da es ohne Eingeständnis der Beschuldigten praktisch unmöglich ist, im Ermittlungsverfahren zu beweisen, wer das entsprechende Inserat auf der Internet-Plattform geschaltet hat. Wenn die dem Beschuldigten zur Last gelegte Tat nicht erwiesen werden kann, ist die Behörde gemäß § 45 Abs 1 Z 1 VStG gezwungen, von der Einleitung eines Strafverfahrens abzusehen.[335]

In der Praxis wird im Rahmen eines behördlichen Prostitutionsschwerpunktes für gewöhnlich mittels eines Diensthandys durch einen Behördenverteter die in einem Inserat angeführte Telefonnummer kontaktiert und ein Termin vereinbart. An der angeführten Adresse erkundigt sich der Behördenvertreter erneut bei der Prostituierten persönlich, was für Dienstleistungen konkret gegen welches Entgelt angeboten werden, ehe er sich als Behördenvertreter zu erkennen gibt und eine Strafverfügung ausstellt. Hinsichtlich der Strafbarkeit ist in diesem Fall der Tatbestand einer versuchten Prostitutionsausübung iSd § 14 lit a. TLPG verwirklicht (die Versuchsstrafbarkeit ergibt sich aus § 19 Abs 4 TLPG), da es für eine Anbahnung iSd § 14 lit b TLPG im Fall der Wohnungsprostitution am geforderten Tatbestandselement der Öffentlichkeit mangelt.[336] Dasselbe gilt für Einrichtungen, welche als „Massagestudios" behördlich genehmigt sind, jedoch über keine Bordellbewilligung verfügen. Auch in diesen Einrichtungen werden regelmäßig, hinter verschlossenen Türen, Sexualdienstleistungen angeboten. In diesem Fall ist es für das Ermittlungsverfahren ebenfalls unabdingbar, dass ein behördlicher Augenschein vorgenommen wird, ohne dass der Behördenvertreter seine Amtsstellung zugleich offenlegt. Kritisch ist in diesem Zusammenhang zu sehen, dass im TLPG keine Präzisierung der polizeilichen Ermittlungsbefugnisse normiert ist, wie sie etwa in § 15 Abs 6 „Wiener Prostitutionsgesetz" verankert sind. Dieser besagt, dass der Einsatz von Organen des öffentlichen Sicherheitsdienstes, die ihre amtliche Stellung oder ihren Auftrag weder offen legen noch erkennen lassen, zulässig ist, *„wenn und soweit dies zur Ermittlung oder Aufklärung bestimmter Verwaltungsübertretungen erforderlich ist.*" Eine solche Rechtsgrundlage ist im TLPG nicht vorhanden, jedoch ist

[334] Vgl die Ausführungen in Kapitel **IV.1.**
[335] Vgl dazu *Kneihs,* § 45 VStG Rz 5.
[336] Vgl die Ausführungen in Kapitel **IV.1.**

eine Kontaktaufnahme zu einer Terminvereinbarung ohne Hinweis auf die eigene amtliche Stellung unumgänglich, um Delikte in Zusammenhang mit illegaler Wohnungs- oder Studioprostitution effizient bekämpfen zu können.

Derartig gelagerte Ermittlungshandlungen befinden sich somit in Tirol sowie allen anderen Bundesländern, außer Wien, in einem nicht zu unterschätzenden Spannungsverhältnis zu § 7 VStG, welcher explizit normiert, dass sich auch strafbar macht, wer vorsätzlich veranlasst, dass ein anderer eine Verwaltungsübertretung begeht.

Die vom Gesetzgeber gewählte Formulierung des § 7 VStG verlangt, bis auf das subjektive Tatbestandselement im Stärkegrad des Vorsatzes, keine weiteren subjektiven Erfordernisse zur Verwirklichung des Tatbestandes der Anstiftung. Somit ist unerheblich, aus welchem Grund es zu einer Anstiftung kommt.[337] Nach einem Teil der Lehre stellt auch das Einschreiten eines sich nicht legitimierenden Organs des öffentlichen Sicherheitsdienstes als „agent provocateur", welches die Begehung einer strafbaren Handlung eines Anderen nach sich zieht, eine Anstiftung iSd § 7 VStG dar. Laut Muzak ist nicht relevant, *„warum der Täter dies tut. Es spielt keine Rolle, ob er dies aus Spaß, zur Erzielung eines persönlichen Vorteils tut oder... um die Bestrafung eines anderen zu erreichen und dadurch weitere Delikte auch anderer Personen zu verhindern.*"[338]

Der VwGH hat bezüglich der Anwendung des § 7 VStG diverse Grundsätze entwickelt. Voraussetzung für das Vorliegen einer Verwaltungsstraftat ist, dass der unmittelbare Täter rechtswidrig den jeweiligen Tatbestand der Haupttat erfüllt,[339] wobei die Strafbarkeit des unmittelbaren Täters, etwa aus Gründen eines Schuld- oder Strafausschließungsgrundes, grundsätzlich nicht erforderlich ist.[340] Hingegen muss der Anstifter sowohl vorsätzlich als auch kausal im Hinblick auf die Verwirklichung der Haupttat handeln.[341]

---

[337] Vgl *Hengstschläger/Leeb*, Verwaltungsverfahrensrecht[6] Rz 701.; *Wessely*, § 7 VStG, in: *Raschauer/Wessely* (Hrsg), VStG[2] (2016) Rz 6.
[338] Vgl *Muzak*, Der „agent provocateur" im Verwaltungsstrafrecht, Festschrift *Heinz Mayer* (2011) S 418.
[339] Vgl VwGH 27.04.1999, 99/05/0020.
[340] Vgl VwGH 21.02.1963, 1696/61.
[341] Vgl VwGH 25.11.1983, 83/02/0085.

Der Behördenvertreter hat sohin im Rahmen „verdeckter Ermittlungshandlungen" in Zusammenhang mit dem illegalen Prostitutionswesen seine Formulierungen dahingehend mit Bedacht zu wählen, dass er sein Gegenüber nicht zur Verwirklichung der versuchten Prostitutionsausübung gemäß §§ 19 iVm 14 lit a TLPG anstiftet und sich dadurch selbst nach § 7 VStG strafbar macht. Keineswegs darf er proaktiv das Gespräch in eine Richtung drängen (zu bestimmten Leistungen „überreden"), sondern lediglich Erkundigungen einholen, was autonom seitens des Gegenübers offeriert wird. In der Praxis ergaben sich im Wirkungsbereich der LPD Tirol bislang im Zuge der Durchführung von Ermittlungshandlungen keine Probleme im Hinblick auf § 7 VStG.

V.1.b. Die Strafbarkeit einer Prostituierten nach dem TLPG im Spannungsverhältnis zum Grundrecht auf Erwerbsfreiheit gemäß Art 6 StGG

Art 6 Abs 1 StGG[342] räumt grundsätzlich jedem Staatsbürger das Recht ein, unter den gesetzlich festgelegten Bedingungen jeglichen Erwerbszweig auszuüben. Auf unionsrechtlicher Ebene verbürgt darüber hinaus Art 15 GRC[343] das Recht zu arbeiten sowie einen frei gewählten oder angenommenen Beruf auszuüben. Jedoch können sich auch Unionsbürger, im konkreten Fall Personen aus dem EU-Ausland, welche in Österreich die Prostitution ausüben, wegen des Verbots der Diskriminierung aufgrund der Staatsangehörigkeit gemäß Art 18 AEUV im Anwendungsbereich des Unionsrechts auf die in Art 6 StGG verbriefte Erwerbsfreiheit berufen.[344]

Das Grundrecht der Erwerbsfreiheit schützt in sachlicher Hinsicht jede selbständige sowie unselbständige Tätigkeit, welche mit einer gewissen Regelmäßigkeit ausgeübt wird, sowie auf die Erzielung eines wirtschaftlichen Erfolges ausgerichtet ist.[345] Davon

[342] Staatsgrundgesetz vom 21. December 1867, über die allgemeinen Rechte der Staatsbürger für die im Reichsrathe vertretenen Königreiche und Länder, RGBl. Nr. 142/1867 idF BGBl Nr. 684/1988.
[343] Charta der Grundrechte der Europäischen Union, 2012/C 326/02.
[344] Vgl *Leidenmühler*, Europarecht[3] S 135f.
[345] Ausführlich zur Ausgestaltung des Grundrechts auf Erwerbsfreiheit sowie zur Definition der Erwerbstätigkeit vgl *Schulev-Steindl*, Wirtschaftslenkung und Verfassung (1996) S 110ff sowie *Berka*, Die Grundrechte (1999) Rz 748.

sind nicht nur Berufsbilder erfasst, welche der GewO oder anderweitigen Berufsstatuten oder Vorschriften unterliegen, sondern jegliche Art Vermögen zu erwirtschaften.[346] Bei diversen Tätigkeiten hat der VfGH den Anwendungsbereich des Art 6 StGG jedoch ausdrücklich verneint. So stellt etwa die Bettelei keinen geschützten Erwerbszweig iSd Art 6 StGG dar.[347]

Art 6 StGG schützt sowohl den Antritt einer Erwerbstätigkeit, als auch deren Ausübung nach erfolgtem Antritt, wobei der Schutz nur gegenüber Maßnahmen besteht, welche unmittelbar den Antritt oder die Ausübung einer Erwerbstätigkeit beschränken und diese nicht als Nebenwirkung lediglich „faktisch verhindern".[348] Ausgenommen vom Schutzbereich des Art 6 StGG per se sind nur Tätigkeiten, welche explizit gesetzlich verboten sind, wie etwa der gewerbsmäßige Betrug gemäß § 148 StGB.[349]

Wie der Wortlaut des Gesetzestextes von Art 6 StGG bereits erkennen lässt, enthält das Grundrecht der Erwerbsfreiheit einen formellen Gesetzesvorbehalt. Wenngleich die Formulierung, wonach jeder Staatsbürger *„unter den gesetzlichen Bedingungen jeden Erwerbszweig ausüben"* kann, keinerlei materielle Eingriffsschranken für den einfachen Gesetzgeber im Hinblick auf eine Einschränkung des Grundrechts beinhaltet, so wurden solche dennoch durch die Judikatur des VfGH entwickelt, welcher bei Eingriffen in die Erwerbsfreiheit stets eine Verhältnismäßigkeitsprüfung vornimmt.[350] Intentionale gesetzliche Beschränkungen der Erwerbsfreiheit sind nach ständiger Judikatur des VfGH nur dann zulässig, wenn sie dem Verhältnismäßigkeitsgrundsatz entsprechen, wobei Beschränkungen der Erwerbsfreiheit dann als verhältnismäßig anzusehen sind, wenn sie durch ein öffentliches Interesse geboten, zur Zielerreichung dieses öffentlichen Interesses geeignet, erforderlich und adäquat sowie auch sachlich gerechtfertigt sind.[351]

---

346 Vgl *Hengstschläger/Leeb*, Grundrechte² Rz 10/4.
347 Vgl VfSlg 19.665/2012; ausführlich uA zu dieser Entscheidung: *Vasek*, Verwaltungsrechtliche Bettelverbote – grundrechtliche Fragen, ZfV 2013/3, S 21ff.
348 Vgl VfSlg 8669/1979; 15.431/1999.
349 Vgl *Hengstschläger/Leeb*, Grundrechte² Rz 10/4.
350 Vgl etwa VfGH 04.10.1984, G70/84 – Bedenken gegen eine Bestimmung des Schrottlenkungsgesetzes, welche die Ausübung der Tätigkeit eines Werkbelieferungshändlers an eine behördliche Genehmigung knüpft; zum diesbezüglichen Wandel in der Grundrechtsjudikatur des VfGH vgl *Berka*, Grundrechte Rz 117.
351 Vgl etwa VfSlg 10.179/1984; 11.483/1984; 12.921/1991; 13.704/1994; 15.038/1997; 16.734/2002; 17.932/2006; 19.077/2010.

Die Grundsatzfrage, ob die Prostitution generell einen durch Art 6 StGG geschützten Erwerbszweig darstellt, wurde vom VfGH bislang nicht beantwortet. Wenngleich bereits mehrfach eine Einschränkung der Erwerbsfreiheit in Zusammenhang mit Prostitutionsaktivitäten an den VfGH herangetragen wurde, sparte dieser die Grundsatzfrage unter dem Hinweis darauf, dass es für die Beurteilung des jeweiligen Sachverhaltes irrelevant sei, stets aus.[352] Nach Einschätzung von Murer könnte die bis 2012 vom OGH angenommene, generelle Sittenwidrigkeit von entgeltlichen Verträgen über die Erbringung von Sexualdienstleistungen eine mögliche Erklärung für die diesbezügliche Zurückhaltung des VfGH darstellen.[353]

Als schwerwiegendsten Eingriff in die Erwerbsfreiheit gilt nach der Judikatur des VfGH eine objektive (sachliche) Erwerbsantrittsbeschränkung, die man als Normunterworfener nicht aus eigener Kraft überwinden kann.[354] Verfassungsrechtlich zulässig sind derartige Berufszugangsbeschränkungen des einfachen Gesetzgebers nur dann, wenn den mit der Regelung verfolgten öffentlichen Interessen besonderes Gewicht zukommt.[355]

Subjektive (persönliche) Erwerbsantrittsbeschränkung, die ein Normunterworfener hingegen sehr wohl aus eigener Kraft überwinden kann (etwa durch Absolvierung einer vorgeschriebenen Ausbildung), gelten als weniger schwerer Eingriff in die Erwerbsfreiheit, als es in der Macht des Betroffenen selbst liegt, die entsprechende Zugangsbeschränkung zu überwinden.[356]

Als geringfügigsten Eingriff in die Erwerbsfreiheit sieht der VfGH eine bloße Erwerbsausübungsbeschränkung an, mit welcher die Modalitäten zur Ausübung einer

---

[352] Vgl VfGH 17.12.1976, B249/76 – Bedenken gegen eine Verletzung der Erwerbsfreiheit durch eine Prostitutionsverordnung in Feldkirch; VfGH 17.03.1993, G84/92; G86/92 – Bedenken gegen § 4 und § 5 „Wiener Prostitutionsgesetz" idF LGBl Nr. 34/1991 im Hinblick auf eine Verletzung der Erwerbsfreiheit; zu dieser Vorgehensweise des VfGH vgl *Toth*, Die Prostitutionsgesetze der Länder (1997) S 116.
[353] Vgl *Murer*, Prostitution und Verfassung S 125f; zur Judikatur des OGH hinsichtlich der Sittenwidrigkeit von entgeltlichen Verträgen über die Erbringung von Sexualdienstleistungen vgl die Ausführungen in Kapitel **III.2.c.**
[354] Vgl VfSlg 11.483/1987.
[355] Vgl *Hengstschläger/Leeb*, Grundrechte² Rz 10/11; VfSlg 11.483/1987.
[356] Vgl *Hengstschläger/Leeb*, Grundrechte² Rz 10/12; VfSlg 13.485/1993; 18.711/2009.

bestimmten Erwerbstätigkeit näher geregelt und eingeschränkt werden. In diesem Fall kommt dem Gesetzgeber der größtmögliche Gestaltungsspielraum zu.[357]

Zu betonen ist, dass sich die gegenständliche Arbeit ausschließlich mit Grundrechtseingriffen auseinandersetzt, welche sich unmittelbar aus dem TLPG selbst ergeben. Auf anderweitige gesetzliche Beschränkungen, man denke beispielsweise an die vorgeschriebene amtsärztliche Untersuchung als subjektive Erwerbsantrittsbeschränkung für eine Prostituierte,[358] wird an dieser Stelle nicht eingegangen.

Bei § 14 lit a und b TLPG handelt es sich um Normen, welche unmittelbar auf eine Beschränkung der Erwerbstätigkeit der Prostituierten abzielen.[359] Aufgrund besagter Bestimmungen ist die Ausübung der Prostitution sowie die Anbahnung von Beziehungen zur Ausübung der Prostitution ausschließlich in bewilligten Bordellen (bzw „Erlaubniszonen") zulässig, oder, negativ formuliert, außerhalb bewilligter Bordelle untersagt. Darüber hinaus kann auch noch, was die Sphäre der Prostituierten betrifft, § 17 Abs 5 lit a TLPG in die gegenständlichen Betrachtungen inkludiert werden, welcher das persönliche Anwerben von Besuchern von einem Bordell aus verbietet.[360] Bei diesen Regelungen handelt es sich um bloße Erwerbsausübungsbeschränkungen, welche die Modalitäten der Prostitutionsausübung regeln. Das TLPG enthält weder objektive noch subjektive Erwerbsantrittsbeschränkungen hinsichtlich der Ausübung der Prostitution.[361]

Bei der Entscheidung, welche Ziele der einfache Gesetzgeber als im öffentlichen Interesse gelegen definiert, kommt diesem ein weiter, verfassungsrechtlicher Gestaltungsspielraum zu. Der VfGH beschränkt sich in der Regel bei einer

---

[357] Vgl VfSlg 13.704/1994; 16.734/2002; 17.577/2005; 19.639/2012; ausführlich zur Abgrenzung zwischen Erwerbsantritts- und Erwerbsausübungsbeschränkungen: *Berka*, Grundrechte Rz 750.

[358] § 1 Abs 1 der Verordnung der Bundesministerin für Gesundheit über gesundheitliche Vorkehrungen für Personen, die sexuelle Dienstleistungen erbringen – siehe dazu die Kapitel **III.2.f.** sowie **IV.4.**

[359] Vgl die Ausführungen in Kapitel **IV.1.**

[360] Vgl die Ausführungen in Kapitel **IV.4.**

[361] Auch § 17 Abs 1 TLPG (siehe Kapitel **IV.4.**), wonach die Räume eines Bordells zur Ausübung der Prostitution nur an eigenberechtigte Personen überlassen werden dürfen, verhindert die Prostitutionsausübung durch nicht eigenberechtigte Personen lediglich als „Nebenwirkung", zielt jedoch nicht unmittelbar auf den Antritt oder die Ausübung von deren Erwerbstätigkeit ab und ist somit nicht vom Schutzbereich des Art 6 StGG umfasst.

diesbezüglichen Beurteilung auf eine reine „Vertretbarkeitskontrolle"[362] und kann dem Gesetzgeber nur dann entgegentreten, wenn das verfolgte Ziel keinesfalls als im öffentlichen Interesse gelegen anzusehen ist.[363] Ob ein verfolgtes Ziel aus wirtschaftspolitischen, sicherheitspolitischen oder sozialpolitischen Erwägungen für das öffentliche Interesse dienlich ist, hat der VfGH nicht zu beurteilen. Auch was die Eignung einer Regelung betrifft, dem verfolgten öffentlichen Interesse zu dienen, unterliegt der Gesetzgeber kaum Einschränkungen. Der VfGH tritt dem Gesetzgeber diesbezüglich ebenfalls nur dann entgegen, sofern die Eignung einer Regelung a priori ausgeschlossen werden kann, um das verfolgte Ziel zu erreichen.[364]

Dass Regelungen, welche Prostitutionsaktivitäten auf bewilligte Bordelle beschränken, in jedem Fall im öffentlichen Interesse gelegen sowie zur Zielerreichung geeignet sind, mit dem Prostitutionswesen einhergehende Belästigungen hintanzuhalten, hat der VfGH bereits mehrfach ausgesprochen. Belästigungen in Zusammenhang mit dem Prostitutionswesen können etwa in Bezug zu den Grundsätzen der öffentlichen Sittlichkeit oder dem Jugendschutz stehen. Das verfolgte öffentliche Interesse sowie die Eignung der Regelungen, diesem öffentlichen Interesse zu dienen, können somit hinsichtlich § 14 lit a und b TLPG bereits problemlos anhand der ständigen Judikatur des VfGH im Hinblick auf vergleichbare landesgesetzliche Regelungen bejaht werden.[365] Hinsichtlich der Verbotsbestimmung des § 17 Abs 5 lit a TLPG existiert bis dato kein einschlägiges Judikat, jedoch stellt das Anwerben von Besuchern von einem genehmigten Bordellbetrieb aus ebenfalls eine Erweiterung der Prostitutionsaktivitäten von einem Bordellbetrieb ausgehend in den öffentlichen Raum dar, sodass sowohl das verfolgte öffentliche Interesse als auch die Eignung der Norm, diesem zu dienen, mit jenen hinsichtlich der Bestimmung des § 14 lit b TLPG vergleichbar sind und somit wohl ebenfalls im Lichte der bestehenden VfGH-Judikatur bejaht werden können.

---

[362] Vgl *Grabenwarter*, Die Freiheit der Erwerbsbetätigung - Art 6 StGG, in: *Machacek/Pahr/Stadler* (Hrsg), Grund und Menschenrechte in Österreich, Band II (1992) S 599ff; *Korinek*, Die Tatsachenermittlung im verfassungsgerichtlichen Verfahren, in: *Stern* (Hrsg), 40 Jahre Grundgesetz (1990) S 114ff.
[363] Vgl VfSlg 9911/1983; 11.483/1987.
[364] Vgl *Hengstschläger/Leeb*, Grundrechte^2 Rz 10/7; VfSlg 13.725/1994.
[365] Vgl VfGH 07.12.1988, B1289/88; 17.03.1993, G84/92 und G86/92; 01.10.2013, B45/2013.

Die Verhältnismäßigkeit einer gesetzlichen Regelung zur Einschränkung der Erwerbsfreiheit setzt überdies voraus, dass diese erforderlich ist. Dies bedeutet, dass die Regelung unter mehreren, gleichermaßen geeigneten Mitteln, um dem jeweiligen öffentlichen Interesse zu dienen, das gelindeste Mittel darstellen muss, welches das Grundrecht am wenigsten einschränkt.[366] Auch was die Beurteilung der Erforderlichkeit einer Regelung anbelangt, tritt der VfGH dem Gesetzgeber nur in den seltensten Fällen entgegen.[367] Wie bereits erwähnt, steht dem Gesetzgeber im Rahmen der Regelung der Ausübung einer Erwerbstätigkeit im Vergleich zu gesetzlichen Erwerbsantrittsschranken ein ohnedies großer, rechtspolitischer Gestaltungsspielraum offen, nachdem erstere einen weit weniger intensiven Eingriff in das Grundrecht der Erwerbsfreiheit darstellen.[368] Was die Erforderlichkeit einer Regelung betrifft, die Prostitutionsanbahnung sowie -ausübung auf behördlich bewilligte Bordelle zu beschränken um mit dem Prostitutionswesen einhergehende Belästigungen hintanzuhalten, so hat diese der VfGH ebenfalls in drei Fällen, anhand der Regelungen einer ortspolizeilichen VO in Villach,[369] dem „Wiener Prostitutionsgesetz“[370] sowie zuletzt im Jahr 2013 anhand der Regelungen im „Vorarlberger Sittenpolizeigesetz“ bestätigt.[371]

Die Prüfung der Adäquanz (Verhältnismäßigkeit im engeren Sinn) bedeutet eine Abwägung zwischen dem im öffentlichen Interesse gelegenen Grund für den Grundrechtseingriff sowie der Schwere des Grundrechtseingriffs, wobei zwischen dem öffentlichen Interesse und der durch den Eingriff verkürzten Grundrechtsposition ein angemessenes Verhältnis bestehen muss. Die Frage, inwieweit der einfache Gesetzgeber in die Erwerbsfreiheit eingreifen darf, hängt primär vom Gewicht seiner im öffentlichen Interesse gelegenen Eingriffsgründe ab.[372]

---

[366] Vgl *Hengstschläger/Leeb*, Grundrechte^2 Rz 10/8.

[367] Vgl *Korinek*, § 16 Wirtschaftliche Freiheiten, in: *Merten/Papier/Kucsko-Stadlmayer* (Hrsg), Handbuch der Grundrechte^2 (2014) Rz 60ff; VfSlg 11.276/1987; 11.558/1987.

[368] Vgl VfSlg 13.704/1994; 16.734/2002; 17.577/2005; 19.639/2012.

[369] Vgl VfGH 07.12.1988, B1289/88.

[370] Vgl 17.03.1993, G84/92.

[371] Vgl G86/92; 01.10.2013, B45/2013; kritisch zur Erforderlichkeit eines strikten Bordellsystems im Vergleich zum weniger eingriffsintensiven Schutzzonensystem im Lichte der Erwerbsfreiheit: *Murer*, Prostitution und Verfassung S 127ff.

[372] Vgl *Hengstschläger/Leeb*, Grundrechte^2 Rz 10/9; VfSlg 11.558/1987; 11.848/1988; 12.094/1989.

Vor dem Hintergrund, dass der Landesgesetzgeber durch die Novelle LGBl Nr. 56/2017 im Hinblick auf die nunmehrige Möglichkeit der Schaffung von Erlaubniszonen nach § 18a TLPG eine weitere Lockerung hinsichtlich der Anbahnung von Beziehungen zur Ausübung der Prostitution vorgenommen hat und diese nunmehr prinzipiell sogar außerhalb bewilligter Bordelle in per Verordnung festgelegten Erlaubniszonen erfolgen darf (in den Gesetzesmaterialien wird auf etwaige Grundrechtseingriffe kein Bezug genommen[373]), ergeben sich insbesondere unter Bedachtnahme auf die jüngste VfGH-Entscheidung bezüglich der noch restriktiveren Regelungen des „Vorarlberger Sittenpolizeigesetzes“[374] keine verfassungsrechtlichen Bedenken hinsichtlich einer Verletzung des Grundrechts auf Erwerbsfreiheit iSd Art 6 StGG von Prostituierten durch die Bestimmungen des TLPG. Das Regelungskonzept des TLPG stellt zwar unstreitig einen Eingriff in deren Erwerbsfreiheit dar, welcher jedoch als im öffentlichen Interesse gelegen, zur Zielerreichung geeignet und erforderlich als auch als adäquat angesehen werden kann.

V.2. Der Freier

V.2.a. Vollzugsprobleme hinsichtlich der Strafbarkeit des Freiers nach § 14 lit c TLPG

Die „Freierbestrafung“ wurde erst mittels der jüngsten Novelle LGBl Nr. 56/2017 im TLPG verankert. Nach § 14 lit c leg cit wird nunmehr auch die Inanspruchnahme sexueller Dienstleistungen außerhalb von bewilligten Bordellen sowie die Kontaktaufnahme mit Personen, die die Prostitution anbahnen oder ausüben, zum Zweck der Inanspruchnahme sexueller Dienstleistungen außerhalb von bewilligten Bordellen und „Erlaubniszonen“ verwaltungsstrafrechtlich sanktioniert.[375] Wichtig ist neuerlich zu betonen, dass sich der Freier nach dem nunmehrigen Regelungskonzept

---

[373] Vgl die erläuternden Bemerkungen zum Gesetzesentwurf LGBl Nr. 56/2017.
[374] Vgl VfGH 01.10.2013, B45/2013.
[375] Vgl dazu die Ausführungen in Kapitel **IV.1.**

des TLPG durch die versuchte Inanspruchnahme (sprich Ausübung), nicht jedoch durch die versuchte Kontaktaufnahme zu einer Prostituierten strafbar macht (der Versuch einer Kontaktaufnahme iSd § 14 lit c TLPG ist gemäß § 19 Abs 4 leg cit explizit von einer Strafbarkeit ausgenommen[376]). Bereits diesbezüglich kann die Abgrenzung in der Praxis einiges an Problemen bereiten und es ist meiner Ansicht nach nicht ersichtlich, ob das seitens des Gesetzgebers präsentierte Konzept gänzlich durchdacht und einem praxisnahen Vollzug zugänglich ist.

Am Beispiel des Straßenstrichs wurde das Gesetzeskonstrukt in der Praxis durch die LPD Tirol bislang derart ausgelegt (mangels aussagekräftiger Gesetzesmaterialen oder Judikatur wurde diese Linie bislang auch beibehalten),[377] dass etwa die Fahrt zum Schandort mit einer Prostituierten im PKW noch als (vollendete) Kontaktaufnahme seitens des Freiers zu werten ist, während das Betreten unmittelbar vor der Inanspruchnahme einer Sexualdienstleistung, etwa entkleidet mit einer Prostituierten im PKW, bereits unter den Tatbestand einer versuchten Inanspruchnahme zu subsumieren ist. Auch würden sich in einem derart gelagerten Fall die vorangegangene Kontaktaufnahme sowie eine anschließende, versuchte Inanspruchnahme hinsichtlich einer Strafbarkeit nicht ausschließen, vielmehr sind diese als zwei gänzlich eigenständige Tatbestände in § 14 lit c TLPG verankert.[378]

In der Praxis ergeben sich im Hinblick auf den Freier üblicherweise anderweitige Vollzugsprobleme als bei einer Prostituierten. Bei den Freiern handelt es sich zumeist um Personen mit behördlich gemeldetem Wohnsitz im Inland oder zumindest dem benachbarten EU-Ausland, sodass diese ohne Probleme für die Strafbehörde greifbar sind und auch Zustellungen behördlicher Schriftstücke problemlos sichergestellt werden können.[379] Das Problem im Verwaltungsstrafverfahren gegen den Freier liegt, wie die Praxis bereits jetzt gezeigt hat, eindeutig im Ermittlungs- sowie

---

[376] Vgl dazu die Ausführungen in Kapitel **IV.7.**

[377] Stand Dezember 2018.

[378] Diese Auslegung würde sich auch mit der Judikatur des VwGH im Hinblick auf die nicht anzunehmende Deliktseinheit betreffend die unterschiedlichen Tatbilder der § 14 lit a und lit b TLPG - rechtswidrige Prostitutionsausübung (lit a) einerseits und Prostitutionsanbahnung (lit b) andererseits – decken. Vgl dazu die Ausführungen in Kapitel **IV.1.**

[379] Zu den Vollzugsproblemen bei behördlich nicht greifbaren Personen siehe die Ausführungen in Kapitel **V.1.**

Beweisverfahren.[380] Inhalt einer Anzeigenerstattung aufgrund einer Übertretung nach § 14 lit c TLPG, zumeist durch ein Organ des öffentlichen Sicherheitsdienstes an die zur Durchführung von Verwaltungsstrafen zuständige Behörde iSd § 23 leg cit, ist in der Regel, dass eine Person dabei betreten wurde, mit dem PKW auf einem einschlägig bekannten Straßenzug, welcher für gewöhnlich zur Anbahnung von Beziehungen zur Ausübung der Prostitution genutzt wird, auf Höhe des Standplatzes einer Prostituierten angehalten und sich in weiterer Folge mit dieser unterhalten zu haben. Fallweise ist eine Prostituierte auch bereits in den PKW eingestiegen, ehe dieser nach kurzer Zeit von einer Polizeistreife, zumeist in zivil, angehalten wird um eine Personskontrolle durchzuführen. Nachdem die Polizeistreife auch den Inhalt des Gesprächs zwischen der Prostituierten und dem PKW-Lenker nicht wahrnehmen kann und der vermeintliche Freier zumeist eine Anbahnung mit einer Prostituierten nicht eingesteht, gestaltet sich das Beweisverfahren dementsprechend schwierig. Es ist per se nicht verboten, sich im öffentlichen Raum mit einer Prostituierten zu unterhalten, auch nicht diese in seinen PKW einsteigen zu lassen und mitzunehmen. Verboten ist nach dem Wortlaut der Verbotsbestimmung *„die Kontaktaufnahme mit Personen, die die Prostitution anbahnen oder ausüben, zum Zweck der Inanspruchnahme sexueller Dienstleistungen außerhalb von bewilligten Bordellen und Erlaubniszonen“*.[381] Oft wird seitens des Betretenen zu seiner Rechtfertigung vorgebracht, man hätte die Dame „nur um eine Zigarette/nach der Uhrzeit gefragt“, oder habe diese auf deren Ersuchen hin „zum Bahnhof/zu einem Hotel mitnehmen wollen“. Dass eine Anbahnungshandlung iSd § 14 lit c TLPG tatsächlich eingestanden wird, stellt die absolute Ausnahme dar. In den seltensten Fällen wird ein Freier durch Organe des öffentlichen Sicherheitsdienstes unmittelbar bei der Inanspruchnahme sexueller Dienstleistungen, etwa auf einem nächtlichen Parkplatz, betreten, wo bereits aufgrund der Anzeigenerstattung der Sachverhalt ausreichend geklärt scheint und auch eine unmittelbare sowie zweifelsfreie dienstliche Wahrnehmung einer Übertretung iSd § 14 lit c TLPG angenommen werden kann.

[380] Wie aus § 24 VStG hervorgeht, gelangen im Verwaltungsstrafverfahren – und somit auch in dessen Ermittlungsverfahren - grundsätzlich auch die Bestimmungen des AVG (Allgemeines Verwaltungsverfahrensgesetz 1991 – AVG, BGBl Nr. 51/1991 (WV) idF BGBl I Nr. 58/2018) zur Anwendung. Zum ordentlichen Verwaltungsstrafverfahren vgl *Hengstschläger/Leeb*, Verwaltungsverfahrensrecht[6] Rz 830ff. Zum Ermittlungsverfahren nach dem AVG vgl *Hengstschläger/Leeb*, Verwaltungsverfahrensrecht[6] Rz 281ff.
[381] § 14 lit c TLPG.

Nach der Judikatur des VwGH[382] unterliegt auch die eigene dienstliche Wahrnehmung eines Organes der öffentlichen Aufsicht der Beweiswürdigung durch die Behörde im Sinne des § 45 Abs 2 AVG.[383] Nach expliziter Anordnung des § 45 Abs 1 Z 1 VStG hat diese von der Einleitung oder Fortführung eines Strafverfahrens abzusehen und die Einstellung zu verfügen, sofern die dem Beschuldigten zur Last gelegte Tat nicht erwiesen werden kann.[384] Dies trifft auf einen Gutteil der Verwaltungsstrafverfahren nach § 14 lit c TLPG mangels zweifelsfreier dienstlicher Wahrnehmung einer Übertretung sowie eines Eingeständnisses des Beschuldigten zu. In Österreich ist die Unschuldsvermutung[385] durch Art 6 Abs 2 EMRK verfassungsrechtlich gewährleistet und gilt neben dem gerichtlichen Strafverfahren, wo diese zusätzlich noch einfachgesetzlich als Grundsatz in § 8 StPO[386] verankert ist,[387] auch im Verwaltungsstrafverfahren, wo nach der Judikatur des VwGH ebenfalls der Grundsatz „in dubio pro reo" (lat. „Im Zweifel für den Angeklagten") zur Anwendung gelangt.[388]

Eine Beweislastumkehr hinsichtlich des Verschuldens ist einzig für sog „Ungehorsamsdelikte" in § 5 Abs 1 VStG normiert, wobei diese im Hinblick auf die Unschuldsvermutung des Art 6 Abs 2 EMRK sowohl vom EGMR[389] als auch vom VfGH[390] als zulässig erachtet wurde. Weitere Voraussetzung für diese Beweislastumkehr im österreichischen Verwaltungsstrafverfahren ist, wenn für das entsprechende Delikt nicht ausschließlich ein Verschulden im Stärkegrad des Vorsatzes verlangt ist.[391] Bei einem „Ungehorsamsdelikt" handelt es sich um eine Verwaltungsübertretung, zu deren Tatbestand der Eintritt eines Schadens oder einer Gefahr nicht gehört,[392] sodass auch § 14 lit c TLPG zu den „Ungehorsamsdelikten" gezählt werden kann. Darüber hinaus genügt gemäß § 5 Abs 1 VStG zur Strafbarkeit

---

[382] Vgl VwGH 28.10.1981, 1269/80.

[383] Zum Grundsatz der freien Beweiswürdigung im Verwaltungsverfahren vgl *Thienel/Zeleny*, Verwaltungsverfahren[20] (2017) S 107f.

[384] Zur Einstellung des Verwaltungsstrafverfahrens vgl *Hengstschläger/Leeb*, Verwaltungsverfahrensrecht[6] Rz 849ff.

[385] Zum Wesen der Unschuldsvermutung vgl *Hengstschläger/Leeb*, Grundrechte[2] Rz 24/21ff.

[386] Strafprozeßordnung 1975 (StPO), BGBl Nr. 631/1975 (WV) idF BGBl I Nr. 32/2018.

[387] Zur Unschuldsvermutung im gerichtlichen Strafprozess vgl *Grabenwarter*, § 8 StPO, in: *Fuchs/Ratz* (Hrsg), Wiener Kommentar zur Strafprozessordnung (2009) Rz 1ff;

[388] Vgl VwGH 10.10.2007, 2003/03/0187.

[389] Vgl EGMR U 05.10.2006, *Müller gegen Österreich*, Nr. 12555/03.

[390] Vgl VfSlg 13.790/1994.

[391] Vgl *Hengstschläger/Leeb*, Verwaltungsverfahrensrecht[6] Rz 691; VwGH 30.10.1991, 91/09/0132.

[392] Vgl *Hengstschläger/Leeb*, Verwaltungsverfahrensrecht[6] Rz 691; *Thienel/Zeleny*, Verwaltungsverfahren[20] S 187f; VwSlg 9621 A/1978.

fahrlässiges Verhalten, sofern eine Verwaltungsvorschrift über das Verschulden nichts anderes bestimmt.[393] Auch hinsichtlich des Verschuldensgrades enthalten die Strafbestimmungen des § 19 TLPG keine Sondertatbestände, sodass grundsätzlich zur Verwirklichung einer prostitutionsrechtlichen Verwaltungsübertretung iSd TLPG Verschulden im Stärkegrad der Fahrlässigkeit ausreichend ist. Jedoch erleichtert die Vermutung fahrlässigen Handelns seitens des Beschuldigten der Behörde in einem derart gelagerten Fall das Strafverfahren auch nur bedingt, da sie dem Beschuldigten dennoch die Verwirklichung des Tatbestandes an sich sowie die Rechtswidrigkeit amtswegig nachweisen muss, da sich die Beweislastumkehr einzig auf das Verschulden des Täters beschränkt.[394] Und selbst dies gestaltet sich, wie anhand der zuvor geschilderten Praxis-Beispiele veranschaulicht, ohne unmittelbare dienstliche Wahrnehmung der Verwirklichung des Tatbestandes oder Eingeständnis des Täters nahezu unmöglich. Wie bereits der EGMR ausgesprochen hat, werden Rechts- und Tatsachenvermutungen im Verwaltungsstrafverfahren zwar grundsätzlich als zulässig erachtet, müssen sich jedoch in vernünftigen Grenzen halten und können nicht uferlos ausgeweitet werden.[395]

Noch schwieriger als im Bereich der Straßenprostitution gestaltet sich das Beweisverfahren in Strafverfahren gegen Freier im Rahmen der illegalen Wohnungs- oder Studioprostitution, da hier jegliche Form der Sexualdienstleistung, als auch deren Anbahnung, nicht im öffentlichen Raum, sondern hinter verschlossenen Türen stattfindet (die vorangegangene Kontaktaufnahme via Telefon oder elektronische Medien ist vom Straftatbestand des § 14 lit c TLPG ohnedies nicht umfasst[396]). Somit scheidet jegliche Möglichkeit der dienstlichen Wahrnehmung einer Verwaltungsübertretung iSd § 14 lit c TLPG a priori aus und die Behörde wäre auf die Privatanzeige einer Prostituierten oder auf das Eingeständnis eines Freiers angewiesen, um Beweismaterial für eine etwaige Strafverfolgung eines Freiers für die Inanspruchnahme von Sexualdienstleistungen im Rahmen illegaler Wohnungs- oder Studioprostitution zu erlangen. Andernfalls wären Beweise nur durch eine optische oder akustische Überwachung von Personen - wie diese im gerichtlichen

---

[393] Vgl *Thienel/Zeleny*, Verwaltungsverfahren[20] S 187f.
[394] Vgl *Thienel/Zeleny*, Verwaltungsverfahren[20] S 188; VwGH 03.12.1990, 90/19/0108.
[395] Vgl EGMR U 07.10.1988, *Salabiaku v. France*, Nr. 10519/83.
[396] Vgl die Ausführungen in Kapitel **IV.1.**

Strafverfahren in § 136 StPO verankert ist[397] - zu erheben, welche jedoch im Verwaltungsstrafverfahren gesetzlich nicht vorgesehen ist.

Aufgrund des erst kurzen Bestands existiert noch keine Judikatur der Verwaltungs- oder Höchstgerichte zu § 14 lit c TLPG, jedoch auch nicht zu der etwas älteren, korrespondierenden Norm hinsichtlich der „Freierbestrafung" im „Wiener Prostitutionsgesetz".[398] Etwaige verwaltungsgerichtliche Entscheidungen bleiben mit Spannung zu erwarten.

V.2.b. Die Strafbarkeit des Freiers nach dem TLPG im Spannungsverhältnis zum Grundrecht auf Achtung des Privat- und Familienlebens gemäß Art 8 EMRK

Nach Art 8 EMRK, welcher in Österreich wie bereits erwähnt im Verfassungsrang steht, hat jedermann uA einen umfassenden Anspruch auf Achtung seines Privat- und Familienlebens.[399] Parallel dazu verbürgt auch Art 7 GRC, welcher dem Art 8 EMRK nachgebildet wurde, ein ähnliches Grundrecht.[400]

Da dem Familienleben in den gegenständlichen Betrachtungen hinsichtlich etwaiger Grundrechtseingriffe durch die Gesetzesbestimmungen des TLPG keine Relevanz zukommt, beschränken sich die folgenden Ausführungen auf etwaige Eingriffe in das Privatleben. Der EGMR hat bereits ausgesprochen, dass er eine abschließende Definition des Begriffs „Privatleben" nicht für möglich hält.[401] Die aus Art 8 EMRK abgeleiteten Rechte sind nach der Judikatur des EGMR primär bestrebt, die Entwicklung der Persönlichkeit eines jeden Individuums in seinen Beziehungen mit anderen Menschen ohne Eingriffe von außen zu gewährleisten.[402] Annährungsweise

---

[397] Zur optischen und akustischen Überwachung im strafgerichtlichen Ermittlungsverfahren vgl *Reindl-Krauskopf*, § 136 StPO, in: *Fuchs/Ratz* (Hrsg), Wiener Kommentar zur Strafprozessordnung (2016) Rz 1ff.

[398] § 17 Abs 3 WPG 2011; Stand Dezember 2018.

[399] Zur Ausgestaltung des Grundrechts auf Achtung des Privat- und Familienlebens nach Art 8 EMRK wird neuerlich auf *Nettesheim*, Art 8 EMRK S 317ff verwiesen.

[400] Vgl *Hengstschläger/Leeb*, Grundrechte^2 Rz 12/1.

[401] Vgl EGMR U 16.12.1992, *Niemietz v. Deutschland*, Nr. 13710/88.

[402] Vgl EGMR U 24.06.2004, *Hannover v. Deutschland*, Nr. 59320/00; U 15.11.2007, *Pfeifer gegen Österreich*, Nr. 12.556/03; U 07.02.2012 (GK), *Hannover v. Deutschland* (No. 2), Nr. 40660/08 und 60641/08.

kann das Privatleben nach der Rechtsprechung des VwGH auch als intime Sphäre eines Menschen verstanden werden, in der er seinen spezifischen Interessen und Neigungen nachgehen kann, welche seine Persönlichkeit zum Ausdruck bringen. Dazu gehören insbesondere auch Beziehungen zu anderen Menschen sexueller Natur.[403]

Primär schützt das Recht auf Privatleben die Selbstbestimmung über den eigenen Körper sowie die eigene Lebensführung. Darunter fallen etwa die körperliche und geistige Integrität eines Menschen, seine Identität, seine sozialen Beziehungen sowie sein Sexualverhalten.[404] Wie in der Lehre sowie ständigen Judikatur der Höchstgerichte betont wird, kann aufgrund der vielen unterschiedlichen Facetten des Schutzbereichs des Privatlebens auch auf verschiedenste Art und Weise in diesen eingegriffen werden, sei es in Form von medizinischen Zwangsbehandlungen,[405] Personsdurchsuchungen,[406] Verboten bestimmter sexueller Beziehungen[407] oder durch Verhinderungen der Fortsetzung sozialer Beziehungen durch Akte fremdenrechtlicher Natur.[408] Eine Beschränkung des (unter materiellen Eingriffsvorbehalt stehenden) Rechts auf Achtung des Privatlebens ist lediglich unter den Voraussetzungen des Art 8 Abs 2 EMRK zulässig und zwar dann, wenn diese gesetzlich vorgesehen ist, in einem in Art 8 Abs 2 EMRK taxativ genannten öffentlichen Interesse gelegen („die nationale Sicherheit", „die öffentliche Ruhe und Ordnung", „das wirtschaftliche Wohl des Landes", „die Verteidigung der Ordnung und zur Verhinderung von strafbaren Handlungen", „zum Schutz der Gesundheit und der Moral" oder „zum Schutz der Rechte und Freiheiten anderer") und „in einer demokratischen Gesellschaft notwendig" (arg. verhältnismäßig) ist.[409]

Der VfGH hat in seiner Leitentscheidung G63/77 vom 9. März 1978 in Bezug auf die Normen des TLPG bereits explizit ausgesprochen, dass Sexualverhalten, welches

[403] Vgl VwSlg 14.748 A/1997.
[404] Vgl VfSlg 11.923/1987; 15.632/1999; EGMR U 15.11.2007, *Pfeifer gegen Österreich*, Nr. 12.556/03.
[405] Vgl VfSlg 11.923/1987; *Wiederin* § 10 Schutz der Privatsphäre, in: *Merten/Papier/Kucsko-Stadlmayer* (Hrsg), Handbuch der Grundrechte^2 (2014) Rz 42.
[406] Vgl VfSlg 13.708/1994.
[407] Vgl VfSlg 8272/1978.
[408] Vgl VfSlg 70.737/1985; 11.455/1987; EGMR U 09.10.2003 (GK), *Slivenko v. Lativa*, Nr. 48321/99.
[409] Zu den Eingriffsvoraussetzungen im Detail vgl *Hengstschläger/Leeb*, Grundrechte^2 Rz 12/4;

nicht öffentlich in Erscheinung tritt, in jedem Fall zur Privatsphäre des Menschen zählt, selbst wenn es sich um die sexuelle Hingabe des eigenen Körpers gegen Entgelt handelt.[410] Auch in weiteren Folgeentscheidungen verwies der VfGH auf die besagte Leitentscheidung.[411] Die angeführten Judikate bezogen sich allesamt auf Personen, welche gegen Entgelt ihren eigenen Körper zur sexuellen Befriedigung anderer Personen hingaben, ohne dabei öffentlich in Erscheinung zu treten. Personen, welche Sexualdienstleistungen gegen Entgelt in Anspruch nehmen, waren von den VfGH-Erkenntnissen naturgemäß nicht angesprochen, da diese allesamt aus einer Zeit stammen, bevor in österreichischen Landesgesetzen die Inanspruchnahme sexueller Dienstleistungen oder deren Anbahnung durch einen Freier außerhalb bewilligter Bordelle unter Strafe gestellt worden waren.

Ausgehend von der Argumentation des VfGH in seiner mittlerweile vier Jahrzehnte zurückliegenden Leitentscheidung ließen sich substantiierte Argumente gegen die verfassungsrechtliche Zulässigkeit einer „Freierbestrafung" ins Treffen führen. In besagtem Erkenntnis hatte der VfGH den Passus *„sowie die entgeltliche, wenn auch nicht gewerbsmäßige"* (Hingabe) in § 14 lit a TLPG als verfassungswidrig aufgehoben.[412] Primär äußerte der VfGH Bedenken im Hinblick auf das in Art 8 EMRK verbriefte Grundrecht auf Achtung des Privatlebens. Der in Rede stehenden Entscheidung des VfGH lagen Beschwerden gegen im Instanzenzug ergangene Bescheide der Tiroler Landesregierung zugrunde, durch welche Beschwerdeführerinnen für schuldig erkannt wurden, in Innsbruck der Geheimprostitution nachgegangen zu sein und dadurch eine Übertretung nach 14 lit a TLPG verwirklicht zu haben. Die Tiroler Landesregierung erstattete eine Äußerung an den VfGH, in welcher sie den Antrag stellte, dieser möge aussprechen, dass die Bestimmungen der § 14 lit a und b TLPG nicht verfassungswidrig seien. Die Tiroler Landesregierung war der Ansicht, die Normen würden im materiellen Gesetzesvorbehalt des Art 8 Abs 2 EMRK ihre Deckung finden und vor allem dem Zweck des *„Schutzes der Gesundheit und der Moral"* dienlich sein. Sofern sich die EMRK auf außerrechtliche Werte wie die Moral beruft, müsse es dem nationalen Gesetzgeber überlassen bleiben, *„die in seiner Gesellschaftsordnung notwendigen*

[410] Vgl VfSlg 8272/1978; siehe zu dieser Entscheidung auch *Murer*, Prostitution und Verfassung S 160f.
[411] Vgl VfSlg 9252/1981; 15.632/1999.
[412] Vgl dazu die Ausführungen in Kapitel **IV.1.**

Maßstäbe zu setzen, wobei er nur insofern gebunden ist, als diese Maßstäbe nicht dem Wesen einer demokratischen Gesellschaftsordnung widersprechen dürfen".[413] Nach Ansicht der Landesregierung war somit evident, dass Art 14 lit a TLPG nicht dem Wesen einer demokratischen Gesellschaft und somit auch nicht Art 8 der EMRK widerspreche.[414]

Der VfGH teilte die Auffassung der Landesregierung jedoch nicht. Sexualverhalten, welches nicht öffentlich in Erscheinung tritt, zählt nach Ansicht des VfGH jedenfalls zur Privatsphäre eines Menschen. Insoweit Art 8 Abs 2 EMRK staatliche Eingriffe in diese Sphäre nicht erlaubt, habe jedermann Anspruch auf Achtung dieser Sphäre, welche einem im Hinblick auf den Verfassungsrang der EMRK auch gegenüber dem Gesetzgeber gewährleistet ist. In diese Sphäre falle unter anderem auch die in der Öffentlichkeit nicht in Erscheinung tretende geschlechtliche Hingabe, selbst dann, wenn sie um einer bedungenen Entlohnung willen erfolgt und sich demnach als Prostitution iSd § 14 lit a TLPG darstellt. Ein staatliches Verbot dieses Verhaltens ermöglicht der Vorbehalt des Art 8 Abs 2 EMRK allerdings „*zum Schutze der Gesundheit und der Moral*" (andere in Art 8 Abs 2 genannte Zwecke würden ohnedies nicht in Betracht kommen). Die Annahme, dass die in Prüfung gezogene Regelung des § 14 lit a TLPG „*zum Schutze der Gesundheit*" getroffen worden wäre, scheide jedoch a priori aus, da das Gesundheitswesen gemäß Art 10 Abs 1 Z 12 B-VG in Gesetzgebung und Vollziehung Bundessache ist und damit dem Landesgesetzgeber keine diesbezügliche Regelungsbefugnis zukommt.[415] Allenfalls könne § 14 lit a TLPG somit als Vorschrift „*zum Schutze der Moral*" gedeutet werden. Die entscheidende Frage für den VfGH war somit, ob das durch diese Bestimmung verfügte Verbot der zwar entgeltlichen, aber nicht gewerbsmäßigen und in der Öffentlichkeit nicht in Erscheinung tretenden geschlechtlichen Hingabe „*eine Maßnahme darstellt, die in einer demokratischen Gesellschaft*"— für den genannten Zweck — „*notwendig ist*". Gemessen an den Wertmaßstäben der österreichischen Demokratie ist der Staat nach Ansicht des VfGH „*nicht dazu legitimiert, die Freiheit des Individuums in Ansehung von Verhaltensweisen einzuschränken, die der Öffentlichkeit gegenüber nicht in Erscheinung treten und weder Gemeinschaftsinteressen noch auch legitime*

---

[413] Die Äußerungen der Tiroler Landesregierung sind dem Judikat VfSlg 8272/1978 zu entnehmen.
[414] Vgl VfSlg 8272/1978.
[415] Vgl die Ausführungen in Kapitel **III.1.**

Interessen anderer Individuen irgendwie beeinträchtigen". Einzig der Umstand, dass ein Verhalten als unmoralisch qualifiziert wird, kann laut VfGH für sich alleine noch nicht zur Folge haben, dass ein Verbot automatisch als zulässig beurteilt werden kann, da es *„in einer demokratischen Gesellschaft...notwendig*" sei. Nach Ansicht des VfGH stellt dies auch keineswegs die Auffassung des Tiroler Landesgesetzgebers dar, wenn man bedenkt, dass dieser die Prostitution nicht schlechthin, sondern nur *„außerhalb behördlich bewilligter Bordelle*" verboten hat.[416]

Aus diesen Erwägungen hob der VfGH, wie bereits erwähnt, die Wortfolge *„sowie die entgeltliche, wenn auch nicht gewerbsmäßige*" in § 14 lit a TLPG, in welcher das Verbot eines nicht öffentlich in Erscheinung tretenden Sexualverhaltens zum Ausdruck kommt, als verfassungswidrig auf. Nicht folge hingegen daraus die Verfassungswidrigkeit des danach verbleibenden Textes der lit a oder die Verfassungswidrigkeit der lit b leg cit. Durch die außerhalb behördlich bewilligter Bordelle erfolgende Anbahnung von Beziehungen zur Ausübung der Prostitution trete diese nämlich der Öffentlichkeit gegenüber wiederum auf eine Art in Erscheinung, die es ausschließe, das Verhalten der Privatsphäre eines Individuums zuzurechnen.[417]

Im Hinblick auf die seitens des VfGH vorgebrachten Argumente fällt es schwer, die mittels LGBl Nr. 56/2017 eingefügte § 14 lit c TLPG als verfassungskonform zu interpretieren.[418] Regelungen zum Zwecke des Gesundheitsschutzes zu erlassen liegen ohnedies nicht in der Kompetenz des Landesgesetzgebers. Was den Aspekt des Schutzes der Moral anbelangt, so ist diesem auch nach dem Einfügen der § 14 lit c TLPG nicht mehr gedient als zuvor. Ein weit überwiegender Teil der Inanspruchnahme sexueller Dienstleistungen außerhalb bewilligter Bordelle findet nicht in der Öffentlichkeit statt, sondern in privaten Wohnungen oder Studios. Die Kontaktaufnahme mit Personen, die die Prostitution anbahnen oder ausüben, zum

---

[416] Vgl VfSlg 8272/1978; das gesamte Erkenntnis ist abrufbar unter: http://www.ris.bka.gv.at/Dokument.wxe?Abfrage=Vfgh&Dokumentnummer=JFT_19780309_77G00063_00; abgerufen am 05.01.2019.

[417] Vgl VfSlg 8272/1978; eine andere Auffassung wie der VfGH vertritt hingegen *Wiederin*, Einführung in das Sicherheitspolizeirecht (1998) Rz 813; ebenfalls kritisch zur seitens des VfGH diesbezüglich vorgenommenen Differenzierung zwischen Öffentlichkeit und Privatheit: *Stolzlechner*, Der Schutz des Privat- und Familienlebens (Art 8 MRK) im Lichte der Rechtsprechung des VfGH und der Straßburger Instanzen, ÖJZ 1980, S 85ff.

[418] Selbiges gilt naturgemäß für andere Bestimmungen der „Freierbestrafung" wie § 17 Abs 3 „Wiener Prostitutionsgesetz".

Zweck der Inanspruchnahme sexueller Dienstleistungen, mag zum Teil im öffentlichen Raum stattfinden, war jedoch bereits im vorangegangenen Regelungskonzept ein landesgesetzlich verbotener Lebenssachverhalt und zwar aufgrund der Regelung des § 14 lit b TLPG, welcher ohnedies bereits einer Prostituierten die öffentliche Anbahnung untersagt. Dasselbe gilt für die wenigen Inanspruchnahmen sexueller Dienstleistungen im öffentlichen Raum (etwa in einem PKW auf einem Parkplatz). Auch dieser Lebenssachverhalt war bereits zuvor vom Verbotstatbestand des § 14 lit a TLPG umfasst, ohne dass die Moral nunmehr durch die eingeführte „Freierbestrafung" ein zusätzliches Schutzelement erfahren würde.

Mangels Judikatur zur „Freierbestrafung" bleibt abzuwarten, ob der VfGH von seiner bisherigen Judikaturlinie abweicht, oder dieser auch nach nunmehr vier Jahrzehnten treu bliebt. Jedoch ergeben sich hinsichtlich einer Vereinbarkeit mit Art 8 EMRK durchaus verfassungsrechtliche Bedenken.

V.3. Der Bordellbetreiber

V.3.a. Vollzugsprobleme hinsichtlich der Strafbarkeit des Bordellbetreibers nach § 15 Abs 1 TLPG

Nach § 15 Abs 1 TLPG ist ein Bordell ein Betrieb, in dem die Prostitution ausgeübt wird und bedarf einer Bewilligung. Auch wenn im TLPG diesbezüglich kein expliziter Verbotstatbestand ausformuliert wurde, bedeutet dies im Umkehrschluss, dass jemand, der ein Bordell ohne Bewilligung betreibt, eine Verwaltungsübertretung nach § 15 Abs 1 TLPG verwirklicht. Nachdem die Voraussetzungen zur Erteilung einer Bordellbewilligung durch den Bürgermeister (als zuständige Behörde gemäß § 23 Abs 1 TLPG) an diverse, zum Teil eng gefasste persönliche als auch sachliche Voraussetzungen unterschiedlicher Natur geknüpft ist[419] und die Bordellbewilligung nach explizitem Wortlaut des § 15 Abs 7 TLPG zu versagen ist (der Behörde kommt

[419] Vgl dazu die Ausführungen in Kapitel **IV.2.**

hierbei kein Ermessen zu), wenn auch nur eine der Voraussetzungen des Abs 2 und Abs 3 leg cit nicht vorliegt, hat die Praxis regelmäßig gezeigt, dass in einem nach außen anderweitig in Erscheinung tretenden Betrieb die Prostitution im Sinne der gesetzlichen Definition des § 14 lit a TLPG ausgeübt wird, ohne dass diesem eine Bordellbewilligung erteilt wurde.

Ein klassisches Beispiel hierfür sind Betriebe, welche offiziell als „Massagestudios" geführt werden, in welchen der Kunde jedoch sehr wohl auch Sexualdienstleistungen gegen Entgelt in Anspruch nehmen kann. Derartige Betriebsanlage fallen in der Regel unter die sog „2. Genehmigungsfreistellungsverordnung",[420] welche auf Grundlage des § 74 Abs 7 GewO ergangen ist.[421] Nach § 1 Abs 1 Z 4 der VO ist uA für Massagebetriebe keine Genehmigung erforderlich, sofern die in Abs 2 bestimmten Betriebszeiten eingehalten werden und § 2 der VO nichts anderes bestimmt (die Ausnahmebestimmungen des § 2 der VO sind, ohne an dieser Stelle ins Detail zu gehen, für Massagebetriebe idR nicht einschlägig).[422] Ein derartiges „Massagestudio" kann somit ohne behördliche Genehmigung betrieben werden und Feststellungen, welche Dienstleistungen in den Studios tatsächlich hinter verschlossenen Türen offeriert werden, können durch die Behörde nur sehr schwer getroffen werden. Geworben wird regelmäßig mit zweideutigen Inseraten in Tageszeitungen oder auf Internet-Plattformen. Für die Problematik hinsichtlich der verdeckten Ermittlungstätigkeiten (Stichwort „agent provocateur") kann auf die bereits erwähnten Vollzugsprobleme im Abschnitt hinsichtlich der Strafbarkeit der Prostituierten verwiesen werden.[423] Wiederholt wurden im Stadtgebiet von Innsbruck behördliche Kontrollen in derartigen Massagestudios durchgeführt und hierbei festgestellt, dass kaum eine der in einem der Studios anwesenden Frauen über eine einschlägige Ausbildung als Masseurin verfügte. Hingegen wurden verdeckt ermittelnden Behördenvertretern, wenngleich zumeist kein Oral- oder Geschlechtsverkehr,

[420] Verordnung des Bundesministers für Wissenschaft, Forschung und Wirtschaft über genehmigungsfreie Arten von Betriebsanlagen (2. Genehmigungsfreistellungsverordnung), BGBl II Nr. 80/2015 idF BGBl II Nr. 172/2018.
[421] Zur Verordnungsermächtigung des Bundesministers für wirtschaftliche Angelegenheiten nach § 74 Abs 7 GewO vgl *Gruber/Paliege-Barfuß*, § 74 GewO, in: *Gruber/Paliege-Barfuß* (Hrsg), GewO[7] (2017) Rz 113ff.
[422] Vgl dazu die Erläuterungen zur „2. Genehmigungsfreistellungsverordnung", abrufbar unter: http://www.ris.bka.gv.at/Dokumente/Begut/BEGUT_COO_2026_100_2_1499623/COO_2026_100_2_1499637.pdf; abgerufen am 05.01.2019.
[423] Vgl dazu die Ausführungen in Kapitel **V.1.a.**

regelmäßig Leistungen wie „Handentspannung“ (sexuelle Befriedigung mit der Hand) oder „Body-2-Body“-Massagen mit nacktem Körper angeboten.

Auch hinsichtlich der Erheblichkeitsschwelle der offerierten Leistungen ist es nicht immer einfach zu differenzieren, ab wann eine Leistung tatsächlich unter den Begriff der Sexualdienstleistung subsumiert werden kann und man sich somit mit einem Bordellbetrieb konfrontiert sieht und wann nicht. In Bezug auf die Bestimmungen des TLPG gibt es bislang keine verwaltungsgerichtliche Judikatur.

Es existiert bislang lediglich ein höchstgerichtliches Judikat des VwGH aus dem Jahr 2004, welches sich mit der Abgrenzung von Massage-Techniken und Sexualdienstleistungen auseinandersetzt.[424] Hierbei wurde die Betreiberin eines Massagestudios, in welchem „Tantra-Massagen“ angeboten wurden, von der Behörde mittels Bescheid wegen illegaler Prostitutionsausübung bestraft. Die Beschwerdeführerin bekämpfte den Bescheid wegen inhaltlicher Rechtswidrigkeit mit dem Argument, dass "*eine sexuelle Stimulation als erotische Komponente einer Tantra-Massage*" nicht "*unter die Begriffsbestimmung der Prostitution des* [zum damaligen Zeitpunkt noch einschlägigen] *§ 2 Abs 1 Oö. PolStG*[425] *subsumiert werden könne.“* Die Beschwerdeführerin führte weiters aus, dass eine sexuelle Befriedigung wohl nur dann anzunehmen sei, "*wenn... zumindest geschlechtliche Handlungen vorgenommen werden, die darauf abzielen, zum Höhepunkt zu gelangen und dadurch eine sexuelle Befriedigung zu erreichen*". Gerade dies ergab sich jedoch zweifelsfrei aus dem seitens des Kunden geschilderten Ablauf der Massage. Dieser gab explizit an: "*Ich legte mich nackt auf die Matratze und die Dame* [welche er als die Beschwerdeführerin identifizierte] *begann mich zu massieren. Die Massage dauerte ca. eine Stunde und ich kam dabei zu einem Samenerguss. Dies passierte durch Stimulierung meines Penis durch ihre Hände. ... Die Dame, die ich für eine Tschechin oder Slowakin halte, war während der Massage nur mit einer Unterhose bekleidet. Ich*

---

[424] Vgl VwGH 28.10.2004, 2004/09/0088.

[425] Gesetz vom 21. März 1979 über polizeirechtliche Angelegenheiten (Oö. Polizeistrafgesetz - Oö. PolStG.), LGBl Nr. 36/1979 idF LGBl Nr. 55/2018. Die einschlägigen Prostitutionsbestimmungen im Oö. PolStG wurden durch das LGBl Nr. 66/2014 aufgehoben und stattdessen in dem eigens geschaffenen Oö. SDLG verankert.

berührte mit meinen Händen während der Massage ihre Brüste". Lediglich bei seinem zweiten Besuch sei er nicht zu einem Samenerguss gekommen.[426]

Nach Ansicht des VwGH mag es zwar durchaus sein, dass die ursprüngliche Bedeutung einer "Tantra-Massage" eine andere gewesen sei, jedoch kommt es darauf an, was im Allgemeinen zu erwarten ist, wenn eine "Tantra-Massage“ offeriert wird. Die diesbezügliche Bedeutung hat sich neben dem oben geschilderten Ablauf einer mit "Tantra-Massage" umschriebenen Handlung auch aus einer von der Beschwerdeführerin in der mündlichen Verhandlung vorgelegten, aus dem Internet ausgedruckten, bildlichen Darstellung erschlossen, welche ebenfalls auf die Vornahme einer Handlung zur sexuellen Befriedigung hindeutet. Somit hatte die belangte Behörde zu Recht die von der Beschwerdeführerin angebotenen und durchgeführten Massagen unter den Prostitutionsbegriff des § 2 Abs 1 Oö. PolStG subsumiert.[427]

Hinsichtlich der Landesverwaltungsgerichte gibt es bislang lediglich zwei Judikate des LVwG Kärnten, welche sich mit der Subsumtion von in Massagestudios vorgenommenen Handlungen unter den Begriff der Sexualdienstleistung bzw Prostitution auseinandersetzen. In einer Entscheidung aus dem Jahr 2014 sprach das LVwG Kärnten im Hinblick auf die Bestimmungen des „Kärntner Prostitutionsgesetzes“ aus, dass jemand, der „Tantra-Massagen“ anbietet und einwilligt, „*Hand anzulegen, damit es zur Ejakulation kommt*“, den Tatbestand der Anbahnung der Prostitution verwirkliche. Es werde ein Verhalten in der Öffentlichkeit gezeigt, dass die Absicht erkennen lässt, die Prostitution ausüben zu wollen. Das LVwG hat hierbei in überraschend deutlichen Worten ausgesprochen, dass die Tätigkeit der „Tantra-Massage“ in einem beträchtlichen Ausmaß eine sexuelle Zielrichtung habe, weshalb eine Vergleichbarkeit mit der Prostitution bzw eine Gleichsetzung mit dieser gegeben sei.[428]

2016 hat das LVwG Kärnten noch in einer Entscheidung ausgesprochen, dass nur aufgrund des Begriffes „Tantra-Ritual-Massage“ auf der Homepage einer

[426] Vgl VwGH 28.10.2004, 2004/09/0088.
[427] Vgl VwGH 28.10.2004, 2004/09/0088.
[428] Vgl LVwG Kärnten 09.12.201, KLVwG-2439-2441/4/2014.

Beschwerdeführerin nicht automatisch festgestellt werden könne, dass diese in ihrem Studio sexuelle Handlungen anbiete und sich dadurch nach § 3 Abs 2 lit a „Kärntner Prostitutionsgesetz“ verwaltungsstrafrechtlich strafbar mache. Der Begriff der „Tantra-Massage“ umschreibe durchaus die Möglichkeit des intensiven Erlebens von Mediation, Bewusstheit und auch Sexualität. Allein der Begriff bzw das Angebot einer „Tantra-Ritual-Massage“ auf der Homepage lasse jedoch noch nicht darauf schließen, dass jedenfalls der Tatbestand einer Anbahnung der Prostitution verwirklicht sei.[429]

Die Kernproblematik in der Praxis ist jene, dass bei zahlreichen Abstufungen an offerierten Leistungen (etwa „Body-2-Body“-Massage nur mit Unterwäsche bekleidet oÄ) seitens der Strafbehörde stets auf den Einzelfall bezogen beurteilt werden muss, ob nunmehr eine Sexualdienstleistung vorliegt oder nicht und dies, ohne das eine entsprechende, auf den konkreten Einzelfall bezogene Judikatur zur Verfügung steht, welche die jeweilige Einschätzung unzweifelhaft bestätigen würde.

Abschließend wird darauf hingewiesen, dass sich Vollzugsprobleme in der Praxis nahezu ausschließlich im Hinblick auf illegale Bordellbetriebe ohne Genehmigung ergeben, welche in Graubereichen als „Massagestudios“ getarnt operieren. Bewilligte Bordelle, im Stadtgebiet von Innsbruck gibt es aktuell vier,[430] werden ebenfalls regelmäßig behördlichen Kontrollen unterzogen. Fallweise werden auch Verwaltungsübertretungen festgestellt, etwa in Form von Verstößen einer Meldepflicht iSd § 17 Abs 2 TLPG, jedoch gestaltet sich der Vollzug in der Regel als unproblematisch.

V.3.b. Die Strafbarkeit des Bordellbetreibers nach dem TLPG im Spannungsverhältnis zum Grundrecht auf Erwerbsfreiheit gemäß Art 6 StGG

[429] Vgl LVwG Kärnten 30.03.2016, KLVwG-2746/2/2015.
[430] Stand Dezember 2018.

Hinsichtlich der grundsätzlichen Ausgestaltung des Grundrechts auf Erwerbsfreiheit nach Art 6 StGG kann auf die Ausführungen in Kapitel **V.1.b**. verwiesen werden.

Im Gegensatz zur aktiven Prostitutionsausübung, hinsichtlich welcher der VfGH die Frage, ob diese in den Anwendungsbereich der Erwerbsfreiheit fällt, stets unbeantwortet ließ,[431] hat der VfGH in einer Entscheidung aus dem Jahr 2013 in Zusammenhang mit dem „Vorarlberger Sittenpolizeigesetz" explizit ausgesprochen, dass der Betrieb eines bewilligten Bordells als eine auf wirtschaftlichen Ertrag gerichtete Tätigkeit in den Schutzbereich des Grundrechts auf Erwerbsfreiheit fällt.[432]

Das „Vorarlberger Sittenpolizeigesetz" verfolgt ein noch restriktiveres Regelungsregime als das TLPG, indem es in § 4 Abs 1 das Anbieten sowie die Ausübung gewerbsmäßiger Unzucht grundsätzlich verbietet und lediglich in Ausnahmefällen erlaubt. In § 5 „Vorarlberger Sittenpolizeigesetz" ist schließlich normiert, dass die Behörde durch Bescheid die Überlassung von Räumen eines bestimmten Gebäudes zum Anbieten und zur Ausübung gewerbsmäßiger Unzucht bewilligen kann, sofern dies geeignet erscheint, durch gewerbsmäßige Unzucht hervorgerufene Störungen einzuschränken. Aktuell gibt es jedoch kein einziges, behördlich bewilligtes Bordell im Bundesland Vorarlberg.[433]

Der VfGH hat dem „Vorarlberger Sittenpolizeigesetz" unstreitig einen Eingriff in das verfassungsgesetzlich gewährleistete Recht der Erwerbsfreiheit unterstellt, jedoch ausgesprochen, dass gesetzliche Regelungen, die die Prostitution auf bewilligte Bordelle beschränken, in jedem Fall im öffentlichen Interesse gelegen sind, sowie zur Zielerreichung des konkludent formulierten Ziels, mit der Prostitution verbundene Belästigungen hintanzuhalten, auch geeignet sind.[434] Die Beschränkung in § 5 „Vorarlberger Sittenpolizeigesetz", der eine Ausnahmebewilligung für Bordelle nur vorsieht, wenn "Störungen" auftreten, ist nach Ansicht des VfGH nicht inadäquat, da dem Gesetzgeber nicht vorzuwerfen ist, dass er auch die Ausübung der Prostitution in

---

[431] Vgl dazu die Ausführungen in Kapitel **V.1.b.**
[432] Vgl VfSlg 19.798/2013 sowie *Murer,* Prostitution und Verfassung S 126.
[433] Stand Dezember 2018.
[434] Hierbei verweist der VfGH auf sein eigenes Judikat VfSlg 13.363/1993.

Bordellen im Hinblick auf die mit ihr verbundenen Belästigungen begrenzt. Der VfGH hatte somit keine verfassungsrechtlichen Bedenken gegen die in § 5 „Vorarlberger Sittenpolizeigesetz" vorgesehene Bewilligungsbeschränkung für Bordelle im Hinblick auf Art 6 StGG geäußert.[435]

In Bezug auf die Bestimmungen des TLPG existiert keine höchstgerichtliche Judikatur hinsichtlich einer etwaigen Einschränkung der Erwerbsfreiheit in Zusammenhang mit dem Betrieb eines Bordells. Jedoch könnte man deren Verfassungskonformität vor dem Hintergrund des angeführten VfGH-Judikats in Bezug auf das „Vorarlberger Sittenpolizeigesetz" bereits anhand eines Größenschlusses bejahen, angesichts der Tatsache, dass sich der Grundrechtseingriff durch die Bestimmungen des TLPG bereits aus objektiven Gesichtspunkten weniger intensiv gestaltet. Während die Behörde nach dem „Vorarlberger Sittenpolizeigesetz" nämlich eine Bordellbewilligung nach § 5 lediglich erteilen KANN,[436] und dieser somit hinsichtlich ihrer Entscheidung immer noch ein Ermessensspielraum zukommt, IST die Bordellbewilligung nach § 15 Abs 5 TLPG durch die Behörde zu erteilen, sofern die Bewilligungsvoraussetzungen nach Abs 2 und 3 leg cit vorliegen. Der Behörde kommt nach dem TLPG somit expressis verbis kein Ermessen zu, sofern die persönlichen (Abs 2 leg cit) sowie sachlichen (Abs 3 leg cit) Voraussetzungen[437] zur Erteilung einer Bordellbewilligung vorliegen.

Losgelöst von dem Umstand, dass ein Bordell überhaupt nur mit einer Bewilligung durch die Behörde betrieben werden darf, können darüber hinaus auch die persönlichen Voraussetzungen zur Erteilung einer Bordellbewilligung in § 15 Abs 2 TLPG sowie die sachlichen Voraussetzungen in § 15 Abs 3 TLPG für sich gesehen als Erwerbsantrittsbeschränkungen auf ihre verfassungsrechtliche Zulässigkeit im Lichte der Erwerbsfreiheit analysiert werden.

Als persönliche Erwerbsantrittsbeschränkungen sieht § 15 Abs 2 TLPG vor, dass eine Bordellbewilligung nur Personen erteilt werden darf, die voll handlungsfähig und verlässlich sind, als auch die Staatsbürgerschaft einer Vertragspartei des EWR-

---

[435] Vgl VfGH 01.10.2013, B 45/2013-9.
[436] Zu den Voraussetzungen siehe § 6 Vbg Sittenpolizeigesetz idF LGBl Nr. 44/2013.
[437] Vgl die Ausführungen in Kapitel **IV.2.**

Abkommens besitzen. Da Art 6 StGG ohnedies ein Recht ist, welches sich an österreichische Staatsbürger richtet bzw im Anwendungsbereich des Unionsrechts an EU-Bürger,[438] welche als Staatsbürger einer Vertragspartei des EWR-Raumes ebenfalls vom Wortlaut des Gesetzes mit umfasst sind, kann das Staatsbürgerschaftserfordernis des § 15 Abs 2 lit b TLPG keine Einschränkung des in Art 6 StGG verbrieften Grundrechts darstellen.

Hinsichtlich der Verlässlichkeit im Sinne des Gesetzes wird diese in § 15 Abs 2 TLPG selbst legaldefiniert. So sind als nicht verlässlich Personen anzusehen, die wegen einer Vorsatztat gerichtlich verurteilt worden sind (es sei denn die Verurteilung wurde getilgt) oder wenigstens dreimal wegen einer Übertretung von Vorschriften auf dem Gebiet der Prostitution, des Veranstaltungswesens oder des Jugendschutzes bestraft worden sind.

Hinsichtlich des Vorliegens der Verlässlichkeit als persönliches Erfordernis zur Erteilung einer Bordellbewilligung gibt es bislang keine verwaltungsgerichtliche Judikatur in Österreich, jedoch sind vergleichbare Erwerbsantrittsschranken aus anderen Betätigungsfeldern bereits mehrfach unter Berufung auf eine Verletzung des Grundrechts der Erwerbsfreiheit an den VfGH herangetragen worden. In Zusammenhang mit der Vergabe von staatlichen Konzessionen zum Betrieb von Spielbanken iSd GSpG[439], welches ebenfalls als Erwerbsantrittsbeschränkung die „*Zuverlässigkeit*" des Geschäftsleiters eines Konzessionärs normiert,[440] hat der VfGH etwa ausgesprochen, dass kein unverhältnismäßiger Eingriff in die Erwerbsfreiheit vorliegt, da die besonderen Anforderungen an die Verlässlichkeit eines Spielbankenunternehmens ein derartiges Regelungskonzept rechtfertigen.[441]

---

[438] Nach Art 18 AEUV; siehe die Ausführungen in Kapitel **IV.2.**

[439] Bundesgesetz vom 28. November 1989 zur Regelung des Glücksspielwesens (Glücksspielgesetz – GSpG), über die Änderung des Bundeshaushaltsgesetzes und über die Aufhebung des Bundesgesetzes betreffend Lebensversicherungen mit Auslosung, BGBl Nr. 620/1989 idF BGBl I Nr. 107/2017.

[440] Vgl § 21 GSpG, § 31b Z 7 GSpG.

[441] Vgl VfSlg 12.165/1989.

Was gerichtliche Verurteilungen als Erwerbsantrittsbeschränkung betrifft, so wurden die Bestimmungen des BörseG[442] hinsichtlich einer etwaigen Verletzung der Erwerbsfreiheit vom VfGH geprüft.[443] § 14 BörseG normiert uA, dass eine Zulassung als Börsemitglied nur erteilt werden darf, „*wenn keine Tatsachen vorliegen, die es zweifelhaft machen, dass der Antragsteller die für die Teilnahme am Börsehandel erforderliche Zuverlässigkeit besitzt*" und „*der Antragsteller oder einer seiner Geschäftsleiter nicht wegen einer im §13 GewO genannten strafbaren Handlung rechtskräftig verurteilt wurde, solange die Verurteilung noch nicht getilgt ist oder nicht der beschränkten Auskunft aus dem Strafregister unterliegt.*" Der VfGH war der Ansicht, dass es im öffentlichen Interesse gelegen sein kann, ein Unternehmen, das bzw dessen Geschäftsleiter rechtskräftig verurteilt worden ist, von der Börsemitgliedschaft auszuschließen. Es kann auch im öffentlichen Interesse gelegen sein, von einem Börsemitglied bei Androhung des Verlustes der Börsemitgliedschaft zu verlangen, dass es einen gerichtlich verurteilten Geschäftsleiter von dieser Funktion abberuft. Eine solche Maßnahme ist nach Auffassung des VfGH auch typischerweise geeignet, das Vertrauen der Öffentlichkeit in die geschäftliche Gebarung des Börsemitgliedes wiederherzustellen. Aufbauend auf dieser Argumentation hat der VfGH die Verfassungskonformität von § 14 BörseG bestätigt.[444]

Grundsätzlich sind dem Gesetzgeber somit Erwerbsantrittsbeschränkungen in Form von bestimmten Anforderungen an die Verlässlichkeit einer Person in sensiblen Bereichen und Betätigungsfeldern nicht fremd und wurden auch vom VfGH mit dem Grundrecht auf Erwerbsfreiheit als vereinbar erachtet. Vor diesem Hintergrund sind die persönlichen Erwerbsantrittsbeschränkungen des § 15 Abs 2 TLPG, wenn man die Prostitution als ähnlich sensiblen Bereich wie etwa das Glücksspiel oder die Börse erachtet, wenngleich aus anderen Gesichtspunkten, verfassungsrechtlich nicht augenscheinlich als problematisch einzustufen.

[442] Bundesgesetz vom 8. November 1989 über die Wertpapier- und allgemeinen Warenbörsen und über die Abänderung des Börsesensale-Gesetzes 1949 und der Börsegesetz-Novelle 1903 (Börsegesetz 1989 - BörseG), BGBl Nr. 555/1989 idF BGBl Nr. 558/1990 (DFB) idF BGBl I Nr. 107/2017.
[443] VfGH 04.03.2011, G105/10.
[444] Vgl VfGH 04.03.2011, G105/10.

Hinsichtlich der sachlichen Erwerbsantrittsbeschränkungen in § 15 Abs 3 TLPG verweist lit b leidglich allgemein auf öffentliche Interessen, welchen die Erteilung einer Bordellbewilligung nicht zuwiderlaufen darf. Nachdem das öffentliche Interesse ohnedies ein immanentes Kriterium im Prüfungsschema für eine Verletzung der Erwerbsfreiheit darstellt, kann die gesetzlich normierte Erwerbsantrittsbeschränkung, öffentlichen Interessen nicht entgegen zu stehen, auch keine Verletzung des Grundrechts auf Erwerbsfreiheit iSd Art 6 StGG darstellen. Dasselbe gilt für lit c des § 15 Abs 3 TLPG, welcher normiert, dass der Standort eines Bordells nicht einer Verordnung nach Abs 4 widersprechen darf. Verordnungen iSd Abs 4 leg cit können von der Gemeinde wiederum nur dann erlassen werden, sofern die Anbahnung und Ausübung der Prostitution in Teilen des Gemeindegebietes zu Missständen führt, die das örtliche Gemeinschaftsleben stören. Auch dies stellt unweigerlich ein öffentliches Interesse dar.[445]

Im Hinblick auf eine Verletzung der Erwerbsfreiheit allenfalls interessant ist die Bestimmung des § 15 Abs 3 lit a TLPG, wonach ein Bordell nicht in einem auch anderen Zwecken dienenden Gebäuden betrieben werden darf. Vergleichbare Regelungen sind in annähernd allen anderen Landesgesetzen ebenfalls enthalten, jedoch ist die Regelung des TLPG mit am restriktivsten. Es lässt sich mit Sicherheit unproblematisch begründen, dass die Regelung im Hinblick auf den Nachbarschutz oder Jugendschutz im öffentlichen Interesse gelegen und auch geeignet ist, besagten öffentlichen Interessen zu dienen. Jedoch ist auf der Stufe der Erforderlichkeit sowie Adäquanz zu beachten, dass diverse andere landesgesetzliche Regelungen etwa vorsehen, dass ein Bordell nur dann in einem nicht auch anderen Zwecken dienenden Gebäude betrieben werden darf, sofern es nicht über einen baulich getrennten Zugang zu einer öffentlichen Verkehrsfläche verfügt oder anderweitige Kriterien erfüllt sind.[446]

Vor dem Hintergrund, dass andere Landesgesetzgeber diesbezüglich einen liberaleren Weg gewählt haben, erscheint die verfassungsrechtliche Zulässigkeit des Eingriffes in die Erwerbsfreiheit eines Bordellbetreibers durch § 15 Abs 3 lit a TLPG im

---

[445] Vgl etwa VfGH 01.10.2013, B 45/2013-9; VfSlg 13.363/1993.

[446] Vgl etwa korrespondierende Regelungen in § 7 lit f K-PRG, § 6 Abs 1 Z 4 Oö. SDLG, § 7 Z 4 Steiermärkisches Prostitutionsgesetz – siehe dazu die Ausführungen in Kapitel **III.3.b.** sowie **IV.2.**

Hinblick auf die durch den VfGH stets vorgenommene Verhältnismäßigkeitsprüfung zumindest diskutabel. Aufgrund des bereits in Kapitel **V.1.b** skizzierten, großen, rechtspolitischen Gestaltungsspielraumes, welcher dem Gesetzgeber hinsichtlich Bestimmungen zukommt, welche lediglich die Ausübungsmodalitäten einer Erwerbstätigkeit näher definieren, dürften sich meiner Ansicht nach jedoch auch bezüglich dieser Norm keine augenscheinlichen, verfassungsrechtlichen Probleme ergeben.

V.4. Der Verfügungsberechtigte von Räumlichkeiten, welche zur Ausübung der Prostitution genützt werden

V.4.a. Vollzugsprobleme hinsichtlich der Strafbarkeit für das zur Verfügung stellen von Räumlichkeiten nach § 14 lit d TLPG

Der Straftatbestand des § 14 lit d TLPG richtet sich an Personen, welche die Gelegenheit zur Ausübung der Prostitution außerhalb von bewilligten Bordellen gewähren oder beschaffen, insbesondere durch die Überlassung von Räumen.[447] Primär werden in der Praxis nach dieser Bestimmung Wohnungseigentümer zur Anzeige gebracht, welche eine Wohnung an eine oder mehrere Personen vermieten, welche die Räumlichkeiten in weiterer Folge zur illegalen Prostitutionsausübung nutzen.

Das Hauptproblem in der Praxis betreffend die Strafverfolgung der beiden in der lit d enthaltenen Tatbilder (nach der Judikatur des VwGH stellen die „Gewährung der Gelegenheit“ einerseits sowie das „Beschaffen der Gelegenheit“ andererseits zwei unterschiedliche Tatbilder dar[448]) liegt, vergleichbar mit der „Freierbestrafung“, primär in der Führung des Beweisverfahrens.

Hinsichtlich dem nunmehr in § 14 lit d TLPG verankerten Straftatbestand existieren einige VwGH-Judikate, welche jedoch allesamt noch aus den 1980er-Jahren

[447] Bis zur Novelle LGBl Nr. 56/2017 war dieser Straftatbestand in § 14 lit c TLPG verankert - siehe dazu die Ausführungen in Kapitel **IV.1.**
[448] Vgl VwGH 07.12.1988, 88/10/0140.

stammen. So hat der VwGH ausgesprochen, dass in objektiver Hinsicht derjenige das Tatbild der Strafbestimmung erfüllt, wer einer Person, welche die Absicht hat, die Prostitution auszuüben, hierzu die Gelegenheit gewährt oder beschafft, etwa durch Vermietung von Räumlichkeiten zur Prostitution in einer Wohnung.[449] Auch kann sich der Täter nach Ansicht des VwGH nicht darauf berufen, dass ihm die Art der von seiner Mieterin beabsichtigten Tätigkeit (Prostitution) erst nach Antritt des Mietverhältnisses bekannt geworden sei. Er macht sich auch strafbar, wenn er das Mietverhältnis fortsetzt, nachdem er in Erfahrung gebracht hat, dass der Aufenthalt der Mieterin in den Räumlichkeiten dem Zweck der Prostitution dient.[450] Überdies hat der VwGH klargestellt, dass es sich bei § 14 lit d TLPG um ein Ungehorsamsdelikt iSd § 5 Abs 1 VStG handelt,[451] sodass fahrlässiges Verhalten seitens des Täters für dessen Strafbarkeit ausreicht und der Beschuldigte zudem zu beweisen hat, dass ihn an der Verletzung der Verwaltungsvorschrift kein Verschulden trifft.[452]

Die im Strafrecht gebräuchlichen Schuldformen des Vorsatzes und der Fahrlässigkeit werden im VStG nicht gesondert definiert, sondern nach ständiger Judikatur des VwGH iSd in §§ 5f StGB vorgenommenen Definitionen verstanden.[453] So setzt sich der strafrechtliche Fahrlässigkeitsbegriff nach hL[454] und Rsp aus vier Elementen zusammen, welche kumulativ vorliegen müssen:

1. *Objektive Sorgfaltswidrigkeit der Handlung:* Sofern sich unter Heranziehung von Rechts- und Verkehrsnormen keine objektive Sorgfaltswidrigkeit feststellen lässt, ist auf eine Maßfigur abzustellen. Ein Täter hat dann objektiv sorgfaltswidrig gehandelt, wenn sich ein einsichtiger und besonnener Mensch aus dem Verkehrskreis des Täters, welcher darüber hinaus mit dessen Sonderwissen ausgestattet ist, in der konkreten Situation anders verhalten hätte.[455]
2. *Subjektive Sorgfaltswidrigkeit der Handlung:* Maßgeblich für subjektiv sorgfaltswidriges Handeln des Täters ist, ob dieser aufgrund seiner geistigen oder

[449] Vgl VwGH 17.09.1984, 84/10/0117.
[450] Vgl VwGH 15.12.1981, 81/11/0003.
[451] Zum Wesen des Ungehorsamsdeliktes vgl die Ausführungen in Kapitel **V.2.a.**
[452] Vgl VwGH 29.06.1987, 86/10/0064.
[453] Vgl etwa VwGH 18.10.1993, 93/10/0030; 28.5.2008, 2008/09/0117.
[454] Für detailliertere Ausführungen zum Fahrlässigkeitsbegriff im Verwaltungsstrafrecht vgl *Hengstschläger/Leeb*, Verwaltungsverfahrensrecht[6] Rz 689f.
[455] Vgl VwGH 28.05.2008, 2008/09/0117.

körperlichen Fähigkeiten in der konkreten Situation in der Lage gewesen wäre, den objektiven Sorgfaltsanforderungen zu entsprechen.[456]

3. *Objektive Vorhersehbarkeit des Erfolges:* Ein Erfolg ist dann objektiv vorhersehbar, wenn sein Eintritt für einen einsichtigen und besonnenen Menschen in der Lage des Täters innerhalb der allgemeinen Lebenserfahrung liegt.[457]

4. *Subjektive Vorhersehbarkeit des Erfolges:* Die subjektive Vorhersehbarkeit eines Erfolges liegt nur ausnahmsweise dann nicht vor, wenn der Täter aufgrund seiner geistigen oder körperlichen Verhältnisse subjektiv nicht in der Lage war, den konkreten Erfolg vorherzusehen.[458]

Darüber hinaus spricht § 6 Abs 1 StGB explizit von jener Sorgfalt, die dem Täter zuzumuten ist. Ein sorgfaltsgemäßes Verhalten ist nur dann auch zumutbar, wenn die Einhaltung der gebotenen Sorgfalt auch von einem maßgerechten Menschen in der Lage des Täters realistischer Weise erwartet werden kann.[459]

Um auf den Fall des Straftatbestandes nach § 14 lit d TLPG zurückzukommen, so ist bei praxisnaher Betrachtung fraglich, welche Sorgfaltswidrigkeit dem Vermieter einer Wohnung konkret vorgeworfen werden kann, sofern nicht eine Ausnahmesituation vorliegt, in welcher dieser augenscheinlich wissentlich und willentlich mit einer Prostituierten zusammenwirkt, um in seinen Räumlichkeiten ein illegales Wohnungsbordell zu etablieren.

Wie die Praxis gezeigt hat, wird die illegale Wohnungsprostitution zumeist von Frauen betrieben, welche sich über Online-Plattformen, telefonisch oder via E-Mail in Ferien- oder Arbeiterappartements oder vergleichbaren Einrichtungen mit für gewöhnlich kurzfristigen Mietverhältnissen einmieten, um dort ihre Freier zu empfangen. Es kann einem Appartementvermieter keine Sorgfaltswidrigkeit unterstellt werden, nur weil eine oder mehrere Frauen ein Appartement anmieten. Selbst wenn der Vermieter weiß,

---

456 Vgl VwSlg 9710A/1978.
457 Vgl *Hengstschläger/Leeb*, Verwaltungsverfahrensrecht[6] Rz 689.
458 Vgl *Hengstschläger/Leeb*, Verwaltungsverfahrensrecht[6] Rz 689; *Burgstaller/Schütz*, § 6 StGB, in: *Höpfel/Ratz* (Hrsg), Wiener Kommentar zum Strafgesetzbuch[2] (2017) Rz 1ff.
459 Vgl VwGH 27.06.1980, 513/80.

dass es sich bei einer Wohnungsmieterin um eine Prostituierte handelt, handelt er nicht rechtswidrig iSd § 14 lit d TLPG, da es nicht grundsätzlich verboten ist, einer Sexarbeiterin Räumlichkeiten zu vermieten. Der Täter muss sorgfaltswidrig einer Person, welche auch die Absicht hat, in den besagten Räumlichkeiten die Prostitution auszuüben, durch die Vermietung der Räumlichkeiten die Gelegenheit hierzu gewähren oder verschaffen.[460]

Im Stadtgebiet von Innsbruck konnte das Phänomen beobachtet werden, dass sich in insgesamt drei Appartementblocks, welche allesamt im Eigentum derselben Immobilienfirma standen, die illegale Wohnungsprostitution über Jahre hinweg massiv konzentrierte. In allen drei Objekten waren zeitweise, wie im Rahmen von behördlichen Kontrolltätigkeiten festgestellt werden konnte, bis zu fünf Appartements zeitgleich von osteuropäischen Frauen angemietet worden, welche in den Räumlichkeiten Sexualdienstleistungen gegen Entgelt offerierten. Bei Prüfung der Eigentums- sowie Mietverhältnisse konnte festgesellt werden, dass als Vermieter der Räumlichkeiten stets dieselbe Firma oder einer ihrer Angestellten in Erscheinung traten. Die Miete wurde hierbei in der Regel täglich bar entrichtet. Im Zuge der Beschuldigteneinvernahmen in den in weiterer Folge geführten Verwaltungsstrafverfahren aufgrund von Übertretungen nach § 14 lit d TLPG wurde stets vorgebracht, man könne nicht wissen für welche Zwecke die Frauen die Wohnungen nützen würde, auch könne man von einem Vermieter nicht verlangen, seine Mieter und deren Aktivitäten rund um die Uhr zu kontrollieren. Darüber hinaus würden alle Mieterinnen in den Objekten bei der Unterfertigung des Mietvertrages ein weiteres Formular unterfertigen, in welchem sie bestätigen die Hausordnung zur Kenntnis zu nehmen und sich an diese zu halten. In der Hausordnung sei ein Passus enthalten, welcher die Prostitutionsausübung in den Räumlichkeiten explizit untersage, sodass man sich als Vermieter nichts vorzuwerfen habe.

Seitens des Strafamtes der LPD Tirol wurde die Vorgangsweise verfolgt, bei erstmaliger Beanstandung den Vermieter noch einmal eindringlich über die Rechtslage und seine Strafbarkeit nach § 14 lit d TLPG aufzuklären, ehe in weiterer Folge eine mittels Bescheid eine Ermahnung iSd § 45 Abs 1 letzter Satz VStG ausgesprochen

[460] Vgl VwGH 17.09.1984, 84/10/0117.

wurde.[461] Durch die Ermahnung, deren Übernahme der Empfänger zu bestätigen hat, konnte im System festgehalten werden, dass in den besagten Räumlichkeiten bereits illegale Prostitutionsaktivitäten festgestellt worden waren, der Vermieter über die Rechtslage aufgeklärt worden war und auch eine Ermahnung erhalten hatte, sodass er sich bei neuerlicher Beanstandung nicht mehr auf seine Unwissenheit berufen konnte. Nach einer neuerlichen Beanstandung wurden dementsprechend Straferkenntnisse erlassen und Verwaltungsstrafen verhängt.

In einer jüngst ergangenen Entscheidung des LVwG Tirol vom 19. Juli 2018[462] hat dieses nunmehr ein auf diesem Wege verhängtes und in weiterer Folge bekämpftes Straferkenntnis aufgrund einer Übertretung nach § 14 lit d TLPG erstmalig bestätigt. Die Sorgfaltswidrigkeit des Vermieters wurde damit begründet, dass dieser offenkundig wusste und auch bestätigte, dass es im Objekt immer wieder Probleme hinsichtlich illegaler Prostitutionsausübung gebe. Das vermietete Appartement wies eine Größe von 25 m² auf, für welches der Vermieter 1.000 Euro an Monatsmiete verlangt hatte, was selbst auf dem Innsbrucker Wohnungsmarkt nicht als üblich und gängig anzusehen sei. Ein Mann sowie eine Frau, beide bulgarische Staatsangehörige, wobei die Frau bereits in der Vergangenheit wiederholt als illegale Prostituierte in Erscheinung getreten war und für welche bereits ein rechtskräftiges Aufenthaltsverbot iSd § 67 FPG in Österreich bestand,[463] waren gekommen, um den Mietvertrag zu unterfertigen. Der Vermieter habe den Mann gefragt, was dieser beruflich mache, wobei dieser angegeben hätte, er würde als Reinigungskraft arbeiten. Die Frau habe der Vermieter gar nicht erst gefragt, auch habe er sich keine Lohn- oder Arbeitsbestätigungen vorlegen lassen, wie es im Zusammenhang mit der Vermietung von Räumlichkeiten durchaus üblich ist. Hinsichtlich der Verschuldensform wurde dem Vermieter seitens des LVwG grobe Fahrlässigkeit unterstellt. Der Vermieter habe nichts unternommen, um seine Mieter auch nur ansatzweise einschätzen zu können. Auch offenkundige Widersprüche, wie etwa die sehr hohe Miete im Verhältnis zum Lohn einer Reinigungskraft, habe er ignoriert. Vor dem konkreten und auch dem Vermieter bekannten Hintergrund, dass es im besagten Objekt bereits zuvor

---

[461] Zum Wesen der Ermahnung im Verwaltungsstrafverfahren vgl *Kneihs*, § 45 VStG Rz 8 und 10.
[462] LVwG Tirol 19.07.2018, LVwG-2018/45/0482-3.
[463] Zum unionsrechtlichen Aufenthaltsverbot vgl die Ausführungen in Kapitel **III.2.a.**

regelmäßig zu illegaler Prostitutionsausübung gekommen war, habe der Vermieter somit ungewöhnlich und auffallend sorglos gehandelt.[464]

Dieses Erkenntnis des LVwG Tirol könnte richtungsweisend für künftige, aufgrund von Übertretungen nach § 14 lit d TLPG geführte Verwaltungsstrafverfahren sein und eine wichtige Rolle spielen, um systematischer Wohnungsvermietung zur Ermöglichung illegaler Prostitutionsaktivitäten Einhalt zu gebieten.

V.4.b. Die Strafbarkeit für das zur Verfügung stellen von Räumlichkeiten nach § 14 lit d TLPG im Spannungsverhältnis zum Grundrecht auf Erwerbsfreiheit gemäß Art 6 StGG

Hinsichtlich einer Prüfung eines etwaigen Grundrechtseingriffes in das Recht auf Erwerbsfreiheit gemäß Art 6 StGG ist auszuführen, dass es sich auch bei der Vermietung von Räumlichkeiten zweifelsohne um eine auf die Erzielung eines wirtschaftlichen Erfolges gerichtete Tätigkeit handelt, welche somit in den Schutzbereich des Art 6 StGG fällt[465] und durch die Regelung des § 14 lit d TLPG eingeschränkt wird, sodass auch an dieser Stelle eine Verhältnismäßigkeitsprüfung indiziert ist. Ein diesbezügliches VfGH-Judikat zur lit d leg cit oder einer vergleichbaren Norm aus einem anderen Bundesland gibt es bislang nicht.

Das Regelungen, welche den Zweck verfolgen, die illegale Wohnungsprostitution und die damit einhergehende Probleme sowie Belästigungen einzudämmen, im öffentlichen Interesse gelegen sind, ist im Sinne der kaum restriktiven „Vertretbarkeitskontrolle" des VfGH problemlos zu bejahen,[466] ebenso wie die Eignung der Regelung, welche der VfGH ohnedies nur dann verneint, wenn diese von vorneherein auszuschließen ist.[467] Auch was die Erforderlichkeit anbelangt, überlässt der VfGH, wie bereits in Kapitel **V.1.b.** ausführlich skizziert, dem Gesetzgeber einen

---

[464] Vgl LVwG Tirol 19.07.2018, LVwG-2018/45/0482-3.
[465] Vgl etwa VfSlg 19.624/2012.
[466] Vgl VfSlg 9911/1983, 11.483/1987 sowie Ausführungen in Kapitel **V.1.b.**
[467] Vgl VfSlg 13.725/1994 sowie Ausführungen in Kapitel **V.1.b.**

weiten Gestaltungsspielraum, ohne restriktiv einzugreifen und integriert die Frage der Erforderlichkeit in den Bereich der Adäquanzprüfung, um zu beurteilen, ob im Rahmen einer Gesamtabwägung die Schwere des Grundrechtseingriffes und das Gewicht der ihn rechtfertigenden Gründe als adäquat anzusehen sind.[468]

Was die Adäquanzprüfung betrifft, so ist festzuhalten, dass es sich bei § 14 lit d TLPG unstreitig nicht um eine Vorschrift handelt, welche den Erwerbsantritt beschränkt, sondern welche lediglich die Ausübung einer Erwerbstätigkeit, nämlich die Vermietung von Räumlichkeiten, näher ausgestaltet. Durch § 14 lit d TLPG wird nur äußerst geringfügig in die verfassungsrechtlich geschützte Rechtssphäre der Erwerbsfreiheit eines Vermieters eingegriffen, wenn man bedenkt, dass dieser schließlich auf unzählige andere Arten Mietverhältnisse begründen oder seine Räumlichkeiten nutzen kann, um aus diesen einen wirtschaftlichen Erfolg ziehen zu können. Unter diesem Gesichtspunkt ergeben sich auch keine Bedenken hinsichtlich der Adäquanzprüfung zwischen der Schwere des Grundrechtseingriffes und dem Gewicht der ihn rechtfertigenden Gründe, sodass eine Verletzung des Grundrechts auf Erwerbsfreiheit durch § 14 lit d TLPG wohl unproblematisch zu verneinen ist.

V.5. Der Bewerber von Prostitutionspraktiken

V.5.a. Vollzugsprobleme hinsichtlich der Strafbarkeit für die Bewerbung von „Unsafe-Sex-Praktiken“ nach 14 lit e TLPG

In der Praxis eine bislang eher untergeordnete Rolle spielt der mittels der jüngsten Novelle LGBl Nr. 56/2017 neu eingefügte Straftatbestand des § 14 lit e TLPG, welcher, den Regelungskonzepten anderer Landesgesetzgeber folgend, das Bewerben von „Unsafe-Sex-Praktiken“ verbietet.[469] Dieses Verbot besteht unabhängig davon, ob die beworbenen Dienstleistungen in einem bewilligten Bordell oder außerhalb eines

---

[468] Vgl VfSlg 11.558/1987, 11.848/1988, 12.094/1989.

[469] Vgl dazu die Ausführungen in Kapitel **IV.1.**

bewilligten Bordells erbracht werden sollen. Auch muss explizit hervorgehoben werden, dass sich die Strafbarkeit der lit e auf den Bewerber der Sexualdienstleistung bezieht und nicht auf jene Person, welche diese erbringen soll. Diese können, müssen jedoch nicht zwingend ident sein.

Auf den Webseiten der bewilligten Bordelle findet eine Bewerbung von „Unsafe-Sex-Praktiken" und somit ein Verstoß gegen § 14 lit e TLPG de facto nicht statt, ebenso wenig in Printmedien. Praktische Relevanz entfaltet der Verbotstatbestand allenfalls im Hinblick auf von Geheimprostituierten auf einschlägigen Internet-Plattformen geschaltete Inserate, wo zumeist mit bekannten Szene-Kürzeln für diverse Sexualdienstleistungen geworben wird. Beispiele für das Bewerben von Dienstleistungen, welche geeignet sind, sexuelle Krankheiten zu übertragen, wäre etwa das Angebot von „AO-Service", was als Abkürzung für „alles ohne" Schutz zu verstehen ist. Unter „CIM" versteht die Szene „Cum in Mouth" (Oralverkehr mit Mundvollendung), „COF" bedeutet „Cum on Face" (Ejakulation auf das Gesicht), während „CIP" als einschlägiges Szene-Kürzel für „Cum in Pussy" (Ejakulation ohne Schutz in die Vagina) verwendet wird.[470]

An dieser Stelle wird ein Beispiel für ein auf einer einschlägigen Internet-Plattform geschaltetes Inserat veranschaulicht, welches unter den angebotenen „Services" auch „Unsafe-Sex-Praktiken" bewirbt:

[470] Vgl http://www.orion.de/blog/erotische-abkurzungen-av-bbb-bi-bv-bw/; abgerufen am 05.01.2019.

[471]

Da sich jedoch ohnedies kaum nachweisen lässt, wer ein Inserat auf einer Internet-Plattform, welche für jedermann zugänglich ist, tatsächlich geschaltet hat (anders wäre dies allenfalls, wenn eine Sexarbeiterin auf einer eigens für sie eingerichteten Homepage mit Impressum „Unsafe-Sex-Praktiken" bewirbt), erschöpft sich die praktische Relevanz des § 14 lit e TLPG als „Nebenprodukt" zu einer Anzeigenerstattung wegen versuchter Prostitutionsausübung iSd § 14 lit a TLPG, nachdem über ein Inserat, in welchem uA auch „Unsafe-Sex-Praktiken" beworben wurden, mit einer Prostituierten Kontakt aufgenommen wurde und dieser das Inserat im weiteren Ermittlungsverfahren auch eindeutig zugeordnet werden kann. Eine isolierte Anzeigenerstattung nach § 14 lit e TLPG kommt in der Praxis faktisch nicht vor.

Eine Strafbarkeit nach dem MedienG[472] für die Betreiber einschlägiger Internetplattformen, auf welchen die in Rede stehenden Praktiken beworben werden, ist ebenfalls nicht gegeben. Bei diesen handelt es sich nach einer Entscheidung des OLG Wien aus dem Jahr 2007 um keine Medieninhaber iSd

[471] Vgl http://booksusi.com/hostessen/wien/vanesa-spritzige-mundvollendung.html; abgerufen am 05.01.2019.
[472] Bundesgesetz vom 12. Juni 1981 über die Presse und andere publizistische Medien (Mediengesetz – MedienG), BGBl Nr. 314/1981 idF BGBl Nr. 314/1981.

§ 1 Abs 1 Z 8 lit c MedienG, da sie nicht für die inhaltliche Gestaltung der Inserate verantwortlich zeichnen.[473]

V.5.b. Die Strafbarkeit der Bewerbung von „Unsafe-Sex-Praktiken" nach dem TLPG im Spannungsverhältnis zum Grundrecht auf Meinungsfreiheit gemäß Art 10 EMRK

Die Meinungsfreiheit wird sowohl vom EGMR als auch vom VfGH als Grundpfeiler einer demokratischen Gesellschaft angesehen, sowie als eine der Grundvoraussetzungen für den Fortschritt einer Demokratie sowie die Entfaltung eines jeden Einzelnen.[474] In der österreichischen Verfassung finden sich die einschlägigen Grundrechtsquellen zur Meinungs- und Pressefreiheit zum einen in Art 13 StGG, zum anderen in Art 10 EMRK,[475] welcher den Grundrechtsschutz des Art 13 StGG noch erweitert und diesen in seiner praktischen Bedeutung weitestgehend verdrängt hat.[476] Überdies enthält auch Art 11 GRC die in Art 10 EMRK verbrieften Rechte und Garantien.

Es handelt sich bei der Meinungs- und Pressefreiheit um ein Jedermannsrecht, sodass als Grundrechtsträger sowohl inländische als auch fremde natürliche sowie juristische Personen in Betracht kommen. Insbesondere Art 10 EMRK schützt mehre unterschiedliche Freiheiten. Zum einen garantiert Art 10 EMRK dem Einzelnen, sich seine Meinung zu bilden und Informationen sowie Ideen mitzuteilen. Hierbei spricht man von der Meinungsäußerungsfreiheit im engeren Sinn. Darüber hinaus hat der Einzelne aus der gegenteiligen Perspektive auch die Freiheit, Nachrichten sowie Ideen zu empfangen. Hierbei handelt es sich um die sog Informationsfreiheit. Diese beiden Freiheiten ergänzen sich und bilden gemeinsam die Kommunikationsfreiheit. Eine besondere Rolle im öffentlichen Kommunikationsprozess kommt darüber hinaus den Massenmedien zu, sodass auch diesen in den einschlägigen gesetzlichen Regelungen

---

[473] Vgl OLG Wien 14.11.2007, 18 Bs 259/07f.

[474] Vgl EGMR U 07.12.1976, *Handyside v. The United Kingdom*, Nr. 5493/72; EGMR U 23.05.1991, *Oberschlick gegen Österreich*, Nr. 11662/85; VfSlg 13.725/1994.

[475] Zur Ausgestaltung des Grundrechts auf Freiheit der Meinungsäußerung nach Art 10 EMRK vgl *Daiber*, Art 10 EMRK, in: *Meyer-Ladewig/Nettesheim/von Raumer* (Hrsg), EMRK Handkommentar[4] (2017) S 387ff.

[476] Vgl *Holoubek*, § 15 Kommunikationsfreiheit, in: *Merten/Papier/Kucsko-Stadlmayer* (Hrsg), Handbuch der Grundrechte[2] (2014) Rz 2.

eine besondere Bedeutung beigemessen wird.[477] Während Art 13 Abs 1 StGG die Presse bzw Druckschriften besonders schützt, sind von Art 10 Abs 1 EMRK alle Massenmedien umfasst, nach dem ausdrücklichen Wortlaut des Gesetzes Rundfunk-, Lichtspiel- und Fernsehunternehmen. In einem Teil der Lehre und der Judikatur wird das in Art 10 Abs 1 EMRK gewährleistete Recht auf Freiheit zur Mittelung von Nachrichten oder Ideen mit Hilfe von Rundfunkanlagen auch als Rundfunkfreiheit bezeichnet.[478]

In seiner älteren Judikatur nahm der VfGH einen Eingriff in die Meinungsfreiheit nur an, wenn die betreffende Maßnahme tatsächlich auf eine intentionale Beschränkung des Schutzbereichs abzielte.[479] Von dieser Rsp ging er in jüngerer Zeit jedoch ab und bejahte einen Grundrechtseingriff auch bereits dann, wenn ein bestimmter Akt die Meinungsfreiheit nur durch seine Auswirkungen behindert.[480]

Was die Bindung des Gesetzgebers anbelangt, so enthält Art 13 Abs 1 StGG einen formellen Gesetzesvorbehalt, wonach jeder das Recht hat, seine Meinung innerhalb der gesetzlichen Schranken frei zu äußern. Art 10 Abs 2 EMRK hingegen enthält einen materiellen Eingriffsvorbehalt, wonach die Kommunikationsfreiheit dann bestimmten *„vom Gesetz vorgesehenen Formvorschriften, Bedingungen, Einschränkungen oder Strafdrohungen unterworfen werden"* kann, sofern sie *„in einer demokratischen Gesellschaft im Interesse der nationalen Sicherheit, der territorialen Unversehrtheit oder der öffentlichen Sicherheit, der Aufrechterhaltung der Ordnung und der Verbrechensverhütung, des Schutzes der Gesundheit und der Moral, des Schutzes des guten Rufes oder der Rechte anderer unentbehrlich sind, um die Verbreitung von vertraulichen Nachrichten zu verhindern oder das Ansehen und die Unparteilichkeit der Rechtsprechung zu gewährleisten"*. Gesetzliche Eingriffe in die Meinungsfreiheit müssen iSd Günstigkeitsprinzips gemäß Art 53 EMRK[481] sowohl im formellen

---

[477] Zu den Abgrenzungen dieser unterschiedlichen Freiheiten vgl *Hengstschläger/Leeb*, Grundrechte[2] Rz 19/3.
[478] Vgl *Berka*, Grundrechte Rz 574; VfSlg 9909/1983; 14.258/1995.
[479] Vgl etwa VfSlg 5616/1967; 11.101/1987.
[480] Vgl VfSlg 11.651/1988; 11.733/1988.
[481] Zum aus Art 53 EMRK abgeleiteten Günstigkeitsprinzip vgl *Renger*, Art 53 EMRK, in: *Meyer-Ladewig/Nettesheim/von Raumer* (Hrsg), EMRK Handkommentar[4] (2017) S 726ff.

Gesetzesvorbehalt des Art 13 StGG, als auch in den materiellen Eingriffsschranken des Art 10 Abs 2 EMRK ihre Deckung finden.[482]

Um thematisch zu § 14 lit e TLPG zurückzukommen, ist festzuhalten, dass gesetzlichen Beschränkungen von Werbung in der Judikatur des VfGH große praktische Bedeutung zukommen. Grundsätzlich gilt, dass wirtschaftliche Werbung in der Regel stärkeren Einschränkungen unterworfen werden darf, als etwa der Ausdruck politischer Meinungen.[483]

Wie bereits in Kapitel **IV.4.** dargestellt, existiert ein Judikat des VfGH aus dem Jahr 2010 hinsichtlich der ursprünglichen Bestimmung des § 17 Abs 5 lit b TLPG idF LGBl Nr. 60/1976, welche noch ein absolutes Werbeverbot für Bordelle vorsah. Diese Bestimmung wurde vom VfGH wegen einer Verletzung des Art 10 Abs 2 EMRK als verfassungswidrig aufgehoben.[484]

Wie den erläuternden Bemerkungen zur Urfassung des § 17 TLPG zu entnehmen ist, waren zunächst jugendschutzrechtliche Erwägungen die zentrale Intention des Gesetzgebers hinter der Norm: *„Besonders aus Gründen des Jugendschutzes ist es erforderlich, jegliche Werbung für ein Bordell, aber auch alle unmittelbaren Hinweise auf ein Bordell, die nicht werbenden Charakter haben, zu untersagen (Abs5). Das Anwerben von Besuchern außerhalb eines Bordells ist schon nach der Vorschrift des §14 Abs1 lit b unstatthaft. Neben dieses Verbot tritt ergänzend das im Abs 5 normierte Verbot, Besucher vom Bordell aus persönlich anzuwerben."*[485]

Der VfGH hegte Bedenken hinsichtlich der Verfassungskonformität von § 17 Abs 5 lit b TLPG im Hinblick auf das in Art 10 EMRK verfassungsgesetzlich gewährleistete Recht auf freie Meinungsäußerung. Begründend führte er aus, dass

[482] Vgl auch *Hengstschläger/Leeb*, Grundrechte² Rz 19/3; VfSlg 10.700/1985; 11.651/1988; 13.978/1994; 16.468/2002.
[483] Vgl VfSlg 10.984/1986, 13.635/1993, 15.481/1999; 16.911/2003; 19.676/2012.
[484] Vgl VfSlg 19.159/2010 sowie die Ausführungen in Kapitel **IV.4.**
[485] Vgl Bericht und Antrag des Rechts- und Gemeindeausschusses zur Regierungsvorlage zu LGBl Nr. 60/1976, Abschnitt II, S 15; zitiert im Judikat: VfGH 23.09.2010, G218/09.

nach Art 10 Abs 1 EMRK jedermann Anspruch auf freie Meinungsäußerung habe. Vom Schutzbereich dieser Bestimmung seien sowohl reine Meinungskundgaben als auch Tatsachenäußerungen, insbesondere jedoch auch Werbemaßnahmen erfasst. Art 10 Abs 2 EMRK sehe jedoch im Hinblick darauf, dass die Ausübung dieser Freiheit Pflichten und Verantwortung mit sich bringt, die Möglichkeit von Formvorschriften, Bedingungen, Einschränkungen oder Strafdrohungen vor, wie sie in einer demokratischen Gesellschaft im Interesse der nationalen Sicherheit, der territorialen Unversehrtheit oder der öffentlichen Sicherheit, der Aufrechterhaltung der Ordnung und der Verbrechensverhütung, des Schutzes der Gesundheit und der Moral, des Schutzes des guten Rufes und der Rechte anderer, zur Verhinderung der Verbreitung von vertraulichen Nachrichten oder zur Gewährleistung des Ansehens und der Unparteilichkeit der Rechtsprechung notwendig sind.[486]

Ein verfassungsrechtlich zulässiger Eingriff in die Freiheit der Meinungsäußerung müsse nach Ansicht des VfGH, wie auch bereits der Europäische Gerichtshof für Menschenrechte ausgesprochen hat,[487] gesetzlich vorgesehen sein, einen oder mehrere der in Art 10 Abs 2 EMRK genannten rechtfertigenden Zwecke verfolgen und zur Erreichung dieses Zweckes oder dieser Zwecke *„in einer demokratischen Gesellschaft notwendig"* sein.[488]

Der VfGH verwies ausdrücklich auf den weiten, rechtspolitischen Gestaltungsspielraum, welcher dem Landesgesetzgeber zukommt, sofern es etwa aus Erwägungen des Jugendschutzes erforderlich sein sollte, Werbung für Bordelle einzuschränken bzw bestimmte Arten der Werbung zu verbieten.[489] Im Zusammenhang mit absoluten Werbeverboten hatte der VfGH jedoch bereits in vorangegangenen Erkenntnissen[490] dargelegt, dass eine Regelung, welche jegliche Art der Werbung untersagt, keine Deckung im Gesetzesvorbehalt des Art 10 Abs2 EMRK finden würde.[491] Der VfGH konnte im Hinblick auf

---

[486] Vgl VfSlg 19.159/2010.

[487] Vgl EGMR U 26.04.1979, *The Sunday Times v. The United Kingdom*, Nr. 6538/74; U 25.03.1985, *Barthold v. Deutschland*, Nr. 8743/79.

[488] Vgl VfSlg 12.886/1991; 14.218/1995; 14.899/1997; 16.267/2001; 16.555/2002.

[489] Vgl hierzu etwa auch VfSlg 13.363/1993.

[490] Vgl etwa VfSlg 13.554/1993, betreffend die Berufsgruppe der Ärzte.

[491] Vgl auch VfGH 11.12.2008, G43/07, betreffend Werbung auf Windkraftanlagen.

§ 17 Abs 5 lit b TLPG keine Umstände erkennen, die ein ausnahmsloses Werbeverbot für Bordelle - welches etwa auch das Auflegen von Feuerzeugen mit der Internetadresse des Bordells sowie von Werbefoldern und Visitenkarten im Inneren des Bordells umfasst - in einer demokratischen Gesellschaft im Interesse des Jugendschutzes oder des Schutzes der Gesundheit und der Moral notwendig erscheinen lässt. Ein absolutes Werbeverbot, ohne Bedachtnahme auf Ort und Ausgestaltung der Werbung und ohne Rücksicht auf ihre Wirkung in der Öffentlichkeit, könne nach Ansicht des VfGH zur Erreichung der an sich legitimen Ziele des Jugendschutzes oder des Schutzes der Gesundheit oder der Moral nicht erforderlich sein, sodass eine verfassungskonforme Interpretation des § 17 Abs 5 lit b TLPG im Lichte des Art 10 EMRK aufgrund des Gesetzeswortlautes ausgeschlossen sei und die Bestimmung dementsprechend zu beheben war.[492]

Unter Anbetracht der Argumentation des VfGH, sowie des Umstandes, dass dieser in seiner Judikatur bereits in der Vergangenheit die grundsätzliche Zulässigkeit einer Einschränkung der Werbung für Bordelle bzw des Verbots bestimmter Arten der Werbung bestätigt hat,[493] ist davon auszugehen, dass der heutige § 14 lit e TLPG, welcher ja kein generelles Werbeverbot für Bordelle oder Sexualdienstleistungen an sich vorsieht, sondern mit dem Verbot der Bewerbung von „Unsafe-Sex-Praktiken" lediglich auf einen kleinen Teilaspekt davon abzielt, im Falle einer Gesetzesprüfung durch den VfGH in den materiellen Eingriffsschranken des § 10 Abs 2 EMRK seine Deckung finden dürfte.[494] Vergleichbare Regelungen zu § 14 lit e TLPG, welche das Bewerben von „Unsafe-Sex-Praktiken" verbieten, befinden sich ebenfalls im „Kärntner Prostitutionsgesetz"[495] sowie im „Oberösterreichischen Sexualdienstleistungsgesetz".[496] Zu keiner der genannten Bestimmungen existiert bislang jedoch ein verwaltungsgerichtliches oder höchstgerichtliches Judikat.[497]

492 Vgl VfSlg 19.159/2010.
493 Vgl VfSlg 13.363/1993.
494 Diese Ansicht teilt auch *Murer* in Prostitution und Verfassung S 159.
495 Vgl § 3 Abs 2 lit f K-PRG.
496 Vgl § 3 Abs 3 Z 4 Oö. SDLG.
497 Stand Dezember 2018.

VI. Gesetzliche Maßnahmen zur Bekämpfung der illegalen Prostitution im VStG sowie im Tiroler Landes-Polizeigesetz im Spannungsverhältnis zu Grundrechten

VI.1. Die verwaltungspolizeiliche Festnahme nach § 35 Z 3 VStG

Mit der jüngsten Novelle des TLPG[498] wurde dessen § 19 um den Abs 5 erweitert. Mit diesem wird nunmehr ausdrücklich normiert, dass Verwaltungsübertretungen nach § 14 lit a (die Prostitutionsausübung), lit b (die Prostitutionsanbahnung), lit d (die Gewährung oder Beschaffung der Gelegenheit zur Ausübung der Prostitution) sowie lit e (die Bewerbung von „Unsafe-Sex-Praktiken") im Sinne einer effizienteren Strafverfolgung nach einer Betretung durch Organe des öffentlichen Sicherheitsdienstes als beendet gelten und eine Fortsetzung der strafbaren Handlung als neue, eigenständige Übertretung zu qualifizieren ist. Mit der Novelle ist man von der bisherigen Rechtslage abgegangen, nach welcher es sich bei den aufgezählten Übertretungen um sog fortgesetzte Delikte handelt. Diese sind dadurch gekennzeichnet, dass der Täter nacheinander eine Mehrheit von an sich selbständigen Handlungen setzt, von denen jede für sich den Tatbestand desselben Delikts erfüllt. Die Einzelakte sind hierbei von einem einheitlichen Willensentschluss (Gesamtvorsatz) getragen. Der Täter darf bei einem fortgesetzten Delikt nur wegen der Begehung einer einzigen Verwaltungsübertretung bestraft werden.[499]

Nach der gesetzlichen Anordnung des § 19 Abs 5 TLPG sind die in Rede stehenden Delikte nunmehr als sog Zustandsdelikte zu qualifizieren. Bei Zustandsdelikten ist die Tat mit einem bestimmten Handeln, Unterlassen oder der Herbeiführung eines bestimmten Erfolges abgeschlossen. Ob die Handlung anadauert oder nicht, ist irrelevant.[500]

---

[498] LGBl Nr. 56/2017.

[499] Vgl *Hengstschläger/Leeb*, Verwaltungsverfahrensrecht[6] Rz 771; VwGH 24.10.2002, 2000/06/0161.

[500] Vgl *Hengstschläger/Leeb*, Verwaltungsverfahrensrecht[6] Rz 685.

Praktische Relevanz entfaltet die skizzierte Änderung primär für die Bekämpfung der illegalen Prostitutionsanbahnung am Straßenstrich iSd § 14 lit b TLPG, wo eine Prostituierte nunmehr bei jedem Betreten innerhalb einer Nacht wegen einer neuerlichen Übertretung nach § 14 lit b TLPG zur Anzeige gebracht werden kann.

Im Hinblick auf das Vorliegen der Voraussetzungen für eine Festnahme nach § 35 VStG (auf etwaige andere, im Hinblick auf das Prostitutionswesen durchaus praxisrelevante Rechtsgrundlagen für eine Festnahme, etwa § 39 FPG[501] oder § 40 BFA-VG[502], wird an dieser Stelle nicht eingegangen) zeitigt die neue Regelung hingegen keine unmittelbaren Auswirkungen, da sowohl das Verharren in einer strafbaren Handlung, als auch der Versuch, diese zu wiederholen, einen Festnahmegrund iSd § 35 Z 3 VStG darstellen.[503]

Voraussetzung für eine Festnahme nach § 35 VStG ist, dass eine als Verwaltungsübertretung strafbare Tat vorliegt, welche ein Sicherheitsorgan unmittelbar selbst wahrnimmt, ohne dass es ergänzender Erhebungen oder Befragungen darf.[504] Sowohl der VfGH als auch der VwGH haben diese Voraussetzung jedoch insofern etwas abgeschwächt, als diese in stRsp ausgesprochen haben, dass es bereits genüge, wenn ein Sicherheitsorgan mit gutem Grund („*in vertretbarer Weise*") annehmen könne, dass eine Verwaltungsübertretung begangen wurde.[505] Dass die rechtliche Beurteilung des Organs hinsichtlich der Tatbegehung richtig sein muss, ist hingegen nicht erforderlich.[506] Unzulässig ist eine Festnahme nach § 35 VStG bei bloßem Verdacht einer Verwaltungsübertretung,[507] aufgrund von Angaben Dritter,[508] oder wenn diese nicht unmittelbar bei Betreten auf frischer Tat erfolgt, sondern erst mit einiger zeitlicher Verzögerung.[509]

---

501 Zu den Modalitäten der Festnahme nach § 39 FPG vgl *Schmalzl*, § 39 FPG, in: *Schrefler-König/Szymanski* (Hrsg), Fremdenpolizei- und Asylrecht[3] (2014) III A1.

502 Zu den Modalitäten der Festnahme nach § 40 BFA-VG vgl *Filzwieser/Frank/Kloibmüller/Raschhofer*, Asyl- und Fremdenrecht S 382ff.

503 Vgl *Stöger*, § 35 VStG, in: *Raschauer/Wessely* (Hrsg), VStG[2] (2016) Rz 11.

504 Vgl *Hengstschläger/Leeb*, Verwaltungsverfahrensrecht[6] Rz 807; *Stöger*, § 35 VStG Rz 7; VwSlg 14.905 A/1998.

505 Vgl *Stöger*, § 35 VStG Rz 7; VfSlg 14.367/1995; 13.240/1992; VwGH 08.07.1993, 93/18/0273; 18.06.2008, 2005/11/0048; VwSlg 14.905A/1998.

506 Vgl VfSlg 7987/1977.

507 Vgl VfSlg 10.416/1985.

508 Vgl VfSlg 10.327/1985.

509 Vgl VfSlg 7277/1974.

§ 35 VStG enthält drei alternative sowie taxativ aufgezählte Gründe, bei deren Vorliegen eine Festnahme zulässig ist.[510] Entweder, der Betretene ist dem anhaltenden Organ unbekannt, weist sich nicht aus und seine Identität ist auch anderweitig nicht sofort feststellbar.[511] Alternativ dazu, sofern der begründete Verdacht besteht, dass sich der Betretene der Strafverfolgung entziehen werde. Hierfür bedarf es nach der Judikatur des VfGH jedoch konkreter Anhaltspunkte für das Vorliegen einer Fluchtgefahr.[512] Der alleinige Umstand, dass der Betretene keinen Wohnsitz im Inland hat, reicht hierfür nicht aus.[513] Als dritter Festnahmegrund kommt in Betracht, dass der Betretene trotz vorangegangener Abmahnung in der Fortsetzung seiner strafbaren Handlung verharrt (relevant bei einem fortgesetzten Delikt), oder versucht, die strafbare Handlung zu wiederholen (relevant im Falle eines Zustandsdeliktes, zu welchen nunmehr gemäß der Anordnung des § 19 Abs 5 TLPG auch die Straftatbestände nach § 14 lit a, b, d und e TLPG zählen). Die Abmahnung muss hierbei unmissverständlich, in engstem zeitlichem und örtlichem Zusammenhang mit der Festnahme[514] und in der Regel auch individuell erfolgen.[515] Ein ausdrücklicher Hinweis auf die drohende Festnahme oder der Gebrauch einer bestimmten Wortwahl ist jedoch nicht erforderlich.[516]

§ 36 VStG enthält darüber hinaus die Rechte eines Festgenommenen, insbesondere um den verfassungsrechtlichen Vorgaben Rechnung zu tragen, auf welche im nächsten Kapitel detailliert eingegangen wird.[517] Insbesondere ist nach § 36 Abs 1 VStG jeder Festgenommene unverzüglich der nächsten sachlich zuständigen Behörde zu übergeben oder aber, wenn der Grund der Festnahme schon vorher wegfällt, freizulassen. Diesbezüglich ist anzumerken, dass die nächste sachlich zuständige Behörde nicht zwingend auch die örtlich zuständige Behörde ist.[518] Dieser obliegt jedoch in der Folge die weitere Durchführung des Verfahrens.[519] Auch hat die

---

[510] Vgl *Hengstschläger/Leeb*, Verwaltungsverfahrensrecht[6] Rz 808; *Stöger*, § 35 VStG Rz 9ff.
[511] Vgl dazu VwGH 22.10.2002, 2000/01/0527.
[512] Vgl *Stöger*, § 35 VStG Rz 10; VfSlg 11.171/1986; 12.091/1989.
[513] Vgl VfSlg 9916/1984.
[514] Vgl VfSlg 10.847/1986.
[515] Zur Zulässigkeit genereller Abmahnungen – im konkreten Fall von einer Gruppe Demonstranten mittels Megaphon - vgl VfSlg 15.109/1998.
[516] Vgl *Stöger*, § 35 VStG Rz 11; VfSlg 11.810/1988.
[517] Siehe Kapitel **VI.1.a**
[518] Vgl *Thienel/Zeleny*, Verwaltungsverfahren[20] S 226.
[519] Vgl *Stöger*, § 36 VStG, in: *Raschauer/Wessely* (Hrsg), VStG[2] (2016) Rz 4.

Behörde den Angehaltenen nach § 36 Abs 1 VStG unverzüglich zu vernehmen[520] und die Anhaltung darf keinesfalls länger als 24 Stunden dauern.[521]

Ein Beispiel für den Wegfall des Festnahmegrundes iSd Abs 1 leg cit wäre etwa, wenn die Festnahme auf Grundlage des § 35 Z 1 VStG erfolgte und die Identität des Festgenommenen nachträglich bekannt wird,[522] oder nach einer Festnahme wegen § 35 Z 3 VStG aufgrund der Umstände augenfällig wird, dass der Festgenommene nach seiner Freilassung sein strafbares Verhalten nicht wieder aufnehmen wird.[523]

Im Wirkungsbereich der LPD Tirol als Sicherheitsbehörde erster Instanz im Stadtgebiet von Innsbruck hat sich im Hinblick auf die Bekämpfung der illegalen Straßenprostitution die Vorgehensweise etabliert und bewährt, eine Straßenprostituierte bei erstmaligem Betreten durch Behördenvertreter oder Organe des öffentlichen Sicherheitsdienstes im Zuge einer öffentlichen Anbahnungshandlung iSd § 14 lit b TLPG, sofern diese sich ausweisen kann, abzumahnen sowie zur Anzeige zu bringen. Wird eine Prostituierte in derselben Nacht neuerlich bei einer öffentlichen Anbahnung betreten, so wird die Festnahme nach § 35 Z 3 VStG ausgesprochen, mit dem behördlichen Journaldienst der LPD Kontakt aufgenommen und diese dem Behördenvertreter vorgeführt. Im Anschluss wird die Prostituierte bis 04:00 Uhr im Polizeianhaltezentrum angehalten, um weitere Übertretungen in Form von Anbahnungsversuchen iSd § 14 lit b TLPG effizient und zuverlässig zu unterbinden. Um 04:00 Uhr wird die Prostituierte auf Anordnung des behördlichen Journaldienstes wieder entlassen, da um diese Zeit eine Wiederholungsgefahr hinsichtlich einer Übertretung nach lit b leg cit realistischerweise nicht mehr zu erwarten ist.

---

520 Diesbezüglich hat die Behörde alle ihr zumutbaren organisatorischen und personellen Maßnahmen zu treffen - vgl dazu VfSlg 9368/1982, 11.817/1988.

521 Verfassungsgesetzlich verankert in Art 4 Abs 5 PersFrBVG.

522 Vgl VfSlg 10.229/1984.

523 Vgl *Stöger*, § 36 VStG Rz 2; VfSlg 11.692/1988; 11.930/1988; 11.371/1987.

VI.1.a. Die verwaltungspolizeiliche Festnahme nach § 35 Z 3 VStG im Spannungsverhältnis zum BVG über den Schutz der persönlichen Freiheit / Art 5 EMRK

Bei einer Festnahme handelt es sich um den förmlichen Entzug der Freiheit einer Person, indem dieser unter Anwendung oder Androhung von Zwang die Durchführung von Ortsveränderungen unmöglich gemacht wird, oder deren Bewegungsfreiheit auf ein bestimmtes, abgegrenztes Gebiet beschränkt wird.[524] Aus verfassungsrechtlicher Sicht stellt eine Festnahme einen Eingriff in das Grundrecht auf persönliche Freiheit dar.[525]

Das Grundrecht auf persönliche Freiheit gewährt dem einzelnen Menschen einen grundlegenden Schutz vor willkürlichen Verhaftungen.[526] In der österreichischen Verfassung ist es einerseits in Art 5 EMRK[527] (später ergänzt durch das Verbot der exekutiven Schuldhaft in Art 1 des 4. ZPEMRK[528]) sowie andererseits im eigens eingerichteten „BVG zum Schutze der persönlichen Freiheit" (fortan: PersFrBVG)[529] verwirklicht. Art 5 der EMRK, mit dem Titel „Recht auf Freiheit und Sicherheit", wurde in Österreich zunächst unter Vorbehalt ratifiziert, um die im österreichischen Verwaltungsstrafrecht vorgesehene Möglichkeit, Freiheitsstrafen durch Verwaltungsbehörden zu verhängen, entgegen den Bestimmungen des Art 5 EMRK abzusichern. Art 5 EMRK wurde mit der Maßgabe angewendet, dass die in den Verwaltungsverfahrensgesetzen[530] vorgesehenen Maßnahmen des Freiheitsentzuges unter der in der österreichischen Bundesverfassung vorgesehenen, nachprüfenden Kontrolle durch den VfGH oder VwGH unberührt bleiben.[531] Dieser Vorbehalt wurde durch die Einrichtung der Verwaltungsgerichte als Beschwerdeinstanz im

[524] Vgl *Stöger*, § 35 VStG Rz 6; VfSlg 13.063/1992.
[525] Vgl *Hengstschläger/Leeb*, Grundrechte² Rz 5/2.
[526] Vgl *Hengstschläger/Leeb*, Grundrechte² Rz 5/2.
[527] Zur Ausgestaltung des Grundrechts auf Freiheit und Sicherheit nach Art 5 EMRK vgl *Harrendorf/König*, Art 5 EMRK, in: *Meyer-Ladewig/Nettesheim/von Raumer* (Hrsg), EMRK Handkommentar⁴ (2017) S 133ff.
[528] Zum Verbot der Freiheitsentziehung wegen Schulden nach Art 1 des 4. ZPEMRK vgl *Harrendorf/König*, Art 1 des 4. ZPEMRK, in: *Meyer-Ladewig/Nettesheim/von Raumer* (Hrsg), EMRK Handkommentar⁴ (2017) S 794.
[529] Bundesverfassungsgesetz vom 29. November 1988 über den Schutz der persönlichen Freiheit, BGBl Nr. 684/1988 idF BGBl I Nr. 2/2008.
[530] BGBl Nr. 172/1950 (Einführungsgesetz zu den Verwaltungsverfahrensgesetzen – EGVG, Allgemeines Verwaltungsverfahrensgesetz – AVG, Verwaltungsstrafgesetz – VStG, Verwaltungsvollstreckungsgesetz – VVG.)
[531] Vgl *Hengstschläger/Leeb*, Grundrechte² Rz 5/1.

Verwaltungsstrafverfahren[532] sowie die Erlassung des PersFrBVG obsolet. Dennoch wurde er bislang nicht zurückgezogen.[533]

Ziel des Verfassungsgesetzgebers war es, durch das mit 1. Jänner 1991 in Kraft getretenen PersFrBVG den Rechtsschutzstandard im Vergleich zu Art 5 EMRK noch zu verbessern.[534] Dennoch enthält Art 8 Abs 3 PersFrBVG die ausdrückliche Anordnung, dass die EMRK von den Bestimmungen unberührt bleibt, um auszuschließen, dass das PersFrBVG einer Heranziehung der EMRK entgegensteht, sollte diese im Detail eine für den Rechtsunterworfenen günstigere Regelung vorsehen. Eingriffe in das Recht auf persönliche Freiheit sind in Österreich somit grundsätzlich nicht nur am PersFrBVG, sondern zusätzlich auch an der EMRK zu messen.[535] Praktisch ist der Art 5 EMRK in der österreichischen Rechtsordnung jedoch nur von Relevanz, sofern dieser ausnahmsweise über den Schutzbereich des PersFrBVG hinausgehen sollte,[536] was für die nachfolgenden Ausführungen jedoch unbeachtlich ist. Der Vollständigkeit halber ist auch noch zu erwähnen, dass das in Art 5 EMRK verbriefte Grundrecht ebenfalls als Unionsgrundrecht in Art 6 GRC festgeschrieben wurde.[537] Darüber hinaus wurden Art 8 StGG, welcher die persönliche Freiheit als Staatsbürgerrecht normiert hatte, sowie das einfache „Gesetz zum Schutze der persönlichen Freiheit"[538] durch Art 8 Abs 2 PersFrBVG aufgehoben.

Art 1 Abs 1 PersFrBVG garantiert, wie Art 5 EMKR ebenfalls, jedem Menschen das *„Recht auf Freiheit und Sicherheit"*, präzisiert dieses Grundrecht aber noch ausdrücklich als Garantie der *„persönlichen Freiheit"* und in Art 2 Abs 1 PersFrBVG dahingehend, dass es sich gegen den Entzug der Freiheit durch willkürliche Festnahme oder Anhaltung richtet. Das geschützte Rechtsgut des Grundrechts ist die körperliche Bewegungsfreiheit, nicht eine darüber hinaus gehende

---

532 Vgl Art 130 Abs 1 Z 1 und Abs 4 B-VG; zum Verfahren vor den Verwaltungsgerichten vgl *Kahl/Weber*, Allgemeines Verwaltungsrecht[6] Rz 533ff; zur Maßnahmenbeschwerde vgl *Hauer*, Staats- und Verwaltungshandeln[4] (2014) Rz 727ff.
533 Stand Dezember 2018.
534 Vgl *Hengstschläger/Leeb*, Grundrechte[2] Rz 5/1.
535 Vgl *Stöger*, § 35 VStG Rz 3.
536 Vgl *Kopetzki*, BVG persönliche Freiheit Vorbemerkungen Rz 8ff sowie Art 8 PersFrG Rz 2ff, in: *Korinek/Holoubek/Bezemek/Fuchs/Martin/Zellenberg* (Hrsg), Österreichisches Bundesverfassungsrecht (2002).
537 Vgl *Hengstschläger/Leeb*, Grundrechte[2] Rz 5/1.
538 Gesetz vom 27. Oktober 1862, zum Schutze der persönlichen Freiheit, RGBl. Nr. 87/1862 aufgehoben durch BGBl. Nr. 684/1988.

Handlungsfreiheit.[539] Auch schützt das Grundrecht besagte Bewegungsfreiheit nicht vor jeglicher Beschränkung schlechthin, sondern lediglich davor, dass persönliche Ortsveränderungen durch staatlichen Zwang oder dessen Androhung unterbunden oder eingeschränkt werden.[540] Weiters ist ein Eingriff in das Recht auf persönliche Freiheit nach der Judikatur des VfGH nur dann gegeben, wenn dieser intentional erfolgt, sprich eine Amtshandlung auch primär auf den Entzug der körperlichen Bewegungsfreiheit eines Menschen abzielt. Wenn eine Maßnahme auf einen anderen Erfolg abzielt, den Betroffenen jedoch als Begleiterscheinung dazu nötigt, sich für längere Zeit nicht von einem bestimmten Ort zu entfernen, etwa im Falle einer Identitätsfeststellung oder einer Personsdurchsuchung, liegt kein Eingriff in den Schutzbereich des Grundrechts vor.[541] Ebenfalls nicht erforderlich für einen Grundrechtseingriff ist der Umstand, dass eine „Festnahme" oder „Anhaltung" förmlich vorgenommen oder ausgesprochen wird. Es kommt lediglich auf die materiellen Umstände der Einleitung sowie Aufrechterhaltung eines Freiheitsentzuges an.[542] Zu verneinen ist ein Eingriff in das Recht auf persönliche Freiheit jedoch dann, wenn jemand der bloßen Aufforderung eines Amtsorganes, mit diesem Mitzukommen (etwa auf eine Polizeiinspektion), nach objektiver Betrachtungsweise freiwillig entspricht, ohne dass die Ausübung unmittelbarer Befehls- und Zwangsgewalt auch nur angedroht wurde.[543]

Das Grundrecht auf persönliche Freiheit steht sowohl unter einem formellen als auch einem materiellen Gesetzesvorbehalt. Nach Art 1 Abs 2 PersFrBVG darf Niemand aus anderen als den im PersFrBVG genannten Gründen oder auf eine andere als *„die gesetzlich vorgeschriebene Weise"* festgenommen oder angehalten werden. Darüber hinaus sieht Art 2 Abs 1 PersFrBVG sieben konkrete, taxativ aufgezählte Tatbestände vor, aufgrund derer der Gesetzgeber einen Entzug der persönlichen Freiheit eines Menschen vorsehen darf. Wie der Wortlaut *„auf die gesetzlich vorgeschriebene Weise"* überdies erkennen lässt, ist Art 2 Abs 1 PersFrBVG nicht als unmittelbare Rechtsgrundlage anwendbar in dem Sinne, dass eine Festnahme direkt auf diese Bestimmung gestützt werden kann. Der Entzug der Freiheit bedarf darüber hinaus

---

[539] Vgl VfSlg 10.627/1985.
[540] Vgl VfSlg 13.063/1992; 15.465/1999; 17.340/2004.
[541] Vgl VfSlg 8815/1980; 15.372/1998; 15.465/1999.
[542] Vgl VfSlg 10.627/1985; 12.728/1991; 15.372/1998.
[543] Vgl *Stöger*, § 35 VStG Rz 6; VfSlg 12.728/1991.

stets einer konkretisierenden Ermächtigung in einem einfachen Gesetz, wobei die Lehre ein besonders strenges Determinierungsgebot für den einfachen Gesetzgeber annimmt, hinsichtlich der Gründe des Freiheitsentzuges im Rahmen des Art 2 PersFrBVG sowie des einzuhaltenden Verfahrens in Zusammenhang mit einer Freiheitsbeschränkung.[544]

Ergänzend sieht Art 1 Abs 3 PersFrBVG noch ein Verhältnismäßigkeitsprinzip für jeden Eingriff in das Grundrecht vor, wonach ein Entzug der persönlichen Freiheit einerseits nur dann gesetzlich vorgesehen werden darf, wenn dies nach dem Zweck der Maßnahme notwendig ist, andererseits darf die persönliche Freiheit jeweils auch nur dann entzogen werden, wenn und soweit dies nicht zum Zweck der Maßnahme außer Verhältnis steht. Das Verhältnismäßigkeitsprinzip richtet sich somit sowohl an den Gesetzgeber, als auch an die Vollziehung. Dass eine freiheitsentziehende Maßnahme stets nur als „ultima ratio" staatlicher Zwangsgewalt anzuwenden ist, ist darüber hinaus noch explizit in Art 5 Abs 2 PersFrBVG angeordnet („*Wenn gelindere Mittel ausreichen, ist vom Freiheitsentzug abzusehen*").[545]

Um auf die Festnahme nach § 35 VStG zurückzukommen, so ist festzuhalten, dass diese grundsätzlich ihre Deckung im Tatbestand des Art 2 Abs 1 Z 3 PersFrBVG findet, welcher dem einfachen Gesetzgeber die Möglichkeit einräumt, einen Freiheitsentzug bei Verdacht einer Verwaltungsübertretung zum Zweck der Vorführung vor die zuständige Behörde vorzusehen, wenn jemand *„auf frischer Tat betreten wird, sofern die Festnahme zur Sicherung der Strafverfolgung oder zur Verhinderung weiteren gleichartigen strafbaren Handelns erforderlich ist"*. Die Bestimmung ist jedoch als Ausführungsbestimmung zum PersFrBVG durch die Organe des öffentlichen Sicherheitsdienstes verfassungskonform im Lichte des Verhältnismäßigkeitsgrundsatzes des Art 1 Abs 3 PersFrBVG anzuwenden, sodass vor Durchführung einer Festnahme stets auf die Möglichkeit gelinderer Mittel Bedacht zu nehmen ist.[546] Voraussetzung für eine Festnahme zu diesem Zweck ist, dass der Verdächtige, im Gegensatz zu Jemand der einer mit gerichtlicher oder

---

[544] Vgl *Berka*, Grundrechte Rz 574; *Hengstschläger/Leeb*, Grundrechte^2 Rz 5/4.
[545] Vgl *Hengstschläger/Leeb*, Grundrechte^2 Rz 5/4; VfSlg 17.891/2006; 19.365/2011; 19.675/2012.
[546] Vgl *Stöger*, § 35 VStG Rz 3; VwGH 29.01.1968, 1569/66.

finanzbehördlicher Strafe bedrohten Handlung verdächtig ist,[547] auf frischer Tat betreten wird und die Festnahme zur Sicherung der Strafverfolgung oder Verhinderung weiterer, gleichartiger strafbarer Handlungen erforderlich ist. Die weitere Vorgangsweise ist in Art 4 Abs 5 PersFrBVG geregelt, wonach ein Festgenommener freizulassen ist, sobald der Festnahmegrund wegfällt. Ansonsten ist er unverzüglich der zuständigen Behörde zu übergeben und darf keinesfalls länger als 24 Stunden angehalten werden. All die genannten Regelungen finden sich auch einfachgesetzlich in den §§35f VStG festgeschrieben,[548] sodass die einfachgesetzlichen Bestimmungen des VStG in keinem Widerspruch zum PersFrBVG stehen.

Die im vorangegangenen Kapitel skizzierte, regelmäßig praktizierte Vorgehensweise im Wirkungsbereich der LPD Tirol im Hinblick auf durchgeführte Verwaltungsfestnahmen von Prostituierten wurde in den 1980er Jahren aufgrund von Verwaltungsfestnahmen Prostituierter in Vorarlberg dreimal unter leicht divergierenden Rahmenbedingungen an den VfGH herangetragen. Die drei Entscheidungen ergingen allesamt vor dem Inkrafttreten des PersFrBVG im Jahr 1991, sodass ein Eingriff in das Recht auf persönliche Freiheit noch am Art 5 der EMRK und dem damals in Geltung stehenden Art 8 StGG sowie dem einfachen „Gesetz zum Schutze der persönlichen Freiheit" zu messen waren. Materiellrechtlich halten sich die Unterschiede im Vergleich zur heutigen Rechtslage[549] jedoch in Grenzen.

Der ersten Entscheidung des VfGH aus dem Jahr 1987[550] lag eine Maßnahmenbeschwerde gegen eine Festnahme zu Grunde, wobei eine Prostituierte um 14:30 Uhr auf einem einschlägig bekannten Straßenzug bei der Anbahnung von Beziehungen zur Ausübung gewerbsmäßiger Unzucht nach § 4 „Vorarlberger Sittenpolizeigesetz"[551] von einer Polizeistreife betreten und von dieser ermahnt worden war, ihr strafbares Verhalten einzustellen. Nur zehn Minuten später wurde die Prostituierte neuerlich von derselben Polizeistreife betreten und in weiterer Folge gemäß § 35 Z 3 VStG festgenommen, da sie trotz der

[547] Vgl Art 2 Abs 1 Z 1 PersFrBVG.
[548] Vgl die Ausführungen im vorangegangenen Kapitel **VI.1.**
[549] Stand Dezember 2018.
[550] VfGH 17.06.1987, B491/86.
[551] Vergleichbar mit einer Übertretung nach § 14 lit b TLPG.

vorangegangenen Abmahnung in der Fortsetzung ihrer strafbaren Handlung verharrte. Die Prostituierte wurde anschließend auf den Gendarmerieposten verbracht, durchsucht sowie niederschriftlich einvernommen. Die Amtshandlung war gegen 17:00 Uhr beendet, im Anschluss wurde die Prostituierte in den Gemeindearrest des Gendarmeriepostens gesperrt und bis zum darauffolgenden Tag um 08:00 Uhr festgehalten, ehe sie dem Strafreferenten der zuständigen Bezirksverwaltungsbehörde vorgeführt wurde, welcher mittels Straferkenntnis eine Geldstrafe gegen die Prostituierte verhängte.[552]

Der VfGH hatte ausgesprochen, dass die Beamten durchaus mit gutem Grund annehmen konnten, dass die abgemahnte Prostituierte eine Verwaltungsübertretung nach § 4 „Vorarlberger Sittenpolizeigesetz" begangen habe und infolge ihrer Betretung auf frischer Tat und Verharrung in der strafbaren Handlung trotz vorangegangener Abmahnung der Festnahmegrund des § 35 Z 3 VStG grundsätzlich vorlag. Als unzulässig erachtete der VfGH hingegen die Dauer der Anhaltung. Gemäß § 36 Abs 1 erster Satz VStG ist der zum Zweck der Vorführung vor die zuständige Behörde Festgenommene freizulassen, wenn der Grund zur Festnahme schon vorher entfällt. Wenn aber bereits die Festnahme selbst bewirkt, dass der Grund der Festnahme entfällt, wenn also die wegen Verharrens in ihrem strafbaren Verhalten festgenommene Person dieses Verhalten gerade infolge der Festnahme einstellt, ist diese Rechtsregel nach Ansicht des VfGH nicht wörtlich anzuwenden. Vielmehr sei - dem Sinn des Gesetzes entsprechend - der Festgenommene jedenfalls dann vorzeitig zu enthaften, wenn auf Grund besonderer Umstände augenfällig wird, dass er im Fall der Freilassung das strafbare Verhalten nicht wieder aufnehmen wird.[553] Anhaltspunkte dafür, dass derartige besondere Umstände in diesem konkreten Fall vorgelegen seien, hätten sich nicht ergeben.[554]

Jedoch wären auch die weiteren Bestimmungen des § 36 Abs 1 VStG zu beachten gewesen, wonach die Behörde verhalten ist, jeden Festgenommenen ehestmöglich als Beschuldigten im Verwaltungsstrafverfahren zu vernehmen. Sie habe auch die ihr zumutbaren organisatorischen und personellen Maßnahmen zu treffen, um dieser Verpflichtung nachzukommen. Die Anhaltung der Prostituierten währte von 14:40 Uhr bis 08:00 Uhr des darauffolgenden Tages. Die Beamten waren berechtigt, vor

552 Vgl VfGH 17.06.1987, B491/86.
553 Vgl VfSlg 9368/1982 sowie die dort zitierte Vorjudikatur.
554 Vgl VfGH 17.06.1987, B491/86.

Überstellung der Festgenommenen zur zuständigen Verwaltungsstrafbehörde die erforderlichen Maßnahmen (etwa Priorierung der Festgenommenen und Verfassen der Anzeige) zu treffen. Der hierfür nötige Zeitraum sei um etwa 17:00 Uhr abgelaufen; über diesen Zeitpunkt hinaus wurde die Prostituierte lediglich deshalb angehalten, weil bei der zuständigen Verwaltungsstrafbehörde um 17:00 Uhr Dienstschluss war, sodass die Angehaltene erst am nächsten Tag um 08:00 Uhr der Behörde vorgeführt wurde.[555]

Nach Ansicht des VfGH ist, sofern eine Festnahme wie im vorliegenden Fall noch während der Dienstzeit der Behörde erfolgt, seitens der Beamten jene Vorsorge zu verlangen, dass ein Festgenommener nach Abschluss der vorhin notwendigen Maßnahmen unverzüglich der Behörde zwecks Durchführung der Strafverhandlung übergeben werden kann. So wäre es im konkreten Fall ohne weiteres möglich und zumutbar gewesen, dass die Gendarmeriebeamten die Verwaltungsbehörde telefonisch vorab von der Festnahme in Kenntnis gesetzt hätten und ein Strafreferent der Behörde - erforderlichenfalls auch über den geplanten Dienstschluss hinaus - die Überstellung der Festgenommenen abgewartet hätte.[556]

Der VfGH hat somit erkannt, dass die Festnahme der Prostituierten sowie deren Anhaltung bis 17:00 Uhr zulässig waren. In dieser Hinsicht wurde sie in keinem verfassungsgesetzlich gewährleisteten Recht verletzt. Hingegen verstößt die über diesen Zeitpunkt hinausgehende Anhaltung gegen die Bestimmungen des § 36 Abs 1 VStG. Die Prostituierte wurde sohin durch ihre Anhaltung in der Zeit von 17:00 Uhr bis 08:00 Uhr des Folgetages in ihrem verfassungsgesetzlich gewährleisteten Recht auf persönliche Freiheit verletzt.[557]

Nur wenige Monate nach der soeben erörterten Entscheidung, ebenfalls im Jahr 1987, wurde eine weitere Maßnahmenbeschwerde aufgrund einer Festnahme nach § 35 Z 3 VStG an den VfGH herangetragen.[558] Im dieser zugrunde liegenden Sachverhalt wurde eine Prostituierte eines Nachts um 00:20 Uhr bei einer Anbahnung nach § 4 „Vorarlberger Sittenpolizeigesetz" durch eine Polizeistreife betreten und abgemahnt. Zehn Tage später wurde dieselbe Prostituierte um etwa 01:05 Uhr durch

---

[555] Vgl VfGH 17.06.1987, B491/86.
[556] Vgl hierzu etwa VfGH 03.12.1986, B930/85; sowie die dort zitierte Vorjudikatur zur Dauer der Haft.
[557] Vgl VfGH 17.06.1987, B491/86.
[558] VfGH 25.09.1987, B47/87 B48/87.

dieselbe Streife erneut bei einer Anbahnung nach § 4 „Vorarlberger Sittenpolizeigesetz“ betreten. Die Beamten sprachen die Festnahme nach § 35 Z 3 VStG aus und hielten die Prostituierte bis 06:00 Uhr im Arrest des Wachzimmers an, ehe sie die Festnahme aufhoben. Die Beamten hatten sich auf die bereits zehn Tage zuvor ausgesprochene Abmahnung berufen, eine neuerliche Abmahnung in der Nacht der Festnahme war nicht erfolgt.[559]

Der VfGH bejahte das Vorliegen eines Festnahmegrundes nach § 35 VStG insofern, als die Beamten berechtigt davon ausgehen konnten, dass die Prostituierte eine Übertretung nach § 4 „Vorarlberger Sittenpolizeigesetz“ begangen habe. Es mangelte jedoch nach Ansicht des VfGH an der für die Rechtmäßigkeit einer Festnahme nach § 35 Z 3 VStG erforderlichen Abmahnung.[560] Die zehn Tage zuvor wegen eines ähnlichen Verhaltens vorgenommene Abmahnung könne nicht als solche im Sinne der zitierten Gesetzesbestimmung angesehen werden. Die Abmahnung müsse sich nach ständiger Judikatur des VfGH unmittelbar auf das von den einschreitenden Beamten wahrgenommene strafbare Verhalten beziehen und darauf abzielen, eben dieses zu beenden. Erst wenn die Prostituierte dieser Abmahnung nicht Folge geleistet hätte, wäre ihre Festnahme nach § 35 Z 3 VStG gerechtfertigt gewesen.[561]

Der VfGH hat somit ausgesprochen, dass die Prostituierte im konkreten Fall durch die erfolgte Festnahme und die darauffolgende Anhaltung in ihrem verfassungsgesetzlich gewährleisteten Recht auf persönliche Freiheit verletzt worden war.[562]

Das letzte bemerkenswerte Judikat des VfGH hinsichtlich der Verwaltungsfestnahme einer Straßenprostituierten stammt aus dem Jahr 1988 und betrifft einen Sachverhalt, welcher am ehesten mit der an obiger Stelle skizzierten und nunmehr etablierten Vorgehensweise im behördlichen Wirkungsbereich der LPD Tirol vergleichbar ist.[563] Hierbei wurde eine amtsbekannte Prostituierte gegen 00:45 Uhr von zwei Polizeibeamten auf einem einschlägig bekannten „Dirnenstandplatz“ bei einer Anbahnung iSd § 4 „Vorarlberger Sittenpolizeigesetz“ betreten und aufgefordert, diesen zu verlassen. Diese Aufforderung lehnte die Prostituierte mit der Bemerkung

---

[559] Vgl VfGH 25.09.1987, B47/87 B48/87.
[560] Vgl etwa VfSlg 10376/1985; *Stöger*, § 35 VStG Rz 11.
[561] Vgl etwa VfSlg 10376/1985; VfGH 27.02.1986 B45/85; *Stöger*, § 35 VStG Rz 11.
[562] Vgl VfGH 25.09.1987, B47/87 B48/87.
[563] VfGH 10.06.1988, B1056/87.

ab, dass sie hier nur auf ihren Mann warte. Die Beamten drohten in weiterer Folge die Festnahme an, sollte die Prostituierte ihren Standplatz nicht verlassen. Nachdem sich diese neuerlich geweigert hatte, wurde um 00:50 Uhr seitens der Beamten die Festnahme ausgesprochen und die Prostituierte in das Haftlokal des Gendarmeriepostens verbracht, aus welchem sie gegen 06:00 Uhr wieder entlassen wurde.[564]

Der VfGH gelangte zur Ansicht, dass die einschreitenden Organe mit gutem Grund - und damit vertretbar - zur Auffassung gelangen durften, dass die Prostituierte eine Verwaltungsübertretung nach § 4 „Vorarlberger Sittenpolizeigesetz" begangen habe. Nachdem sie vor der Festnahme auch abgemahnt worden war, erwies sich diese, da die Prostituierte zudem in ihrer strafbaren Handlung verharrte, gemäß § 35 Z 3 VStG grundsätzlich auch als rechtmäßig.[565] Hinsichtlich der Anhaltung bis 06:00 Uhr im Arrest führte der VfGH wiederum aus, dass gemäß § 36 Abs 1 erster Satz VStG Zweck der Festnahme die Vorführung vor die zuständige Behörde darstellt, jedoch der Festgenommene freizulassen ist, wenn der Grund zur Festnahme schon vorher entfällt. Auch in dieser Entscheidung wies der VfGH neuerlich darauf hin, dass diese Rechtsvorschrift nicht wörtlich anzuwenden sei, sofern bereits die Festnahme selbst bewirkt, dass der Grund der Festnahme entfällt, indem die wegen Verharrens im strafbaren Verhalten festgenommene Person dieses Verhalten gerade infolge der Festnahme einstellt und der Festgenommene nur dann vorzeitig zu enthaften ist, wenn auf Grund besonderer Umstände augenfällig wird, dass sie im Fall der Freilassung das strafbare Verhalten nicht wieder aufnehmen wird.[566]

Die Beamten entließen die Prostituierte um 06:00 Uhr aus der Haft, weil sie annahmen, dass sie zu diesem Zeitpunkt die strafbare Handlung (Anbahnung im Rahmen der Straßen-Prostitution) nicht wieder aufnehmen würde. Eine Entlassung zu einem früheren Zeitpunkt hätte tatsächlich nicht ausgeschlossen, dass sie sich wieder an ihren Standort zurückbegeben hätte, um dort die strafbare Tätigkeit wieder aufzunehmen. Keine gesetzliche Vorschrift gebietet, einen nach § 35 Z 3 VStG Festgenommenen anstatt zur Behörde (oder zunächst in ein Arrestlokal) nach Hause zu transportieren, wie dies etwa in der Maßnahmenbeschwerde verlangt wurde. Die Entlassung der Prostituierten aus der Haft wurde somit nach Ansicht des VfGH nicht

[564] Vgl VfGH 10.06.1988, B1056/87.
[565] Vgl VfGH 10.06.1988, B1056/87.
[566] Vgl VfSlg 9368/1982; 11101/1986; 11692/1988; 12246/1990; *Stöger*, 35 VStG Rz 11.

gesetzeswidrig hinausgezögert. Auch standen die Festnahme und Anhaltung sohin nicht außer jedem Verhältnis zum Zweck der Amtshandlung, sodass die Prostituierte in Einklang mit den Bestimmungen des § 35f VStG festgenommen und angehalten worden sei und durch die Maßnahme nicht in ihrem verfassungsgesetzlich gewährleisteten Recht auf persönliche Freiheit verletzt wurde.[567]

Insbesondere im Lichte des letzten angeführten Judikates ergeben sich hinsichtlich der gegenwärtig in Tirol praktizierte Vorgangsweise, wo die Freiheitsbeschränkung einer Straßenprostituierte regelmäßig nur bis 04:00 Uhr aufrecht erhalten wird, keine verfassungsrechtlichen Bedenken, auch nicht im Hinblick auf das nunmehr in Geltung stehende PersFrBVG sowie den Umstand, dass es sich bei der öffentlichen Anbahnung von Beziehungen zur Ausübung der Prostitution gemäß § 14 lit b TLPG idF LGBl Nr. 56/2017 um ein Zustandsdelikt anstatt um ein fortgesetztes Delikt handelt.

VI.2. Die Einhebung einer vorläufigen Sicherheitsleistung nach § 37a VStG

Eine weitere wichtige Bestimmung des VStG, welche im Zuge von Amtshandlungen mit Straßenprostituierten regelmäßig zur Anwendung gelangt, ist der § 37a VStG, welcher bei Vorliegen bestimmter Voraussetzungen Organe des öffentlichen Sicherheitsdienstes ermächtigt, von Personen, die auf frischer Tat betreten werden, eine vorläufige Sicherheitsleistung einzuheben.[568]

Sollte eine Polizeistreife somit eine Straßenprostituierte, in der Regel bei einer öffentlichen Anbahnung nach § 14 lit b TLPG (oder Ausübung bzw versuchter

---

[567] Vgl VfGH 10.06.1988, B1056/87.

[568] Wie bei der Einhebung einer Organstrafverfügung nach § 50 VStG wurde mit der jüngsten Novelle BGBl I Nr. 57/2018 ebenfalls die Voraussetzung einer behördlichen Ermächtigung sowie das Erfordernis einer besonderen Schulung für Organe zur Einhebung einer vorläufigen Sicherheit nach § 37a VStG entfernt – vgl dazu die Ausführungen in Kapitel **V.1.a.**; wie der Regierungsvorlage zu entnehmen ist, da davon auszugehen ist, dass die Angehörigen des Wachkörpers Bundespolizei ohnedies aufgrund ihrer Ausbildung hinreichend geschult sind; vgl S 8: http://www.parlament.gv.at/PAKT/VHG/XXVI/I/I_00193/fname_698594.pdf; abgerufen am 05.01.2019.

Ausübung nach lit a leg cit) auf frischer Tat betreten, so kann regelmäßig auf Grundlage des § 37a Abs 1 Z 2 lit a VStG eine vorläufige Sicherheit eingehoben werden, da die zumeist aus Osteuropa stammenden Straßenprostituierten in der Regel nicht aufrecht im Bundesgebiet gemeldet sind und die Strafverfolgung sowie -vollstreckung somit erheblich erschwert sein könnte. Zwar existieren diverse völker- sowie unionsrechtliche Grundlagen, welche das Ziel der Ermöglichung der Durchführung eines Strafverfahrens sowie der Vollstreckung einer Strafe in einem ausländischen Wohnsitzstaat zum Ziel haben,[569] dies schließt jedoch die Möglichkeit einer erheblichen Erschwerung einer Strafverfolgung oder -vollstreckung nicht aus, sofern Staaten die in Rede stehenden Rechtsakte nicht korrekt umgesetzt haben oder es bei deren praktischer Anwendung regelmäßig zu systematischen Problemen kommt.[570] § 37a Abs 2 VStG, welcher normiert, dass die vorläufige Sicherheit das Höchstmaß der angedrohten Strafe nicht übersteigen darf, stellt bei einem in § 19 TLPG festgesetzten Strafrahmen von bis zu 4.000 Euro für Übertretungen nach § 14 leg cit in der Praxis zumeist keine Einschränkung dar.

Jedoch ist § 37a Abs 3 VStG umso praxisrelevanter, wonach ein Organ, sofern die Betretene im Fall des Abs 1 Z 2 (erschwerte oder unverhältnismäßig aufwändige Strafverfolgung oder -vollstreckung) die vorläufige Sicherheit nicht leistet, verwertbare Sachen, die augenscheinlich ihr gehören, beschlagnahmen kann. Sollte eine Prostituierte kein Bargeld mit sich führen oder sich weigern, es den Beamten als vorläufige Sicherheit auszufolgen, so wird seitens der Beamten im Stadtgebiet von Innsbruck in der Praxis nunmehr häufig das Mobiltelefon (Smartphone) der Prostituierten gegen Ausstellung einer Bescheinigung beschlagnahmt und mit der Anzeigenerstattung über die Anbahnung nach § 14 lit b TLPG an die LPD Tirol als der zur Führung des Verwaltungsstrafverfahrens zuständigen Behörde gemäß § 23 Abs 2 TLPG übermittelt. Eine Beschlagnahme iSd § 37a Abs 3 VStG stellt seitens der Exekutivbeamten eine Ausübung unmittelbarer Befehls- und Zwangsgewalt dar[571]

---

[569] Was die Strafverfolgung anbelangt, siehe etwa das auch im Verwaltungsstrafrecht anwendbare Übereinkommen über die Rechtshilfe in Strafsachen, BGBl III Nr. 2005/65, oder das Europäische Übereinkommen über die Zustellung von Schriftstücken in Verwaltungssachen im Ausland, BGBl Nr. 1983/67. Im Bereich der Strafvollstreckung ist insbesondere der Rahmenbeschluss 2005/214/JI über die Anwendung des Grundsatzes der gegenseitigen Anerkennung von Geldstrafen und Geldbußen zu nennen, in Österreich umgesetzt durch das EU-Verwaltungsstrafvollstreckungsgesetz – EU-VStVG, BGBl I Nr. 33/2013.

[570] Vgl *Stöger*, § 37a VStG Rz 6; siehe auch die Ausführungen im nächsten Kapitel **VI.2.a.**

[571] Vgl *Stöger*, § 37a VStG Rz 1; VwGH 03.09.2002, 2001/03/0416.

und ist demnach beim zuständigen Verwaltungsgericht gemäß Art 130 Abs 1 Z 2 B-VG gesondert anfechtbar.[572] Dass eine Prostituierte ihr Mobiltelefon bei der Behörde „auslöst", indem sie in den Amtsräumlichkeiten erscheint und die vorläufige Sicherheit in Geld erlegt,[573] stellt in der Praxis die absolute Ausnahme dar. In der Regel wird seitens der Behörde binnen zwölf Monaten gemäß § 37a Abs 5 VStG iVm § 37 Abs 5 VStG unmittelbar in der erlassenen Strafverfügung hinsichtlich der Übertretung nach dem TLPG der beschlagnahmte Gegenstand für verfallen erklärt.

§ 37 VStG sieht parallel zu § 37a VStG die Befugnis der Behörde vor, den Beschuldigten mittels Bescheides zu beauftragen, eine Sicherheitsleistung zu erlegen. Die Bestimmung hat im Hinblick auf die Bekämpfung des illegalen Prostitutionswesens im Vergleich zur Organbefugnis der Einhebung einer vorläufigen Sicherheit bei Betreten auf frischer Tat nach § 37a VStG in der Praxis jedoch keine relevante Bedeutung, da sich im Hinblick auf die Erlassung eines Bescheides seitens der Behörde wiederum die bereits in Kapitel **V.1.a.** skizzierten Zustellprobleme ergeben würden.

VI.2.a. Die Einhebung einer vorläufigen Sicherheitsleistung nach § 37a VStG im Spannungsverhältnis zum Grundrecht auf Eigentum gemäß Art 5 StGG / Art 1 des 1. ZPEMRK

Nach dem Gesetzeswortlaut des § 37a Abs 3 VStG ist bei der Beschlagnahme verwertbarer Sachen als vorläufige Sicherheit *„mit möglichster Schonung der Person vorzugehen"*.[574] Unter diesem Gesichtspunkt ist die in der LPD Tirol regelmäßig praktizierte Abnahme von Mobiltelefonen betretener Prostituierter vor dem Hintergrund eines etwaigen Spannungsverhältnisses zum Grundrecht auf Eigentum zu beleuchten.

---

[572] Zu den Rechtsschutzmöglichkeiten vgl *Stöger*, § 37a VStG Rz 9.
[573] Vgl § 37a Abs 5 iVm § 37 Abs 4 VStG; *Stöger*, § 37a VStG Rz 10.
[574] Vgl dazu *Stöger*, § 37a VStG Rz 7.

Die einschlägigen Rechtsquellen hinsichtlich der Unverletzlichkeit des Eigentums des Einzelnen finden sich einerseits in Art 5 StGG, andererseits in Art 1 des 1. ZPEMRK.[575] Beide Grundrechtsquellen enthalten einen formellen Gesetzesvorbehalt. Der VfGH zieht primär den Art 5 StGG heran und verneint dessen materielle Derogation durch Art 1 des 1. ZPEMRK.[576] Auf Art 1 des 1. ZPEMRK greift er zumeist in Zusammenhang mit Entschädigungsverpflichtungen[577] sowie Eingriffen in öffentlich-rechtliche Ansprüche zurück.[578]

Bei der Unverletzlichkeit des Eigentums handelt es sich um ein Jedermannsrecht, welches unabhängig von der Staatsangehörigkeit allen natürlichen sowie juristischen Personen zukommt.[579] In sachlicher Hinsicht schützt Art 5 StGG nach hA sowie Rsp alle vermögenswerten Privatrechte.[580] Hierzu zählen neben dem Eigentum an körperlichen Sachen auch immaterielle Rechte wie Miet- und Pachtrechte,[581] Jagd- und Fischereireichte,[582] das Baurecht eines Grundeigentümers,[583] Aktionärs-,[584] Marken-[585] oder Gebrauchsrechte in großer Bandbreite.[586] Jedoch stellen nach ständiger Judikatur des VfGH auch Verpflichtungen zu Geldleistungen wie kommunale Gebühren und Abgaben,[587] Geldstrafen,[588] oder, insbesondere relevant für die gegenständlichen Ausführungen, auch die Einhebung einer vorläufigen Sicherheit oder Durchführung einer Beschlagnahme nach § 37a VStG einen Eingriff in das Grundrecht auf Unverletzlichkeit des Eigentums dar.[589]

---

[575] Zur Ausgestaltung des Grundrechts auf Schutz des Eigentums nach Art 1 des 1. ZPEMRK vgl *von Raumer*, Art 1 des 1. ZPEMRK, in: *Meyer-Ladewig/Nettesheim/von Raumer* (Hrsg), EMRK Handkommentar[4] (2017) S 735ff.
[576] Vgl *Hengstschläger/Leeb*, Grundrechte[2] Rz 8/1.
[577] Vgl *Hengstschläger/Leeb*, Grundrechte[2] Rz 8/16;
[578] Vgl *Hengstschläger/Leeb*, Grundrechte[2] Rz 8/4; VfSlg 15.129/1998; 15.448/1999.
[579] Vgl *Hengstschläger/Leeb*, Grundrechte[2] Rz 8/5.
[580] Vgl Bereits VfSlg 71/1921, wo „jedes Privatrecht" als Eigentum iSd Art 5 StGG bezeichnet wird.
[581] Vgl VfSlg 1667/1948; 5499/1967; 7160/1973.
[582] Vgl VfSlg 8779/1980; 9858/1983; 9118/1981.
[583] Vgl VfSlg 11.209/1987; 13.416/1993; 13.979/1994.
[584] Vgl VfSlg 17.584/2005.
[585] Vgl VfSlg 11.949/1989; 15.657/1999.
[586] Vgl VfSlg 9331/1982; 7768/1976; 8294/197812.270/1990; *Hengstschläger/Leeb*, Grundrechte[2] Rz 8/3.
[587] Vgl VfSlg 5472/1967; 13.733/1994.
[588] Vgl VfSlg 12.105/1989; 12.967/1992.
[589] Vgl VfSlg 5917/1969; der Ausspruch des Verfalles über die eingehobene Sicherheitsleistung mittels Bescheid gemäß § 37a Abs 5 iVm § 37 Abs 5 VStG stellt einen weiteren, gesonderten Eingriff in das Grundrecht auf Eigentum dar.

In der Lehre wird grundlegend zwischen Enteignungen und Eigentumsbeschränkungen differenziert. Eine Enteignung stellt den intensivsten Eingriff in das Grundrecht auf Eigentum dar und liegt dann vor, wenn eine Sache durch Vollzugsakt oder unmittelbar aufgrund des Gesetzes (sog „Legalenteignung") dem Eigentümer zwangsweise entzogen und auf eine andere Person (etwa auf den Staat, eine öffentlich-rechtliche Körperschaft oder eine Privatperson) übertragen oder ein fremdes Recht an ihr begründet wird. Im Fall einer Enteignung kommt es somit zu einer Vermögensverschiebung zu Lasten einer Person zugunsten einer anderen.[590]

Jeder andere staatliche Eingriff in das Grundrecht auf Eigentum, welcher ohne formellen Akt der Eigentumsübertragung erfolgt, stellt eine Eigentumsbeschränkung dar, wobei eine Beschränkung so weit gehen kann, dass jegliche sinnvolle Benutzung des Eigentums durch den Eigentümer unmöglich wird und diese somit de facto einer Enteignung gleichkommt.[591] Derart schwerwiegende Eigentumsbeschränkungen werden in der Judikatur des EGMR ebenfalls als Enteignung angesehen.[592] Die Unterscheidung ist insbesondere deshalb relevant, da eine Eigentumsbeschränkung als weniger intensiver Eingriff eher als verhältnismäßig und zulässig angesehen wird als eine Enteignung. Darüber hinaus geht die Lehre bei Enteignungen von einer Entschädigungspflicht des Staates aus, nicht so jedoch bei bloßen Eigentumsbeschränkungen.[593]

Unter Zugrundelegung der genannten Kriterien ist die Beschlagnahme des Mobiltelefons durch Organe des öffentlichen Sicherheitsdienstes auf Grundlage des § 37a Abs 3 VStG mangels formeller Eigentumsübertragung als Eigentumsbeschränkung anzusehen, während der anschließende Verfallsausspruch durch die LPD Tirol als zuständige Behörde nach § 37a Abs 5 iVm § 37 Abs 5 VStG einen Akt der Enteignung darstellt.[594]

---

[590] Vgl *Hengstschläger/Leeb*, Grundrechte² Rz 8/6; VfSlg 11.209/1987; 17.071/2003.

[591] Vgl *Hengstschläger/Leeb*, Grundrechte² Rz 8/7.

[592] Vgl EGMR U 28.10.1999 (GK), *Brumarescu v. Romania*, Nr. 28342/95.

[593] Vgl *Hengstschläger/Leeb*, Grundrechte² Rz 8/7; *Berka*, Grundrechte Rz 725; *Korinek*, Art 5 StGG, in: *Korinek/Holoubek/Betemek/Fuchs/Martin/Zellenberg* (Hrsg), Österreichisches Bundesverfassungsrecht (2002), Rz 30.

[594] Vgl VfSlg 5917/1969.

Grundsätzlich bedarf jeder Vollzugsakt, mit welchem ein Eingriff in das Grundrecht auf Eigentum einer Person verfügt wird, einer hinreichenden gesetzlichen Grundlage.[595] So leidet ein Bescheid einer Behörde oder die Ausübung unmittelbarer Befehls- und Zwangsgewalt durch ein Organ der öffentlichen Aufsicht an Verfassungswidrigkeit, sofern sie ohne jegliche Rechtsgrundlage ergangen ist,[596] auf einer rechtswidrigen generellen Norm beruht[597] oder das Vollzugsorgan eine Rechtsgrundlage denkunmöglich angewendet hat.[598] Der VfGH hat die Verfassungskonformität des § 37a VStG und insbesondere dessen Vereinbarkeit mit Art 5 StGG in stRsp anerkannt,[599] sodass dieser eine taugliche Rechtsgrundlage für einen Eingriff in das Grundrecht auf Eigentum durch Einhebung einer vorläufigen Sicherheit darstellt. Die maßgeblichen, zu beachtenden Kriterien, die auch in den genannten Judikaten des VfGH immer wieder erwähnt werden, sind einerseits die Möglichkeit einer erheblich erschwerten Strafverfolgung oder Strafvollstreckung, andererseits dass bei der Beschlagnahme einer verwertbaren Sache als vorläufige Sicherheit mit möglichster Schonung der Person vorzugehen ist. Der Umstand, dass die vorläufige Sicherheit das Höchstmaß der angedrohten Geldstrafe nicht übersteigen darf, spielt, wie bereits in Kapitel **VI.2.** erwähnt, im Bereich der Straßenprostitution bei einem Strafrahmen von bis zu 4.000 Euro praktisch keine Rolle.

Hinsichtlich der Beurteilung der Frage, ob in einem konkreten Fall die Möglichkeit einer erheblich erschwerten Strafverfolgung oder Strafvollstreckung vorliegt, haben sowohl der VfGH[600] als auch der VwGH[601] in ihrer jüngeren Judikatur ausgesprochen, dass in Anbetracht des kurzen Zeitraums einer polizeilichen Amtshandlung diesbezüglich lediglich ein geringer Wahrscheinlichkeitsgrad erforderlich sei. Es genüge die bloße Möglichkeit einer erheblichen Erschwerung der Strafverfolgung oder -vollstreckung. Da Verfahren mit Auslandsbezug in der Regel mit einem erheblich höheren finanziellen und zeitlichen Aufwand verbunden sind als reine Inlandsverfahren, liege eine solche erhebliche Erschwernis bei einem Betretenen mit Wohnsitz im Ausland praktisch

---

[595] Vgl *Hengstschläger/Leeb*, Grundrechte^2 Rz 8/12.
[596] Vgl etwa VfSlg 14.508/1996.
[597] Vgl etwa VfSlg 8970/980; 19131/1981; 12.396/1990.
[598] Vgl etwa VfSlg 14.577/1996.
[599] Vgl etwa VfGH 12.03.1968, B167/68; 25.06.1984, B259/80; 22.11.1984, B526/80; 26.09.1986, A8/83; 07.06.2010, A14/09; 11.06.2015, A4/2015.
[600] Vgl VfGH 11.06.2015, A4/2015.
[601] Vgl VwGH 18.05.2018, Ra 2016/02/0139.

immer im Bereich des Möglichen und könne nur selten zuverlässig ausgeschlossen werden. Somit liegen auch die Voraussetzungen für die Einhebung einer vorläufigen Sicherheit – unter der Voraussetzung des dringenden Tatverdachts – vor. Unter diesen Gesichtspunkten ist die Einhebung einer vorläufigen Sicherheit nach § 37a VStG bei einer auf frischer Tat betretenen Prostituierten, welche keinen Wohnsitz im Bundesgebiet hat, ohne jeden Zweifel im Lichte des Art 5 StGG als zulässig zu erachten.[602]

Hinsichtlich der Abnahme des Mobiltelefons als vorläufige Sicherheit auf Grundlage des § 37a Abs 3 VStG existiert bislang kein höchstgerichtliches Judikat. Jedoch gibt es eine relativ aktuelle Entscheidung des LVwG Tirol aus dem Jahr 2016, mit dem Hintergrund einer Maßnahmenbeschwerde durch einen rumänischen Bettler ohne Wohnsitz im Bundesgebiet, welcher auf frischer Tat bei den Verwaltungsübertretungen der „Störung der öffentlichen Ordnung" nach § 81 Abs 1 SPG sowie des „aggressiven Verhaltens" nach § 82 Abs 1 SPG betreten worden war[603] und dessen Mobiltelefon mangels Bargeld und der Möglichkeit einer erschwerten Strafverfolgung durch Organe des öffentlichen Sicherheitsdienstes auf Grundlage des § 37a Abs 3 VStG beschlagnahmt wurde.[604] Der vorliegende Sachverhalt lässt sich unproblematisch analog auf eine im Zuge einer Anbahnungshandlung iSd § 14 lit b TLPG betretene Prostituierte ohne aufrechten Wohnsitz im Bundesgebiet anwenden.

Das LVwG Tirol hatte ausgesprochen, dass aufgrund eines Rundschreibens des Verfassungsdienstes des Bundeskanzleramtes vom 14.11.2011[605] feststehe, dass die Strafverfolgung und -vollstreckung in Rumänien von Österreich aus bislang verunmöglicht werde,[606] sodass die Maßnahme im Hinblick auf das Vorliegen des Verdachts von mehreren Verwaltungsübertretungen jedenfalls verhältnismäßig und erforderlich erscheint um sicherzustellen, dass die vorläufige Sicherheit tatsächlich geleistet wird. Wenn ein dringender Tatverdacht vorliegt, sei die Einhebung einer

---

[602] Vgl dazu auch VwGH 17.04.2009, 2007/03/0174.

[603] Zur Ausgestaltung dieser beiden Verwaltungsstraftatbestände vgl *Raschauer/Schilchegger*, §§ 81 und 82 SPG in *Thanner/Vogl* (Hrsg), Sicherheitspolizeigesetz^2 (2013) S 751ff.

[604] LVwG Tirol 25.11.2016, LVwG-2016/23/1717-6.

[605] GZ: BKA-672.736/001-V/1/2011.

[606] Zu den Empfehlungen des Bundeskanzleramtes, inwieweit gegenüber einem bestimmten Staat die Voraussetzungen für die Anwendbarkeit des § 37a Abs 1 Z 2 lit a VStG vorliegen, vgl *Stöger*, § 37a VStG Rz 6.

vorläufigen Sicherheit schon dann zulässig, wenn eine Strafverfolgung oder der Strafvollzug "*offenbar unmöglich oder wesentlich erschwert sein wird*". Der Umstand, dass der einer Verwaltungsübertretung Verdächtigte seinen Wohnsitz oder gewöhnlichen Aufenthalt im Ausland hat, begründe hierbei regelmäßig Erschwernisse bei der Strafverfolgung und rechtfertige also - dringenden Tatverdacht vorausgesetzt - die Einhebung einer vorläufigen Sicherheit.[607] Auch in der Rechtsprechung des EuGH ist der Zweck, die Sicherung der Verfolgbarkeit von Zuwiderhandlungen gewährleisten zu können, anerkannt.[608]

Weiters führt das LVwG Tirol aus, dass das einschreitende Organ des öffentlichen Sicherheitsdienstes nach § 37a Abs 3 VStG auch „verwertbare" Sachen als vorläufige Sicherheit beschlagnahmen kann, sofern eine vorläufige Sicherheit in Bargeld trotz Aufforderung vom Beanstandeten nicht geleistet wird. Eine Sicherheitsleistung sei dann zur Verwertung geeignet, wenn der daraus zu erzielende Betrag für die Geldstrafe und die Kosten des Verwaltungsstrafverfahrens sowie die Verwahrungs- und Verwertungskosten herangezogen werden kann.[609] Dennoch verkennt auch das LVwG Tirol in seinen Ausführungen nicht, dass im Fall einer Beschlagnahme gemäß § 37a Abs 3 letzter Satz VStG mit größtmöglicher Schonung einer Person vorzugehen ist.[610]

Im vorliegenden Fall handle es sich bei einem Mobiltelefon um eine verwertbare Sache, da bei dessen Verkauf für gewöhnlich ein gewisser Wert dafür erzielt werden kann. Darüber hinaus handle es sich nicht um einen Gegenstand des höchstpersönlichen Lebens, welcher mit der gesetzlichen Vorgabe einer größtmöglichen Schonung der Person nicht in Einklang zu bringen sei.[611]

Wenngleich eine SIM-Karte nach Ansicht des LVwG Tirol keine verwertbare Sache iSd §§ 37f VStG darstellt und diese nach der Judikatur des OGH kein unselbstständiges Zubehör zu einem beschlagnahmten Mobiltelefon darstellt, sondern einem eigenen rechtlichen Schicksal zugänglich ist,[612] so erachtete das LVwG Tirol auch die Beschlagnahme der sich im Mobiltelefon befindlichen SIM-Karte als rechtmäßig, zumal das handelnde Organ davon ausgehen habe können, dass der sichergestellte

---

[607] Vgl dazu VwGH 17.04.2009, 2007/03/0174.
[608] Vgl EuGH 12.07.2001, C-262/99, *Louloudakis*, Slg 2001, I-5547.
[609] Vgl UVS Steiermark 17.04.2003, 20.3-28/2002.
[610] Vgl LVwG Tirol 25.11.2016, LVwG-2016/23/1717-6.
[611] Vgl hierzu etwa UVS Kärnten 14.01.1993, KUVS-995/2/92 - hinsichtlich der Beschlagnahme eines Eheringes.
[612] Vgl OGH 20.12.2006, 13 Os 96/06a.

Gegenstand nach der Bezahlung einer Sicherheitsleistung in Geld unverzüglich wieder ausgefolgt werde. Auch wenn eine SIM-Karte rechtlich als eigenständige Sache zu qualifizieren sei, so stelle sie dennoch zum Zeitpunkt der Sicherstellung gemeinsam mit dem Mobiltelefon eine Gesamtsache dar und es kann dem einschreitenden Organ daher nicht vorgehalten werden, wenn er diese eine Gesamtheit bildende Sache als eine Einheit behandle. Vielmehr stelle ein allfälliges Auseinandernehmen des Mobiltelefons durch einen Polizeibeamten im Zuge einer Amtshandlung aus rechtlicher Sicht einen intensiveren Eingriff dar, überdies wäre es auch im Hinblick auf die Funktionsfähigkeit eines sichergestellten Gegenstandes eine *„wesentlich das Schadensrisiko erhöhende Maßnahme"*. Vor diesem Hintergrund wurde die Maßnahmenbeschwerde als unbegründet abgewiesen.[613]

Somit wurde die im Wirkungsbereich der LPD Tirol etablierte Vorgehensweise bezüglich der Abnahme von Mobiltelefonen als vorläufige Sicherheit iSd § 37a Abs 3 VStG zumindest auf verwaltungsgerichtlicher Ebene für zulässig erachtet und eine durch die Maßnahme bewirkte Verletzung des Grundrechts auf Eigentum des Betroffenen verneint.

VI.3. Der behördliche Augenschein / die Auskunftspflicht nach § 19a Abs 1 TLPG

Der durch die Novelle LGBl Nr. 2/2011 in das TLPG unter dem Titel „Überwachung und Schließung eines Bordells" eingefügte § 19a sollte in Anlehnung an korrespondierende Regelungen im „Salzburger Landessicherheitsgesetz" (insbesondere § 9 leg cit, betitelt mit „Überwachung") den Behörden konkrete Maßnahmen zur effizienten Bekämpfung des illegalen Prostitutionswesens zur Verfügung stellen. Alleine § 19a Abs 1 TLPG enthält bereits drei unterschiedliche Befugnisse von Behördenvertretern sowie Organen des öffentlichen Sicherheitsdienstes, welche isoliert voneinander zu betrachten sind.[614] Die

[613] Vgl LVwG Tirol 25.11.2016, LVwG-2016/23/1717-6.
[614] Vgl dazu die Ausführungen in Kapitel **IV.8.**

Bestimmung stellt eine Rechtsgrundlage zur Durchführung von Identitätsfeststellungen, für das Verlangen von Auskünften sowie überdies für das Betreten von Gebäuden und Räumen dar.

Grundvoraussetzung für jegliche Form des Einschreitens nach § 19a TLPG ist zunächst das Bestehen des begründeten Verdachts einer Verwaltungsübertretung nach § 19 Abs 1 oder 2 *„aufgrund konkreter Tatsachen"*. § 19 Abs 1 verweist wiederum auf die fünf Straftatbestände nach § 14 TLPG, während § 19 Abs 2 sich auf den Betrieb eines Bordells ohne Bewilligung nach § 15 TLPG bezieht. Ein *„begründeter Verdacht"* einer derartigen Übertretung *„aufgrund konkreter Tatsachen"* kann sich in der Praxis aufgrund von Ermittlungstätigkeiten, etwa nach verdeckter telefonischer Kontaktaufnahme, aufgrund welcher Behördenvertreter oder Organe des öffentlichen Sicherheitsdienstes zu einem bestimmten Objekt gelotst werden, ergeben.

Im Hinblick auf die Feststellung der Identität einer Person nach § 19a Abs 1 TLPG verweist dieser auf die sinngemäße Anwendung des § 35 Abs 2 und Abs 3 SPG, wonach die Feststellung der Identität einer Person das Erfassen von Namen, Geburtsdatum und Wohnanschrift in deren Anwesenheit darstellt (Abs 2 leg cit) und die Person von der Feststellung ihrer Identität in Kenntnis zu setzen ist bzw diese auch zur Mitwirkung verpflichtet ist (Abs 3 leg cit).[615]

Darüber hinaus wird im Hinblick auf die in § 19a Abs 1 TLPG verankerte Auskunftspflicht auf § 49 AVG[616] verwiesen, welcher das aus Art 6 EMRK sowie vom VfGH auch aus Art 90 Abs 2 B-VG abgeleitete „nemo tenetur"-Prinzip (Verbot eines Zwangs zur Selbstbelastung) auf einfachgesetzlicher Ebene für Zeugen im Verwaltungsverfahren normiert.[617] Praxisrelevant ist hierbei insbesondere § 49 Abs 1 Z 1 AVG, wonach ein Zeuge im Verwaltungsverfahren die Aussage von Fragen verweigern darf, sofern deren Beantwortung ihm *„einen unmittelbaren*

---

[615] Zur Identitätsfeststellung nach dem SPG vgl *Knasmüller*, § 35 SPG, in: *Thanner/Vogl* (Hrsg), Sicherheitspolizeigesetz[2] (2013) S 283ff.
[616] Vgl *Thienel/Zeleny*, Verwaltungsverfahren[20] S 109ff.
[617] Zum „nemo tenetur"-Prinzip im Verwaltungsverfahren vgl *Hengstschläger/Leeb*, Grundrechte[2] Rz 24/24f; *Hengstschläger/Leeb*, Verwaltungsverfahrensrecht[6] Rz 392.

Vermögensnachteil oder die Gefahr einer strafrechtlichen Verfolgung zuziehen oder zur Unehre gereichen würde".

§ 19a Abs 1 dritter Satz TLPG normiert jedoch explizit, dass eine Verweigerung der Auskunft aus dem Grunde des Gereichens zur Unehre nicht zulässig ist. Wäre dieser Grund nicht ausgenommen worden im Hinblick auf eine Norm, welche all jenen Personen, die in Räumlichkeiten angetroffen werden welche dem Anschein nach der gesetzwidrigen Prostitution dienen, eine Auskunftspflicht auferlegt, so würde dies besagte Auskunftspflicht wohl gänzlich ad absurdum führen. Um das verfassungsrechtlich abgesicherte „nemo tenetur"-Prinzip nicht zu unterwandern, kann dennoch Niemand zu einer Aussage gezwungen werden, welche ihn der Gefahr einer strafrechtlichen Verfolgung aussetzt.[618] Als plastisches Beispiel kann man an dieser Stelle eine Prostituierte und einen Freier anführen, welche im Rahmen einer behördlichen Kontrolle in Räumlichkeiten außerhalb eines bewilligten Bordells betreten werden, jedoch nicht zur Erteilung von Auskünften verpflichtet sind, welche sie selbst hinsichtlich der Verwirklichung eines Verwaltungsstraftatbestandes nach § 14 lit a bzw lit c TLPG belasten würden.

Die dritte Befugnis, welche Organen der Behörde und des öffentlichen Sicherheitsdienstes durch § 19a Abs 1 fünfter Satz TLPG eingeräumt wird, ist jene, Gebäude und Räume, die dem Anschein nach der gesetzwidrigen Ausübung der Prostitution dienen, zu betreten. Den Eigentümer oder Mieter solcher Gebäude oder Räume trifft hierbei eine Duldungspflicht, wobei selbst die Ausübung unmittelbarer Zwangsgewalt seitens der Organe zulässig ist, um sich Zutritt zu den Räumlichkeiten zu verschaffen.[619] Diese erfolgt in der Praxis zumeist durch Öffnen der Räumlichkeiten unter Beiziehung der Berufsfeuerwehr oder eines Schlüsseldienstes.

Eine entscheidende Abgrenzung hinsichtlich § 19a Abs 1 TLPG ist insofern vorzunehmen, als den Organen auf dieser Rechtsgrundlage lediglich die Ermächtigung zum Betreten von Gebäuden und Räumen eingeräumt wird, nicht

---

[618] Vgl *Hengstschläger/Leeb*, Grundrechte[2] Rz 24/24f; *Hengstschläger/Leeb*, Verwaltungsverfahrensrecht[6] Rz 392.
[619] Vgl § 19a Abs 1 letzter Satz TLPG.

jedoch die Ermächtigung diese auch zu durchsuchen.[620] Dies gestaltet sich insofern problematisch, als in §19a Abs 2 TLPG der Behörde sowie den Organen des öffentlichen Sicherheitsdienstes überdies die Befugnis eingeräumt wird, vorgefundene Beweismittel sicherzustellen und in Verwahrung zu nehmen. Als Beweismittel kämen hier insbesondere szenetypische Gegenstände wie Kondome, Feuchttücher, Sexspielzeuge, aber auch Kundendateien, Preislisten oder ähnliche Utensilien in Betracht, durch welche sich Rückschlüsse auf illegale Prostitutionsaktivitäten in den Räumlichkeiten ziehen lassen könnten. Nun ist ein Organ auf Grundlage des § 19a Abs 1 TLPG zwar befugt, Räumlichkeiten zu betreten, nicht jedoch dazu beispielsweise Schränke, Kästen, Schubläden oder Abfalleimer zu durchsuchen, um nach Beweismitteln für illegale Prostitutionsaktivitäten suchen zu können. Im Extremfall könnte sich sogar ein Freier oder eine anderweitige Person, welche mit der Prostitution in Zusammenhang steht, etwa in einem Schrank verstecken, ohne dass die Organe aus § 19a Abs 1 TLPG eine Befugnis ableiten könnten, diesen zu öffnen und zu durchsuchen, sodass in der Praxis gegebenenfalls das Vorliegen der Voraussetzungen für eine Durchsuchung der Räumlichkeiten auf Basis einer anderen Rechtsgrundlage geprüft werden muss, welche jedoch bei einer regulären Prostitutionskontrolle nicht immer ohne Weiteres vorliegen.[621]

VI.3.a. Der behördliche Augenschein / die Auskunftspflicht nach § 19a Abs 1 TLPG im Spannungsverhältnis zum Hausrecht gemäß Art 9 StGG / Art 8 EMRK

Hinsichtlich etwaiger Grundrechtseingriffe sind die Bestimmungen des § 19a Abs 1 fünfter bis siebenter Satz TLPG, durch welche Behördenvertretern sowie Organen des öffentlichen Sicherheitsdienstes das Betreten von Räumlichkeiten gegebenenfalls unter Anwendung von unmittelbarer Zwangsgewalt bei Verdacht des

[620] Ermächtigungen zur Durchsuchung von Räumlichkeiten sind etwa in § 119 Abs 1 StPO, § 39 Abs 3 SPG oder § 36 FPG enthalten.

[621] Zu den Modalitäten der Durchsuchungsermächtigung von Räumlichkeiten nach § 119 Abs 1 StPO vgl *Tipold/Zerbes*, § 119 StPO, in: *Fuchs/Ratz* (Hrsg), Wiener Kommentar zur Strafprozessordnung (2010) Rz 1ff; nach § 39 Abs 3 SPG vgl *Huber-Lintner*, § 39 SPG, in: *Thanner/Vogl* (Hrsg), Sicherheitspolizeigesetz2 (2013) S 345ff; nach § 36 FPG vgl *Schmalzl*, § 36 FPG, in: *Schrefler-König/Szymanski* (Hrsg), Fremdenpolizei- und Asylrecht[2] (2014) III A1.

Vorliegens einer Verwaltungsübertretung in Zusammenhang mit dem illegalen Prostitutionswesen ermöglicht wird, insbesondere im Hinblick auf einen Eingriff in das Grundrecht des Hausrechts nach Art 9 StGG sowie Art 8 EMRK zu untersuchen.

Das Hausrecht ist in Österreich gemäß Art 9 StGG unverletzlich. Inhaltlich trifft leg cit jedoch keinerlei Regelungen hinsichtlich der Ausgestaltung dieses Grundrechts, sondern erklärt lediglich das bereits 1862 erlassene Gesetz zum Schutz des Hausrechts (fortan: HausrechtsG),[622] welches die entsprechenden materiellen Bestimmungen enthält, zum Bestandteil des StGG. Das HausrechtsG wurde überdies auch durch Art 149 Abs 1 B-VG in den Verfassungsrang gehoben.

Eine weitere Grundrechtsquelle, welche dem einzelnen einen zum Teil sich mit dem HausrechtsG überschneidenden, einen jedoch zum Teil auch erweiterten Grundrechtsschutz garantiert, ist der Art 8 EMRK[623], welcher in dessen Abs 1 unter anderem auch jedermann einen Anspruch auf *„Achtung seiner Wohnung“* zusichert.[624]

Nachdem die Bestimmungen des HausrechtsG ausschließlich einen Schutz gegen Grundrechtseingriffe in Form von Hausdurchsuchungen bieten, kommt Art 8 EMRK insbesondere bei sonstigen Eingriffen in Wohnungen zum Tragen, welche keine Hausdurchsuchungen darstellen und somit nicht in den Anwendungsbereich des HausrechtsG fallen. Was die Zulässigkeit von Hausdurchsuchungen betrifft, so geht das HausrechtsG Art 8 EMRK aufgrund des Günstigkeitsprinzips des Art 53 EMRK jedoch vor, da es strengere Voraussetzungen für die Zulässigkeit einer Hausdurchsuchung vorsieht als Art 8 EMRK.[625]

Auch wenn Art 9 StGG von einer prinzipiellen Unverletzlichkeit des Hausrechts spricht, ehe er auf das HausrechtsG verweist, so setzt der VfGH nach stRsp den Schutzbereich des Art 9 StGG mit dem Anwendungsbereich des HausrechtsG gleich,

---

[622] Gesetz vom 27. October 1862, zum Schutze des Hausrechtes, RGBl. Nr. 88/1862 idF BGBl Nr. 422/1974.
[623] Zur Ausgestaltung des Grundrechts auf Achtung des Privat- und Familienlebens nach Art 8 EMRK siehe auch bereits die Ausführungen in Kapitel **V.2.b.**
[624] Vgl *Hengstschläger/Leeb*, Grundrechte^2 Rz 14/1.
[625] Vgl *Hengstschläger/Leeb*, Grundrechte^2 Rz 14/1ff.

sodass auch Art 9 StGG nur einen Schutz vor Hausdurchsuchungen iSd HausrechtsG bietet, nicht jedoch vor sonstiger Beeinträchtigungen des Wohnbereiches des Einzelnen.[626] Diese Gleichsetzung seitens des VfGH ist in der Lehre zum Teil auf Kritik gestoßen.[627]

Eine Hausdurchsuchung ist in § 1 HausrechtsG als „*Durchsuchung der Wohnung oder sonstiger zum Hauswesen gehörigen Räumlichkeiten*“ legaldefiniert. Der VfGH geht in stRsp davon aus, dass das HausrechtsG offenkundig den Schutz der Intimsphäre des Inhabers jeglicher Räumlichkeit bezweckt, die mit einer Wohnung vergleichbar ist.[628] Den Begriff der „*sonstigen zum Hauswesen gehörigen Räumlichkeiten*“ legt der VfGH hierbei äußerst weit aus und hat bereits Kellerabteile, die Privatordination eines Arztes oder Betriebsräumlichkeiten unter besagten Gesetzesbegriff subsumiert.[629] Da es sich beim Hausrecht um ein Jedermannsrecht handelt, kommen als Grundrechtsträger sowohl in- als auch ausländische, natürliche wie juristische Personen in Betracht, wobei auf kein bestimmtes Rechtsverhältnis im Hinblick auf die Räumlichkeiten wie Eigentum oder Miete abgestellt wird. Grundrechtsträger ist somit auch ein bloßer Inhaber (Verfügungsberechtigter) eines Raumes.[630]

Charakteristisch für das Vorliegen einer Hausdurchsuchung ist nach der Judikatur des VfGH, dass nach einer Person oder einem Gegenstand unbekannten Aufenthaltes gesucht wird.[631] Einen Raum zu durchsuchen bedeutet somit, dessen Bestandteile und die darin befindlichen Objekte zu besichtigen, um feststellen zu können, ob sich in besagtem Raum bzw an welcher Stelle in besagtem Raum sich eine bestimmte Person oder ein bestimmter Gegenstand befindet.[632]

Nicht als Hausdurchsuchung zu qualifizieren ist hingegen nach Ansicht des VfGH das sonstige Eindringen in eine Wohnung, etwa mit dem verfolgten Ziel festzustellen, von

---

[626] Vgl VfSlg 872/1927; 10.547/1985; 12.056/1989; 14.864/1997.
[627] Vgl *Wiederin*, Art 9 StGG, in: *Korinek/Holoubek/Bezemek/Fuchs/Martin/Zellenberg* (Hrsg), Kommentar zum österreichischen Bundesverfassungsrecht (2001) Rz 31f, 40f sowie 48.
[628] Vgl VfSlg 9525/1982.
[629] Vgl VfSlg 5182/1965; 9525/1982.
[630] Vgl VfSlg 5182/1965; 6328/1970; 13.045/1992.
[631] Vgl VfSlg 1486/1932; 10.547/1985; 12.053/1989; 14.864/1997.
[632] Vgl VfSlg 1486/1932; 5182/1965; 9525/1982.

wem diese bewohnt wird, wie sich die Anzahl oder Beschaffenheit der Räume gestaltet, um eine Gefahr für das Leben oder die Gesundheit einer sich in der Wohnung befindlichen Person abzuwehren oder um einen der Fahrerflucht verdächtigten Wohnungsinhaber zu befragen.[633]

Da die der Behörde sowie den Organen des öffentlichen Sicherheitsdienstes durch § 19a Abs 1 fünfter bis siebenter Satz TLPG eingeräumte Befugnis weder aufgrund der Formulierung des Gesetzestextes (*„sind berechtigt...Gebäude und Räume...zu betreten*“) noch aufgrund der in der Judikatur des VfGH entwickelten, materiellen Voraussetzungen unter den Begriff der „Hausdurchsuchung“ zu subsumieren ist, muss auf die Zulässigkeitsvoraussetzungen zur Durchführung einer Hausdurchsuchung im HausrechtsG nicht weiter eingegangen werden, da der Eingriff mangels des Vorliegens einer Hausdurchsuchung nicht vom Schutzbereich des Art 9 StGG iVm dem HausrechtsG umfasst ist.[634]

Die Befugnis des § 19a Abs 1 fünfter bis siebenter Satz TLPG stellt somit einen „sonstigen Eingriff“ in die Wohnung dar und ist hinsichtlich seiner Zulässigkeit einzig an Art 8 EMRK zu messen.[635] Der VfGH hat mehrfach betont, dass Art 8 EMRK, indem er unabhängig von den Bedingungen einer Hausdurchsuchung jedermann Anspruch auf *„Achtung seiner Wohnung*“ garantiert, über den Schutzbereich des Art 9 StGG iVm dem HausrechtsG hinausgeht, indem der einen umfassenden Schutz vor behördlichen Beeinträchtigungen der Wohnung garantiert.[636] Insbesondere fällt in diesen Schutzbereich jegliche Form des Eindringens in die Wohnung, also auch das schlichte Betreten.[637]

Wenngleich im Wortlaut des Art 8 EMRK, im Gegensatz zum HausrechtsG, explizit nur von der *„Wohnung*“ und von keinen weiteren Räumlichkeiten die Rede ist, so legen sowohl der VfGH als auch der EGMR den Begriff wiederum äußerst weit aus und

---

633 Vgl VfSlg 8929/1980; 11.266/1987; 12.056/1989; 14.864/1997.
634 Vgl *Hengstschläger/Leeb*, Grundrechte^2 Rz 14/4.
635 Vgl *Hengstschläger/Leeb*, Grundrechte^2 Rz 14/10ff.
636 Vgl VfSlg 10.547/1985; 12.056/1989; 14.864/1997.
637 Vgl VfSlg 10.547/1985; 11.266/1987; 14.864/1997.

haben auch den Anwendungsbereich des Art 8 sowohl auf wohnungsnahe Räumlichkeiten wie Garagen oder Gärten[638] als auch, im Falle des EGMR, sogar auf eine Anwaltskanzlei ausgeweitet, mit der Begründung, dass es nicht immer möglich sei, zwischen Privatwohnungen sowie Büro- und Geschäftsräumlichkeiten zu unterscheiden und es dem wesentlichen Ziel und Zweck des Art 8 EMRK entspricht, den Einzelnen vor willkürlichen behördlichen Eingriffen zu schützen.[639] Auch gewerbliche Beherbergungsbetriebe sind nach der Judikatur des VfGH vom Schutzbereich des Art 8 EMRK erfasst,[640] was insbesondere im Hinblick auf die Bekämpfung illegaler Prostitution von Relevanz ist, welche, wie die Praxis gezeigt hat, auch regelmäßig etwa in Hotels, Studentenheimen, Ferien- oder Arbeiterappartements ausgeübt wird.

Gesetzliche Ermächtigungen zu Eingriffen in das Recht auf „*Achtung seiner Wohnung*" iSd Art 8 EMRK, wie etwa in § 19a Abs 1 fünfter bis siebenter Satz TLPG, sind nur zulässig, sofern sie in einer demokratischen Gesellschaft zur Erreichung eines in Art 8 Abs 2 EMRK angeführten Zwecks notwendig sind.[641]

Wie den Gesetzesmaterialen zu entnehmen ist, erachtete der Landesgesetzgeber die durch § 19a TLPG für zulässig erklärten Grundrechtseingriffe als erforderlich und notwendig, um die „*Aufrechterhaltung der öffentlichen Ruhe, Ordnung und Sicherheit zu gewährleisten*".[642] Auch der Zweck der Verhinderung strafbarer Handlungen sowie der Zweck des Schutzes der Moral ließen sich im vorliegenden Fall gegebenenfalls ins Treffen führen (der Zweck des Schutzes der Gesundheit scheidet, wie bereits dargestellt, mangels einer Regelungskompetenz des Landesgesetzgebers aus[643]).

Zu einer effizienten Bekämpfung der illegalen Wohnungs- sowie Studioprostitution kann die Notwendigkeit der Bestimmung des § 19a Abs 1 TLPG im Hinblick auf die

---

[638] Vgl VfSlg 12.056/1989.
[639] Vgl EGMR U 16.12.1992, *Niemietz v. Deutschland*, Nr. 13710/88.
[640] Vgl VfSlg 14.864/1997.
[641] Vgl *Hengstschläger/Leeb*, Grundrechte^2 Rz 14/12; VfSlg 10.547/1985; 11.266/1987; 12.056/1989; 14.864/1997; hinsichtlich der in Art 8 Abs 2 EMRK angeführten Zwecke siehe die Ausführungen in Kapitel **V.2.b.**
[642] Vgl die erläuternden Bemerkungen zum Gesetzesentwurf LGBl Nr. 2/2011, S 5 und 6.
[643] Vgl die Ausführungen in Kapitel **V.2.b.**; VfGH 09.03.1978, G63/77.

genannten Zwecke durchaus argumentiert werden. Höchstgerichtliche Judikatur zu der Norm bzw zu vergleichbaren Normen in den anderen Landesgesetzen gibt es bislang keine.

VI.4. Die behördliche Bordellschließung nach § 19a Abs 3 TLPG

§ 19a Abs 3 TLPG räumt der Behörde darüber hinaus die Befugnis ein, sofern aufgrund konkreter Tatsachen der begründete Verdacht einer Verwaltungsübertretung nach § 19 Abs 2 leg cit (Betrieb eines Bordells ohne Bewilligung) besteht, auch ohne vorangegangenes Verfahren an Ort und Stelle die notwendigen Maßnahmen zur Unterbindung des illegalen Bordellbetriebes zu treffen, sofern anzunehmen ist, dass der gesetzwidrige Bordellbetrieb auch fortgesetzt wird. Zu diesen Maßnahmen zählt *„insbesondere die Schließung des Bordells“*.[644]

Für die junge Bestimmung des § 19a Abs 3 TLPG existiert bislang ebenfalls keine höchstgerichtliche sowie verwaltungsgerichtliche Judikatur. Dies ist insofern zu bedauern, als der Gesetzestext hinsichtlich seiner Formulierung einiger Auslegung bedarf.

Nach der Wortinterpretation betreibt jemand ein Bordell, sofern er die Anbahnung und Ausübung der Prostitution im Rahmen eines ihm zuzurechnenden Betriebes mit der Absicht, daraus einen wirtschaftlichen Vorteil zu ziehen, ermöglicht.[645] Nach Ansicht des VwGH setzt der Begriff des Betriebes jedoch ein Mindestmaß einer auf die Anbahnung und Ausübung der Prostitution gerichteten Organisation voraus.[646] In der Praxis ergaben sich mit der Auslegung des Begriffes eines Bordellbetriebes bislang kaum Schwierigkeiten. Das Mindestmaß einer auf die Anbahnung der Prostitution gerichteten Organisation wurde seitens der LPD Tirol bislang bereits durch die

[644] Vgl dazu die Ausführungen in Kapitel **IV.8.**
[645] Zum Bordellbegriff vgl auch *Murer*, Prostitution und Verfassung S 25f.
[646] Vgl VwGH 04.09.2000, 97/10/0222.

Schaltung einschlägiger Inserate sowie das öffentliche Bewerben der Praktiken auf Internet-Portalen oder in Zeitungsinseraten bejaht.

Durch die Voraussetzung des „*begründeten Verdachts*" eines illegalen Bordellbetriebs „*aufgrund konkreter Tatsachen*" setzt der Gesetzgeber die Schwelle zur Setzung einer Maßnahme nach § 19a Abs 3 TLPG bereits relativ hoch an. Der VwGH hat etwa in Zusammenhang mit dem Baurecht ausgesprochen, dass sich ein begründeter Verdacht einer Übertretung auf Grund einer Anzeige oder einer nicht von vornherein als mutwillig zu erkennenden Mitteilung eines Dritten ergeben kann,[647] jedoch ist der Anzeige eines Dritten das Element der konkreten Tatsache nicht inhärent, sodass im Wirkungsbereich der LPD Tirol Maßnahmen nach § 19a Abs 3 TLPG bislang ausschließlich aufgrund unmittelbarer, dienstlicher Wahrnehmungen, nach Kontaktaufnahmen durch Inserate sowie anschließenden Anbahnungsgesprächen in den entsprechenden Räumlichkeiten außerhalb eines bewilligten Bordells, gesetzt wurden.

Schlussendlich hat in der Praxis der Behördenvertreter an Ort und Stelle zu beurteilen, ob der begründete Verdacht eines illegalen Bordellbetriebes aufgrund konkreter Tatsachen besteht oder nicht, ob anzunehmen ist, dass der gesetzwidrige Bordellbetrieb nach Beendigung der Amtshandlung fortgesetzt wird und welche Maßnahmen notwendig sind, um diesen effizient hintanhalten zu können.

Die Annahme der Gefahr einer Fortsetzung des illegalen Bordellbetriebs ist zumeist unproblematisch zu bejahen, handelt es sich bei illegalen Bordellbetrieben zumeist um kleine Ferienappartements oder Wohnungen, die von Personen ohne weitere Anknüpfungspunkte in Österreich augenscheinlich primär für den Zweck der illegalen Prostitutionsausübung angemietet wurden. Auch in den wenigen Fällen, in denen eine dauerhaft in Österreich gemeldete und aufhältige Person in ihren Wohnräumlichkeiten ein Bordell ohne Bewilligung betreibt, ist regelmäßig anzunehmen, dass der Betrieb

---

[647] Vgl VwGH 27.06.2006, 2004/05/0099.

nach Beendigung einer Amtshandlung nicht ohne Weiteres unverzüglich und dauerhaft eingestellt wird.

Als notwendige Maßnahme iSd § 19a Abs 3 TLPG, um den Bordellbetrieb zu unterbinden, spricht leg cit von *„insbesondere die Schließung des Bordells“*, wobei das vorangestellte Attribut *„notwendig“* auch eine Verhältnismäßigkeitsprüfung impliziert, wodurch etwa die Schließung einer gesamten Wohnung nicht ex lege in der Bestimmung des Abs 3 ihre Deckung findet. Sollte die Fortsetzung des illegalen Bordellbetriebs etwa auch durch eine Teilschließung einzelner Räume zuverlässig hintangehalten werden können, so ist von der Schließung des gesamten Betriebes seitens der Behörde abzusehen, als diese nicht notwendig ist.[648] Die Notwendigkeit einer Maßnahme wird in der Praxis vor Ort aufgrund der festgestellten Umstände, insbesondere anhand der Struktur der Räumlichkeiten des Bordellbetriebes sowie der Besitzverhältnisse am Objekt, beurteilt.

Der Tiroler Landesgesetzgeber orientierte sich im Hinblick auf die Schließung gesetzwidrig betriebener Bordelle laut den erläuternden Bemerkungen zum Gesetzesentwurf zu LGBl Nr. 2/2011 an den entsprechenden Regelungen in der Gewerbeordnung 1994,[649] wobei hierbei wohl insbesondere an den mit „Einstweilige Zwangs- und Sicherheitsmaßnahmen“ betitelten § 360 GewO zu denken ist, durch dessen Abs 3 etwa die Behörde bei einer offenkundigen Gewerbsausübung ohne Gewerbeberechtigung ebenfalls ohne vorausgegangenes Verfahren und vor Erlassung eines Bescheides den gesamten, der Rechtsordnung nicht entsprechenden Betrieb an Ort und Stelle zu schließen hat.[650]

Gemäß § 19a Abs 4 TLPG hat die Behörde auf Antrag des Betreibers oder Eigentümers der Räumlichkeiten, welche als Bordell verwendet wurden, eine nach Abs 3 getroffene Maßnahme mittels Bescheid zu widerrufen, wenn der Antragsteller

---

[648] Hinsichtlich der Verhältnismäßigkeit bei Eigentumsbeschränkungen Vgl *Hengstschläger/Leeb*, Grundrechte^2 Rz 8/11 sowie VfSlg 9189/1981; 1.625/1999; 15.753/2000; 17.981/2006.

[649] Vgl die erläuternden Bemerkungen zum Gesetzesentwurf LGBl Nr. 2/2011, S 6.

[650] Zu den Modalitäten der Betriebsschließung auf Grundlage des § 360 GewO wird neuerlich auf *Puntigam/Bretterklieber/Seitlinger*, Grundzüge des Gewerberechts^2 S 75ff verwiesen; vgl dazu bereits die Ausführungen in Kapitel **IV.8.**

eine Bordellbewilligung vorweisen kann oder sicherstellen kann, dass der Betrieb des illegalen Bordells auch nach Widerruf der Maßnahmen nach Abs 3 (in der Regel nach Aufhebung der behördlichen Schließung der Räumlichkeiten) nicht wieder aufgenommen wird. In der Praxis erfolgt der Widerruf der Maßnahme zumeist dann, wenn der Eigentümer der Räumlichkeiten der Behörde gegenüber belegen kann, dass er das Mietverhältnis mit jener Person oder jenen Personen, welche in den Räumlichkeiten einen illegalen Bordellbetrieb etabliert hatten, aufgekündigt hat und diese nicht mehr in die Räumlichkeiten zurückkehren werden. Somit ist die Gefahr einer Wiederaufnahme des rechtswidrigen Bordellbetriebes, zumindest durch dieselben Personen, nicht mehr gegeben und dem Eigentümer der Räumlichkeiten können die Schlüssel zum Objekt wieder ausgefolgt und die Amtssiegel von dessen Türe entfernt werden.

VI.4.a. Die behördliche Bordellschließung nach § 19a Abs 3 TLPG im Spannungsverhältnis zum Grundrecht auf Eigentum gemäß Art 5 StGG / Art 1 des 1. ZPEMRK

Nachdem durch eine Maßnahme in Form einer Schließung oder Teilschließung von Räumlichkeiten auf Grundlage des § 19a Abs 3 TLPG in das Eigentum einer Person eingegriffen wird, in dem dieser die Verfügungsberechtigung über selbiges entzogen wird, steht die gegenständliche Bestimmung naturgemäß in einem gewissen Spannungsverhältnis zum Grundrecht auf Eigentum gemäß Art 5 StGG sowie Art 1 1. ZPEMRK, welches es zu beleuchten gilt. Insbesondere als problematisch kann im Hinblick auf die Bestimmung angesehen werden, dass der durch die staatliche Maßnahme gesetzte Grundrechtseingriff nicht nur den über die Räumlichkeiten verfügungsberechtigten Bordellbetreiber trifft, sondern den in der Regel auch mit dem Betrieb des Bordells an sich nicht in Verbindung stehenden Eigentümer der Räumlichkeiten.

Hinsichtlich der generellen Ausgestaltung des Grundrechts auf Eigentum wird auf die Ausführungen in Kapitel **VI.2.a.** in Zusammenhang mit der Einhebung einer vorläufigen

Sicherheit nach § 37a VStG verwiesen, diese müssen an dieser Stelle nicht wiederholt werden.

Wie bereits ausgeführt, bedarf ein Vollzugsakt, mit welchem ein Eingriff in das Grundrecht auf Eigentum einer Person verfügt wird, einer hinreichenden gesetzlichen Grundlage. Der Bescheid einer Behörde oder die Ausübung unmittelbarer Befehls- und Zwangsgewalt durch ein Organ der öffentlichen Aufsicht ist mit Verfassungswidrigkeit belastet, sofern sie ohne jegliche Rechtsgrundlage ergangen ist, auf einem verfassungswidrigen Gesetz oder einer gesetzeswidrigen Verordnung beruht oder das Vollzugsorgan eine Rechtsgrundlage denkunmöglich angewendet hat.[651]

Bei einer Betriebsschließung nach § 19a Abs 3 TLPG kommt es zu keiner Vermögensverschiebung zu Lasten einer Person zugunsten einer anderen, sodass es sich hierbei um keine Enteignung, sondern um eine Eigentumsbeschränkung handelt. Auch ein Grundrechtseingriff in Form einer Eigentumsbeschränkung ist jedoch nur zulässig, wenn diese einem bestimmten öffentlichen Interesse dient, nicht unverhältnismäßig ist und den Wesensgehalt des Grundrechts auf Eigentum nicht berührt.[652]

Angesichts des breiten verfassungsrechtlichen Spielraumes des Gesetzgebers hinsichtlich der Definition eines im öffentlichen Interesse gelegenen Zieles, insbesondere bei bloßen Eigentumsbeschränkungen, ergeben sich diesbezüglich auch im Hinblick auf die Bestimmung des § 19a Abs 3 TLPG keine Bedenken.[653]

Differenzierter verhält es sich hingegen bei der Verhältnismäßigkeitsprüfung. Die verfassungsrechtlich gebotene Erforderlichkeit einer Maßnahme, mit welcher in das Grundrecht auf Eigentum einer Person eingegriffen wird, ist einfachgesetzlich ergänzend in § 19a Abs 3 TLPG festgeschrieben, als dieser von einer *„notwendigen“* Maßnahme spricht, um einen illegalen Bordellbetrieb zu unterbinden. Nachdem die in

---

[651] Vgl *Hengstschläger/Leeb*, Grundrechte^2 Rz 8/12 sowie die diesbezüglichen Ausführungen in Kapitel **VI.2.a.**
[652] Vgl *Hengstschläger/Leeb*, Grundrechte^2 Rz 8/10 sowie die diesbezüglichen Ausführungen in Kapitel **VI.2.a.**
[653] Vgl VfSlg 12.100/1989; 17.817/2006: 19.687/2012 sowie die diesbezüglichen Ausführungen in Kapitel **VI.2.a.**

§ 19a Abs 3 TLPG grundgelegte Maßnahme zur Schließung oder Teilschließung illegaler Bordellbetriebe ohne vorangegangenes Verfahren, wie sich den erläuternden Bemerkungen zum Gesetzesentwurf entnehmen lässt, an die in § 360 der GewO normierten Maßnahmen zur Schließung von Gewerbebetrieben ohne Gewerbeberechtigung bzw Betriebsanlagen ohne entsprechende Genehmigung angelehnt wurde,[654] lässt sich zumindest feststellen, dass die verfassungsrechtliche Unbedenklichkeit des § 360 Abs 2 GewO bereits in einer Entscheidung des VfGH aus dem Jahr 1983 explizit festgestellt wurde, wenngleich die korrespondierende Vorgängerbestimmung der damals noch in Geltung stehenden Gewerbeordnung 1973[655] etwas anders ausgestaltet war und eine Betriebsschließung an Ort und Stelle uA an die Voraussetzung einer unmittelbar drohenden Gefahr für das Leben oder die Gesundheit von Menschen geknüpft war.[656] Jedoch kann aus der Entscheidung zumindest abgeleitet werden, dass der VfGH eine Bestimmung, welche eine Rechtsgrundlage für eine Betriebsschließung an Ort und Stelle ohne vorangegangenes Verfahren darstellt, nicht grundsätzlich für verfassungswidrig erachtet. Dennoch sind die Maßnahmen nur bedingt vergleichbar, zumal Schließungen aufgrund der GewO nur selten Räumlichkeiten betreffen werden, die zugleich auch als Wohnräumlichkeiten dienen, wie es bei illegalen Bordellbetrieben in der Regel der Fall ist.

Im Wirkungsbereich der LPD Tirol wurden mehrfach Privatwohnungen, in denen illegale Prostitutionsaktivitäten ausgeübt wurden, behördlich auf Grundlage des § 19a Abs 3 TLPG geschlossen, um eine Fortsetzung des illegalen Bordellbetriebes in den Wohnräumlichkeiten effizient zu unterbinden. Zeitweise waren in den Wohnräumlichkeiten auch eine oder mehrere Personen hauptgemeldet, sodass stets an Ort und Stelle eine Interessensabwägung stattgefunden hat. Sofern es sich augenscheinlich um einen Fall kurzfristiger Scheinmeldungen von Personen handelt, welche selbst der Prostitution nachgehen und in Österreich keinerlei nachhaltige Anknüpfungspunkte familiärer oder privater Natur haben, so kann die Verhältnismäßigkeit einer Wohnungsschließung naturgemäß leichter argumentiert werden als in einem Fall, in welchem beispielsweise sogar ein minderjähriges Kind in

---

[654] Vgl die erläuternden Bemerkungen zum Gesetzesentwurf LGBl Nr. 2/2011, S 6.

[655] BGBl Nr. 50/1974 idF BGBl Nr. 619/1981.

[656] Vgl VfGH 11.06.1983, B414/82.

einer als illegalem Bordellbetrieb genutzten Wohnung hauptgemeldet ist. Unter diesem Gesichtspunkt wiegt der durch die Maßnahme vorgenommene Grundrechtseingriff ungleich schwerer als eine Betriebsschließung von rein betrieblich genutzten Räumlichkeiten auf Grundlage der GewO, was im Rahmen einer Verhältnismäßigkeitsprüfung dementsprechend zu berücksichtigen ist.

Hinsichtlich der maßgeblichen Kriterien zur Durchführung einer Maßnahme auf Grundlage des § 19a Abs 3 TLPG, nämlich das Vorliegen des begründeten Verdachts eines illegalen Bordellbetriebs aufgrund konkreter Tatsachen, die Annahme der Gefahr einer Fortsetzung des illegalen Bordellbetriebs nach Beendigung der Amtshandlung sowie die Notwendigkeit einer Maßnahme zur Unterbindung des Bordellbetriebes, kann auf die Ausführungen im vorangegangenen Kapitel **VI.4.** verwiesen werden. Sofern den normierten Kriterien entsprochen wird, findet eine Maßnahme ihre Deckung in der gesetzlichen Grundlage des § 19a Abs 3 TLPG, sodass diesbezüglich von keiner Verletzung des Grundrechts auf Eigentum einer Person auszugehen ist. Mangels verwaltungs- oder höchstgerichtlicher Judikatur sind jedoch auch die genannten Kriterien bislang lediglich anhand des Gesetzestextes von der einschreitenden Behörde selbst auszulegen.

VII. Fazit

Wie im Rahmen der gegenständlichen Arbeit aufgezeigt werden konnte, ergeben sich in der verwaltungspolizeilichen Praxis häufig Vollzugsprobleme, welche sich einem Außenstehenden, welcher nicht tagtäglich mit der Vollziehung bestimmter Rechtsnormen betraut ist, nach einem schlichten Blick in den Gesetzestext zunächst nicht erschließen mögen.

Jedoch ist diese Arbeit nicht als ein Vorwurf an den Gesetzgeber zu verstehen. Es ist einem Rechtsstaat immanent, auch bestimmte Rechtsschutzmechanismen vorzusehen, wie etwa die Unschuldsvermutung oder die Einräumung von Rechtsmittelfristen, welche einem Strafvollzug voranzugehen haben. Ziel eines modernen Rechtsstaates muss es meiner Ansicht nach unter Anderem sein, einen adäquaten Ausgleich zwischen einem effizienten Vollzug gesetzlicher Normen einerseits und gleichzeitiger Sicherstellung der erwähnten Rechtsschutzmechanismen zur Wahrung von Menschenrechten andererseits, zu schaffen.

Unter Zugrundelegung einer Gesamtbetrachtung ist somit auch zu akzeptieren, dass hinsichtlich eines effizienten, staatlichen Vollziehungshandelns auch Abstriche zugunsten von Rechtsschutzmechanismen gemacht werden müssen, wenngleich dies für ein Organ der Vollziehung selbst fallweise frustrierend erscheinen mag. Eine gänzliche Aushöhlung von Grundrechten zugunsten eines Vollzuges um jeden Preis wäre in einem funktionierenden Rechtsstaat inakzeptabel und ist in Österreich, wie insbesondere in den Kapiteln **V.** und **VI.** veranschaulicht, auch keineswegs zu befürchten.

Es mag von Außenstehenden oder sogar von Vollzugsorganen selbst zuweilen unkritisch als Bankrotterklärung des staatlichen Vollziehungshandelns gedeutet werden, dass sich insbesondere oft ein Verwaltungsstrafvollzug von behördlich nicht greifbaren Personen unmöglich oder unverhältnismäßig schwierig erweist. Der Staat erscheint diesbezüglich nicht fähig, seine eigenen, durch den Gesetzgeber geschaffenen Normen effizient vollziehen zu können. Missmutig wird hinter vorgehaltener Hand zuweilen kommuniziert, dass der Staat bei *„uns Österreichern"* keine Gnade walten ließe, wenn es etwa um die Exekution von Verwaltungsstrafen wie Verkehrsstrafen gehe, während auswärtige Personen, wie Prostituierte oder Bettler, ohnedies *„tun und lassen können was sie wollen"*, ohne dass es irgendwelche Konsequenzen für sie hätte. Personen, welche nicht mit den Modalitäten der Verwaltungspraxis vertraut sind, kann eine derartige Einschätzung auch nicht unbedingt verübelt werden.

Ein Mangel an höchstgerichtlicher Judikatur hinsichtlich bestimmter Sachverhaltskonstellationen belastet das Vollzugshandeln der Behörden überdies zusätzlich mit Unsicherheiten. Sofern es sich jedoch tatsächlich um praxisrelevante Sachverhaltskonstellationen handelt, ist es zumeist nur eine Frage der Zeit, bis besagte Unsicherheitsfaktoren durch die Rsp beseitigt werden können. Bis dahin haben die Behörden von ihrem Ermessen Gebrauch zu machen und handeln rechtmäßig, sofern von einem übergeordneten Verwaltungs- oder Höchstgericht nicht Gegenteiliges festgestellt wird.

Was die Gesetzeslage hinsichtlich der Prostitution in Österreich an sich betrifft, so kann ein moderater Weg, welcher grundsätzlich Möglichkeiten schafft, die Prostitution legal ausüben zu können, ohne eine uneingeschränkte Liberalisierung derselben vorzunehmen, meiner Ansicht nach ebenfalls nur befürwortet werden. Kaum ein anderer Rechtsbereich wird selbst innerhalb Europas durch eine derartige Vielfalt unterschiedlicher Zugänge geregelt.[657]

Wie ein rechtsvergleichender Blick in das EU-Ausland zeigt, haben gerade allzu restriktive Regelungsregime nach hA nicht annähernd die gewünschten Ergebnisse gezeitigt. In Schweden trat am 1. Juli 1998 das Gesetzespaket „Kvinnofrid" (dt.: Frauenfrieden) in Kraft, durch welches im Bereich der Prostitution der Erwerb sexueller Dienstleistungen durch einen Freier ausnahmslos kriminalisiert wird, während die Prostituierte selbst straffrei bleibt (man spricht hierbei vom sog.

[657] Zu den unterschiedlichen Regelungszugängen vgl auch *Murer,* Prostitution und Verfassung S 8ff.

Abolitionsprinzip).[658] Anhand zahlreicher Studien wurde mittlerweile jedoch festgestellt, dass sich die Situation der Prostituierten in Schweden in den vergangenen zwanzig Jahren keineswegs verbessert hat.[659] Die Prostitution sei zwar aufgrund der geänderten Gesetzeslage von den Straßen und somit aus der öffentlichen Wahrnehmung verschwunden, hat sich jedoch stattdessen gänzlich in den Untergrund und die Illegalität verlagert. Probleme hinsichtlich der Gefahr der Übertragungen von Geschlechtskrankheiten und HIV durch ungeschützten Verkehr,[660] sexuelle Ausbeutung sowie Übergriffe gegen Prostituierte im nunmehr völlig rechtsfreien Raum[661] sowie der Menschenhandel[662] seien dadurch stark angestiegen. Die Bemühungen des schwedischen Gesetzgebers können anhand der Studienlage somit allenfalls durch ein abgewandeltes Zitat des deutschen Dichters Gottfried Benn charakterisiert werden: „*Das Gegenteil von gut ist gut gemeint.*“[663]

Dennoch sind in den vergangenen Jahren zahlreiche Staaten wie Norwegen, Island, Frankreich, Nordirland, Irland, Litauen sowie Kanada dem schwedischen (nunmehr: nordischen) Modell gefolgt und stellten durch gesetzliche Verbote den Erwerb sexueller Dienstleistungen unter Strafe.[664]

In Ländern mit liberaleren Regelungen, wie Deutschland[665] oder den Niederlanden[666], sind Prostituierte hingegen nicht einmal verpflichtet, sich einer regelmäßigen amtsärztlichen Untersuchung auf das Freisein von Geschlechtskrankheiten oder HIV

---

[658] Zum Wesen des „nordischen Modells“ vgl http://www.stoppsexkauf.at/das-nordische-modell-auf-erfolgskurs/; abgerufen am 05.01.2019; *Murer*, Prostitution und Verfassung S 9f.

[659] Kritisch zum Regelungszugang sowie den vermeintlichen „Erfolgen“ des schwedischen Modells: *Dodillet/Östergren*, Das schwedische Sexkaufverbot. Beanspruchte Erfolge und dokumentierte Ergebnisse, in: *Greif* (Hrsg), SexWork(s) verbieten – erlauben – schützen? (2012) S 69ff; Die Arbeitsgruppe „Prostitution“ S 54ff.

[660] Vgl http://missy-magazine.de/blog/2014/02/28/das-schwedische-sexkaufverbot-beanspruchte-erfolge-und-dokumentierte-effekte/; abgerufen am 05.01.2019.

[661] Vgl http://www.kok-buero.de/uploads/media/EU-Studie.pdf; abgerufen am 05.01.2019.

[662] Vgl http://sverigesradio.se/sida/gruppsida.aspx?programid=2108&grupp=2397&artikel=5714983; abgerufen am 05.01.2019.

[663] Vgl http://falschzitate.blogspot.com/2017/04/das-gegenteil-von-gut-ist-gut-gemeint.html; abgerufen am 05.01.2019.

[664] Vgl http://www.stoppsexkauf.at/das-nordische-modell-auf-erfolgskurs/; abgerufen am 05.01.2019; *Murer*, Prostitution und Verfassung S 8ff.

[665] Vgl *Murer*, Prostitution und Verfassung S 11f.

[666] Vgl *Wagenaar/Altink/Amesberger*, Prostitution Policy Report S 47ff.

zu unterziehen,[667] was aus augenscheinlichen Gründen ebenfalls fragwürdig erscheint.

Hinsichtlich jüngster Entwicklungen in Österreich ist festzuhalten, dass die Nationalratsabgeordnete Claudia Gamon der NEOS am 27. Juni 2018 eine parlamentarische Anfrage an Sozialministerin Beate Hartinger-Klein der FPÖ zum Thema der Prostitution und Sexarbeit in Österreich einbrachte.[668] Diese bestand aus sieben Fragen zu Themenstellungen, welche auch in der gegenständlichen Arbeit beleuchtet wurden, wie der Sozialversicherungspflicht sowie dem Arbeitnehmerschutz Prostituierter.[669] Überdies wurde konkret gefragt, welche Strategien das Sozialministerium verfolge, um Betrug sowie Ausbeutung in der Brache der Sexualdienstleisterinnen effizient entgegen zu wirken, darüber hinaus welche Ausstiegshilfen man Prostituieren bieten könne und welche Maßnahmen ergriffen werden, um diese nach ihrem Ausstieg aus der Prostitution wieder in den Arbeitsmarkt zu integrieren.[670]

Ministerin Hartinger-Klein räumte in ihrer Anfragebeantwortung vom 24. August 2018 ein, dass hinsichtlich der Anzahl sozialversicherter Prostituierter in Österreich kein Datenmaterial zur Verfügung stehen würde. Die sozialversicherungsrechtliche Absicherung Prostituierter sei jedoch ein wichtiges Anliegen, welches in Arbeitsgruppen des Sozialministeriums weiterhin verfolgt werde.[671] Besondere Arbeitsschutzvorschriften für Sexualdienstleisterinnen in Österreich gebe es keine, auch sei eine diesbezügliche Änderung der Arbeitsschutz-Rechtslage aktuell nicht in Planung. Jedoch wurde ebenfalls auf das bereits in Kapitel **III.2.c.** thematisierte OGH-

---

[667] In Deutschland trat 2001 das Gesetz zur Bekämpfung der Geschlechtskrankheiten (D), BGBl. I S. 700, außer Kraft und wurde durch das Infektionsschutzgesetz (IfSG) (D), BGBl. I S. 1045 idF BGBl. I S. 2400, ersetzt, welches in Bezug auf die Bekämpfung von Infektionskrankheiten anstatt behördlicher Kontrollen auf freiwillig in Anspruch zu nehmende Hilfsangebote der Gesundheitsämter setzt. In den Niederlanden bestand hingegen zu keinem Zeitpunkt eine Untersuchungspflicht für Prostituierte.

[668] Vgl Anfrage 1131/J vom 27.06.2018 der Abgeordneten Claudia Gamon an die Bundesministerin für Arbeit, Soziales, Gesundheit und Konsumentenschutz betreffend Prostitution und Sexarbeit in Österreich: http://www.parlament.gv.at/PAKT/VHG/XXVI/J/J_01131/imfname_700593.pdf; abgerufen am 05.01.2019.

[669] Siehe insbesondere die Ausführungen in Kapitel **III.2.e.**

[670] Vgl Anfrage 1131/J vom 27.06.2018 der Abgeordneten Claudia Gamon an die Bundesministerin für Arbeit, Soziales, Gesundheit und Konsumentenschutz betreffend Prostitution und Sexarbeit in Österreich, S 2 und 3.

[671] Vgl die Anfragebeantwortung der Bundesministerin für Arbeit, Soziales, Gesundheit und Konsumentenschutz 1134/AB vom 24.08.2018: http://www.parlament.gv.at/PAKT/VHG/XXVI/AB/AB_01134/imfname_707845.pdf; abgerufen am 05.01.2019.

Judikat 3 Ob 45/12g, wonach eine klagbare, schuldrechtliche Verpflichtung zur Vornahme sexueller Handlungen dem durch Art 8 EMRK garantierten Recht auf Achtung der sexuellen Selbstbestimmung zuwiderlaufen würde, verwiesen.[672]

Die Ministerin betonte überdies explizit die Wichtigkeit klarer und vollziehbarer Regelungen für die Ausübung der Prostitution, die es insbesondere der Polizei ermöglichen würden, genaue Kontrollen durchzuführen, um damit Ausbeutung im Prostitutionswesen verhindern zu können.[673] Dass der Arbeitsalltag in der verwaltungspolizeilichen Praxis oft ein gänzlich anderes Bild zeigt, wurde anhand zahlreicher Beispiele in dieser Arbeit veranschaulicht.

Wenngleich den Ausführungen der Sozialministerin zu entnehmen ist, dass in naher Zukunft zumindest auf Bundesebene keine unmittelbaren rechtlichen Änderungen im Hinblick auf das Prostitutionswesen in Österreich zu erwarten sind, so zeigt diese parlamentarische Anfrage dennoch, dass das Prostitutionswesen in Österreich nach wie vor auch ein tagespolitisch relevantes Thema darstellt.

---

[672] Vgl die Anfragebeantwortung der Bundesministerin für Arbeit, Soziales, Gesundheit und Konsumentenschutz 1134/AB vom 24.08.2018, S 1 und 2.

[673] Vgl die Anfragebeantwortung der Bundesministerin für Arbeit, Soziales, Gesundheit und Konsumentenschutz 1134/AB vom 24.08.2018, S 3.

Literaturverzeichnis

Lehrbücher/Monographien:

Berka, Die Grundrechte (1999).

Binder/Trauner, Lehrbuch Öffentliches Recht – Grundlagen[4] (2016).

Hauer, Gerichtsbarkeit des öffentlichen Rechts (2014).

Hauer, Staats- und Verwaltungshandeln[4] (2014).

Hengstschläger/Leeb, Grundrechte[2] (2013).

Hengstschläger/Leeb, Verwaltungsverfahrensrecht[6] (2018).

Hinterhofer/Rosbaud, Strafrecht Besonderer Teil II[6] (2016).

Janko, Staats- und Verwaltungsorganisation[2] (2014).

Kahl/Weber, Allgemeines Verwaltungsrecht[6] (2017).

Kienapfel/Schmoller, Studienbuch Strafrecht BT III[2] (2009).

Leidenmühler, Europarecht[3] (2017).

Murer, Prostitution und Verfassung (2016).

Puntigam/Bretterklieber/Seitlinger, Grundzüge des Gewerberechts[2] (2018).

Schroeder/Weber, Kompetenzrechtsreform aus österreichischer und europäischer Perspektive (2006).

Schulev-Steindl, Wirtschaftslenkung und Verfassung (1996).

Taschner, Schengen: Die Übereinkommen zum Abbau der Personenkontrollen an den Binnengrenzen von EU-Staaten (1997).

Thienel/Zeleny, Verwaltungsverfahren[20] (2017).

Toth, Die Prostitutionsgesetze der Länder (1997).

Wegscheider, Strafrecht Besonderer Teil[4] (2012).

Wiederin, Einführung in das Sicherheitspolizeirecht (1998).

Wirth, Christian Broda. Eine politische Biographie (2011).

Beiträge in Kommentaren/Sammelwerken/Fachzeitschriften:

Armbrüster, § 1 ProstG, in: *Säcker/Rixecker* (Hrsg), Münchner Kommentar zum Bürgerlichen Gesetzbuch[8] (2018).

Bumberger/Schmid, § 13 ZustG, in: *Bumberger/Schmid* (Hrsg), Praxiskommentar zum Zustellgesetz (2018).

Bumberger/Schmid, § 24 ZustG, in: *Bumberger/Schmid* (Hrsg), Praxiskommentar zum Zustellgesetz (2018).

Burgstaller/Schütz, § 6 StGB, in: *Höpfel/Ratz* (Hrsg), Wiener Kommentar zum Strafgesetzbuch[2] (2017).

Daiber, Art 10 EMRK, in: *Meyer-Ladewig/Nettesheim/von Raumer* (Hrsg), EMRK Handkommentar[4] (2017).

Drs, § 138 ASVG, in: *Mosler/Müller/Pfeil* (Hrsg), Der SV-Komm (2017).

Drs, § 162 ASVG, in: *Mosler/Müller/Pfeil* (Hrsg), Der SV-Komm (2017).

Dodillet/Östergren, Das schwedische Sexkaufverbot. Beanspruchte Erfolge und dokumentierte Ergebnisse, in: *Greif* (Hrsg), SexWork(s) verbieten – erlauben – schützen? (2012), S 69.

Felten, § 14 ASVG, in: *Mosler/Müller/Pfeil* (Hrsg), Der SV-Komm (2018).

Filzwieser/Frank/Kloibmüller/Raschhofer, § 34 BFA-VG, § 40 BFA-VG, § 52 FPG sowie § 67 FPG, in: *Filzwieser/Frank/Kloibmüller/Raschhofer* (Hrsg), Asyl- und Fremdenrecht (2016).

Fischinger, § 1 ProstG, in: *Staudinger* (Hrsg), Kommentar zum Bürgerlichen Gesetzbuch[16] (2017).

Franzen, Art 45 AEUV, in: *Streinz* (Hrsg), EUV/AEUV[3] (2018).

Grabenwarter, § 8 StPO, in: *Fuchs/Ratz* (Hrsg), Wiener Kommentar zur Strafprozessordnung (2009).

Grabenwarter, Die Freiheit der Erwerbsbetätigung - Art 6 StGG, in: *Machacek/Pahr/Stadler* (Hrsg), 40 Jahre EMRK, Grund- und Menschenrechte in Österreich Band II (1992), S 553.

Graf, § 879 ABGB, in: *Kletecka/Schauer* (Hrsg), ABGB-ON[1.04] (2017).

Gruber/Paliege-Barfuß, § 74 GewO, in: *Gruber/Paliege-Barfuß* (Hrsg), GewO[7] (2017).

Harrendorf/König, Art 1 des 4. ZPEMRK, in: *Meyer-Ladewig/Nettesheim/von Raumer* (Hrsg), EMRK Handkommentar[4] (2017).

Harrendorf/König, Art 5 EMRK, in: *Meyer-Ladewig/Nettesheim/von Raumer* (Hrsg), EMRK Handkommentar[4] (2017).

Holoubek, § 15 Kommunikationsfreiheit, in: *Merten/Papier/Kucsko-Stadlmayer* (Hrsg), Handbuch der Grundrechte[2] (2014).

Huber-Lintner, § 39 SPG, in: *Thanner/Vogl* (Hrsg), Sicherheitspolizeigesetz[2] (2013).

Jerabek/Reindl-Krauskopf/Schroll, § 74 StGB, in: *Höpfel/Ratz* (Hrsg), Wiener Kommentar zum Strafgesetzbuch[2] (2013).

Knasmüller, § 35 SPG, in: *Thanner/Vogl* (Hrsg), Sicherheitspolizeigesetz[2] (2013).

Kneihs, § 45 VStG, in: *Raschauer/Wessely* (Hrsg), VStG[2] (2016).

Köck, § 33 FinStrG, in: *Reger* (Hrsg), Finanzstrafgesetz Band 1[2] (2018).

Kopetzki, BVG persönliche Freiheit Vorbemerkungen, in: *Korinek/Holoubek/Bezemek/Fuchs/Martin/Zellenberg* (Hrsg), Österreichisches Bundesverfassungsrecht (2002).

Kopetzki, Art 8 PersFrG, in: *Korinek/Holoubek/Bezemek/Fuchs/Martin/Zellenberg* (Hrsg), Österreichisches Bundesverfassungsrecht (2002).

Korinek, § 16 Wirtschaftliche Freiheiten, in: *Merten/Papier/Kucsko-Stadlmayer* (Hrsg), Handbuch der Grundrechte[2] (2014).

Korinek, Die Tatsachenermittlung im verfassungsgerichtlichen Verfahren, in: *Stern* (Hrsg), 40 Jahre Grundgesetz (1990), S 107.

Korinek, Art 5 StGG, in: *Korinek/Holoubek/Bezemek/Fuchs/Martin/Zellenberg* (Hrsg), Österreichisches Bundesverfassungsrecht (2002).

Kovacic/Sporrer, OGH-Entscheidung: „Von der Triebhaftigkeit des Mannes", in: Juridikum 1990/4, S 24.

Lachmayer, Die Neustrukturierung der Sicherheitsbehörden. Zwischen Effizienz und Rechtsstaatlichkeit, in: *Baumgartner* (Hrsg), Jahrbuch Öffentliches Recht (2013), S 181.

Laudacher, § 2 EStG, in: *Jakom* (Hrsg), Einkommensteuergesetz[11] (2018).

Marschner, § 1 EStG, in: *Jakom* (Hrsg), Einkommensteuergesetz[11] (2018).

Marschner, § 98 EStG, in: *Jakom* (Hrsg), Einkommensteuergesetz[11] (2018).

Mißbichler, §§ 55, 55a und 55b SPG in: *Thanner/Vogl* (Hrsg), Sicherheitspolizeigesetz[2] (2013).

Mosler, § 4 ASVG, in: *Mosler/Müller/Pfeil* (Hrsg), Der SV-Komm (2018).

Muzak, Der „agent provocateur" im Verwaltungsstrafrecht, in: FS Heinz Mayer (2011), S 413.

Nettesheim, Art 8 EMRK, in: *Meyer-Ladewig/Nettesheim/von Raumer* (Hrsg), EMRK Handkommentar[4] (2017).

Ornezder, § 24 FPG, in: *Schrefler-König/Szymanski* (Hrsg), Fremdenpolizei- und Asylrecht[4] (2017).

Ornezder, Art 34 Visakodex, in: *Schrefler-König/Szymanski* (Hrsg), Fremdenpolizei- und Asylrecht[4] (2017).

Pernthaler, Die Zuständigkeit zur Regelung der Angelegenheiten der Prostitution, ÖJZ 1975, S 290.

Philipp, § 215 StGB, in: *Höpfel/Ratz* (Hrsg), Wiener Kommentar zum Strafgesetzbuch[2] (2014).

Philipp, § 216 StGB, in: *Höpfel/Ratz* (Hrsg), Wiener Kommentar zum Strafgesetzbuch[2] (2018).

Raschauer, § 47 VStG, in: *Raschauer/Wessely* (Hrsg), VStG[2] (2016).

Raschauer, § 50 VStG, in: *Raschauer/Wessely* (Hrsg), VStG[2] (2016).

Reindl-Krauskopf, § 136 StPO, in: *Fuchs/Ratz* (Hrsg), Wiener Kommentar zur Strafprozessordnung (2016).

Renger, Art 53 EMRK, in: *Meyer-Ladewig/Nettesheim/von Raumer* (Hrsg), EMRK Handkommentar[4] (2017).

Riedler, § 879 ABGB, in: *Schwimann/Kodek* (Hrsg), ABGB Praxiskommentar[4] (2014).

Sander, § 11 VStG, in: *Raschauer/Wessely* (Hrsg), VStG[2] (2016).

Sander, § 16 VStG, in: *Raschauer/Wessely* (Hrsg), VStG[2] (2016).

Schatzschneider, Rechtsordnung und Prostitution – Einige Anmerkungen zur staatlichen Reglementierung des ältesten Gewerbes, NJW 1985, S 2793.

Schmalzl, § 36 FPG, in: *Schrefler-König/Szymanski* (Hrsg), Fremdenpolizei- und Asylrecht[2] (2014).

Schmalzl, § 39 FPG, in: *Schrefler-König/Szymanski* (Hrsg), Fremdenpolizei- und Asylrecht[3] (2014).

Schmalzl, § 120 FPG, in: *Schrefler-König/Szymanski* (Hrsg), Fremdenpolizei- und Asylrecht[2] (2014).

Spitzer, Der Prostitutionsvertrag nach 3 Ob 45/12g, ÖJZ 2012, S 784.

Stabentheiner, § 179 ABGB, in: *Rummel* (Hrsg), Kommentar zum Allgemeinen bürgerlichen Gesetzbuch[4] (2015).

Stöger, § 35 VStG, in: *Raschauer/Wessely* (Hrsg), VStG[2] (2016).

Stöger, § 36 VStG, in: *Raschauer/Wessely* (Hrsg), VStG[2] (2016).

Stöger, § 37a VStG, in: *Raschauer/Wessely* (Hrsg), VStG[2] (2016).

Stolzlechner, Der Schutz des Privat- und Familienlebens (Art 8 MRK) im Lichte der Rechtsprechung des VfGH und der Straßburger Instanzen, ÖJZ 1980, S 85.

Streinz, Art 18 AEUV, in: *Streinz* (Hrsg), EUV/AEUV[3] (2018).

Szymanski, § 52 FPG, in: *Schrefler-König/Szymanski* (Hrsg), Fremdenpolizei- und Asylrecht[4] (2017).

Tipold/Zerbes, § 119 StPO, in: *Fuchs/Ratz* (Hrsg), Wiener Kommentar zur Strafprozessordnung (2010).

Vasek, Verwaltungsrechtliche Bettelverbote – grundrechtliche Fragen, ZfV 2013/3, S 21.

Vogl, § 8 SPG, in: *Thanner/Vogl* (Hrsg), Sicherheitspolizeigesetz[2] (2013).

von Raumer, Art 1 des 1. ZPEMRK, in: *Meyer-Ladewig/Nettesheim/von Raumer* (Hrsg), EMRK Handkommentar[4] (2017).

Weber, Art 118 Abs 1-7 B-VG, in: *Korinek/Holoubek/Bezemek/Fuchs/Martin/Zellenberg* (Hrsg), Österreichisches Bundesverfassungsrecht (2017).

Weilguni, § 10 VStG, in: *Lewisch/Fischer/Weilguni* (Hrsg), Verwaltungsstrafgesetz[2] (2017).

Weitzenböck, Die geschlechtliche Hingabe gegen Entgelt, JAP 1990, S 14.

Wessely, § 7 VStG, in: *Raschauer/Wessely* (Hrsg), VStG² (2016).

Wiederin, Art 9 StGG, in: *Korinek/Holoubek/Bezemek/Fuchs/Martin/Zellenberg* (Hrsg), Österreichisches Bundesverfassungsrecht (2001).

Wiederin, § 10 Schutz der Privatsphäre, in: *Merten/Papier/Kucsko-Stadlmayer* (Hrsg), Handbuch der Grundrechte² (2014).

Online-Quellen:

http://falschzitate.blogspot.com

http://missy-magazine.de

http://portal.tirol.gv.at

http://sverigesradio.se

Empfehlungen der Arbeitsgruppe „Prostitution" im Rahmen der Task Force Menschenhandel, Regelungen der Prostitution in Österreich (2015); abrufbar unter:
http://www.bmeia.gv.at/fileadmin/user_upload/Zentrale/Aussenpolitik/Menschenrechte/Bericht_AG_Prostitution.pdf

http://www.bmf.gv.at

http://www.booksusi.com

Wagenaar/Altink/Amesberger, Final Report of the Internationale Comparative Study of Prostitution Policy: Austria and the Netherlands (2013); abrufbar unter:
http://www.ikf.ac.at/pdf/prostitution_policy_report.pdf

http://www.innsbruck.gv.at

http://www.kok-buero.de

http://www.land-oberoesterreich.gv.at/

http://www.orion.de

http://www.parlament.gv.at

http://www.ris.bka.gv.at

http://www.stoppsexkauf.at

FSC
www.fsc.org
MIX
Papier | Fördert gute Waldnutzung
FSC® C083411

Kolibri 360 GmbH
Ferdinand-Jühlke-Straße 7
99095 Erfurt, Deutschland
produktsicherheit@kolibri360.de

Druck:
CPI Druckdienstleistungen GmbH
im Auftrag der
Kolibri 360 GmbH
Ferdinand-Jühlke-Str. 7
99095 Erfurt